Hermes
Hand
Lexikon

ETB

Charles Darwin

Leben – Werk – Wirkung

Von Siegfried Schmitz

Hermes
Hand
Lexikon

ECON Taschenbuch Verlag

Hermes Handlexikon

1. Auflage 1983

Redaktion: Elisabeth Blay
Herstellung: Franz Richarz, Dorothea Grandjean
Bildredaktion: Angelica Pöppel
Umschlagdesign: Ludwig Kaiser
Satz: Friedrich Pustet, Regensburg
Reproduktion: Fotolito Longo, Frangart
Druck und Bindung: Landshuter Druckhaus, Ltd., Landshut
Printed in Germany
ISBN 3-612-10018-1

Die Reihe »Hermes Handlexikon«
wurde von Bodo Harenberg begründet

Inhalt

Charles Darwin

Einführung

Die Historiker sprechen gerne von der Kopernikanischen Wende und meinen damit die von Nikolaus Kopernikus im 16. Jahrhundert eingeleitete und später von Johannes Kepler und Galileo Galilei vollendete Revolutionierung des abendländischen Weltbildes: Die Erde, bis dahin unbestrittenes Zentrum in einem überschaubar kleinen, von Gott geschaffenen Universum, wurde durch astronomische Erkenntnisse zu einem von mehreren Planeten, welche die vieltausendfach größere Sonne umkreisen, und somit zu einer Randerscheinung des Sonnensystems herabgestuft (das seinerseits, wie wir heute wissen, nur ein winziger Bestandteil des gesamten Kosmos ist). Diese neue Lehre, von der Kirche aus naheliegenden und verzeihlichen Motiven erbittert bekämpft, veränderte das Denken der Menschen allmählich, aber nachhaltig, entzog sie ihnen doch die Basis ihres stolzen Bewußtseins, als Gottes Ebenbilder alleinige Mitte und Krone der Schöpfung zu sein. Immerhin, der tröstliche Glaube an die Schöpfung blieb noch erhalten, auch wenn die Mittelachse Gott-Mensch erstmals empfindlich angeschlagen worden war.

Doch im 19. Jahrhundert bereits bahnte sich, im Zuge des beschleunigten Erkenntnisfortschritts seit der Renaissance, eine neue Wende an, die man analog als Darwinsche Wende bezeichnen kann. Nunmehr wurden die Schöpfung im allgemeinen und die einzigartige Position des Menschen im besonderen selbst in Frage gestellt. In Darwins Evolutionslehre liegen zwar die ersten Ursprünge des Lebens weiterhin im dunkeln – eine letzte Nische für einen potentiellen Schöpfergott blieb dadurch bestehen –, aber der Mensch wird nun als Schlußglied einer allmählichen Entwicklung aufgefaßt, als Aufsteiger aus dem niederen Tierreich und Abkömmling äffischer Vorfahren. Man kann die Empörung der Zeitgenossen verstehen, die sich plötzlich ihres Sonderstatus in der Hierarchie der Natur beraubt und Gott selbst aus seiner Schöpfung vertrieben sahen. Die Wende war schmerzlich, und es dauerte lange, bis diese Vorstellung ins allgemeine Bewußtsein eingedrungen war. Auch heute noch ist für viele Menschen der Gedanke, in ein umfassendes Naturganzes eingebettet zu sein, das sich auf unserer kleinen Erde aus eigener Kraft erhält und reguliert, ein nur geringer Trost.

Die hier angedeutete Entwicklungslinie von Kopernikus über Darwin ließe sich weiterziehen bis in die Gegenwart, in der die Akzeleration der biologischen und astrophysikalischen Forschung eine neue gewaltige Umwälzung bewirkt hat: Der Mensch als mögliche

Gegenüberliegende Seite:

Charles Darwin, gesehen mit den Augen eines modernen Künstlers. Der in Nürnberg lebende, mehrfach ausgezeichnete Maler und Grafiker Michael Mathias Prechtl schuf dieses eindrucksvolle und durchaus lebensgetreue Porträt, das den greisen Forscher als einen gütigen »Schutzgott« der belebten Natur zeigt, zum Darwin-Gedenkjahr 1982.

Oben: *Nikolaus Kopernikus. Kolorierter Kupferstich von René Boyvin. Der große Astronom, Mathematiker und Mediziner begründete zu Beginn des 16. Jh.s das moderne heliozentrische Weltbild und leitete damit eine entscheidende Wende des abendländischen Denkens ein.*

Mitte: *Der Astronom Johannes Kepler. Anonymer Kupferstich um 1730 nach einem zeitgenössischen Gemälde. Kepler nahm die Ideen des Kopernikus auf und bestätigte sie durch die Erforschung der Planetenbewegungen.*

Entartung der Natur, als »Irrläufer« der Evolution, der gleichsam erst seit einem Augenblick existiert und sich dennoch schon anschickt, seine eigenen Lebensgrundlagen zu zerstören; und die Erde als verlorenes Staubkörnchen in den unermeßlichen kosmischen Dimensionen von Raum und Zeit.

Doch kehren wir zu Darwin zurück, der das schwindelerregende Lebensgefühl des Verlorenseins von heute noch nicht kannte, weil sein Vertrauen in die natürliche Ordnung bis zuletzt ungebrochen war. Jedenfalls war er kein philosophischer Denker, der solche weitreichenden weltanschaulichen Schlußfolgerungen gezogen hätte, dafür aber ein um so größerer Meister des Beobachtens, Sammelns und Kombinierens, ein geduldiger Freund der »kleinen Dinge«, der als letztes Werk vor seinem Tod eine minuziöse Abhandlung über die wohltätige Wirkung des Regenwurms schrieb. Davon weiß ein Außenstehender nichts, und er weiß auch kaum etwas von Darwins vierbändiger Rankenfüßer-Monographie, von seinen 3000 Seiten umfassenden botanischen Studien, von seinen zahlreichen Abhandlungen zu geologischen, paläontologischen und zoologischen Spezialthemen. Allenfalls kennt man noch seinen farbigen Reisebericht, den er als junger Mann nach der Weltumseglung mit der »Beagle« verfaßte, und seine beiden wichtigen Bücher über die Abstammung des Menschen und über den Gefühlsausdruck bei Tieren und Menschen. Im Grunde ist Darwin für uns Nachgeborene der Autor nur eines einzigen Buches, dessen Titel fast zum geflügelten Wort geworden ist: *Über die Entstehung der Arten durch natürliche Zuchtwahl oder die Erhaltung der begünstigten Rassen im Kampf ums Dasein* (zumindest die drei letzten Wörter sind tatsächlich in die Zitatensammlung *Geflügelte Worte* von Georg Büchmann eingegangen).

Solche Verengung des Blickwinkels bringt es mit sich, daß man Darwins 1859 erschienenes Hauptwerk vielfach für den einmaligen genialen Wurf eines revolutionären Außenseiters hält. Genial im Sinne von weltbewegend und zeitüberdauernd ist es ohne Zweifel, aber als leichthändigen »Wurf« kann man es sicherlich nicht bezeichnen, und auch der Verfasser empfand sich weder als Außenseiter noch als Revolutionär. Wenn schon, dann war er höchstens ein Revolutionär wider Willen und wider seine menschenfreundliche, stets auf Ausgleich und Mäßigung bedachte Gesinnung. Das landläufige Darwin-Bild bedarf also einer Korrektur durch die historische Wirklichkeit – und dazu möchte das hier vorgelegte Buch ein wenig beitragen, indem es die enge Verflechtung Darwins mit der ihm vorausgehenden und zeitgenössischen Wissenschaft und seine mühsam erarbeitete, breitgefächerte Gesamtleistung sichtbar macht.

Oben: *Wegen seines Eintretens für das kopernikanische System geriet Galileo Galilei in Konflikt mit der katholischen Kirche. Vom Inquisitionsgericht wurde er 1633 zum Abschwören gezwungen. Nach einem Gemälde von Barabino.*

Links: *Fossilien wie dieser versteinerte Frosch, der vor rund 30 Mio. Jahren lebte, wurden erst im 19. Jh. als Zeugen einer natürlichen Entwicklung erkannt.*

Nachfolgende Doppelseite:

Die Erschaffung der Tiere, *Gemälde des italienischen Renaissance-Malers Tintoretto (1518–1594), entstanden 1550. Bis ins Zeitalter Darwins war der Glaube an den biblischen Schöpfungsbericht ungebrochen.*

Der Philosoph Immanuel Kant. Ölporträt von Becker, um 1765. Kant nahm zwar hypothetisch eine Entwicklung des organischen Lebens an, hielt aber, nur wenige Jahrzehnte vor Darwin, die Entschlüsselung der Lebensprozesse, die dieser Entwicklung zugrunde liegen, für absolut unmöglich.

Gerade die *Entstehung der Arten* ist das Resultat eines ungewöhnlich langen und langwierigen Schaffensprozesses, der sich über mehr als zwei Jahrzehnte hinzog und nur durch einen Anstoß von außen endlich zum Abschluß gebracht wurde. Seit seiner Weltreise (1831–1836), auf der die Keime der Evolutionsidee gelegt worden waren, sammelte und sichtete Darwin unter Ausschluß der Öffentlichkeit unermüdlich Leseeindrücke und Versuchsergebnisse, Beobachtungen und Spekulationen, um die Beweise für seine Theorie von der Veränderlichkeit und natürlichen Entwicklung der Lebensformen so hieb- und stichfest zu machen, wie es ihm der Wissensstand seiner Zeit ermöglichte. Er wußte, daß er sich auf dem richtigen Weg befand, den andere vor ihm nur zaghaft oder mit unzureichender wissenschaftlicher Ausrüstung beschritten hatten, aber dieses Wissen war ihm kein Grund zur Freude oder gar Überheblichkeit, sondern eher zur Melancholie und einem fast unbegreiflichen Zaudern. Denn er wußte auch, schon im Jahre 1844, daß die Veröffentlichung seiner Erkenntnisse dem *»Eingeständnis eines Mordes«* gleichkommen würde – eines Mordes an den durchgängig religiös geprägten Wertvorstellungen seiner Umwelt. Der Last der Verantwortung, die neue Wahrheit zu verkünden, versuchte sich Darwin immer wieder durch die Flucht in die Krankheit und in unverfänglichere wissenschaftliche Betätigungen zu entziehen. Vielleicht wäre er unter dieser Last zusammengebrochen, vielleicht hätte er endgültig resigniert vor der Aufgabe, den Riesenberg seines Gedanken- und Belegmaterials in ein geschlossenes Werk umzusetzen, wäre er nicht stets aufgefangen worden durch günstige Lebensumstände: Geborgenheit in einer heilen Familie, arbeitsfördernde Ruhe in ländlicher Abgeschiedenheit, wirtschaftliche Sicherheit, geistige Unabhängigkeit, Beistand und Zuspruch guter Freunde. Das Opus magnum Charles Darwins, ja eines Jahrhunderts, wurde schließlich vollendet und tat seine Wirkung, die zunächst, wie vorausgesehen, eine Schockwirkung war.

Die Frage, ob die *Entstehung der Arten* früher hätte erscheinen können oder müssen, ist müßig. So viel ist indes sicher: Um die Mitte des vorigen Jahrhunderts war die Zeit für eine wissenschaftlich fundierte Ausformung des alten Entwicklungsgedankens reif, überreif. Andererseits darf man nicht übersehen – wie es aus heutiger Sicht, nachdem mittlerweile das Evolutionsdenken zu einem festen Bestandteil des allgemeinen Bewußtseins geworden ist, leicht geschieht –, daß die von Darwin geleistete Arbeit ungemein schwierig war; nicht nur wegen des inneren Widerstandes, den er in sich selbst und in seinem viktorianisch-konservativen Milieu zu überwinden hatte, sondern auch wegen der Komplexität des Problems selbst.

Sir Isaac Newton (1643–1727), der große Physiker und Mathematiker, der das moderne Weltbild maßgeblich mitgeprägt hat und neben Darwin als der bedeutendste Naturforscher Englands gilt. Es ist ein symbolträchtiger Zufall, daß Darwin seine letzte Ruhestätte in der Westminster Abbey neben dem Grab Newtons fand.

Noch 1790 hatte Immanuel Kant in seiner *Kritik der Urteilskraft* dieses Problem als unlösbar angesehen: »*Es ist für Menschen ungereimt ... zu hoffen, daß noch etwa dereinst ein Newton aufstehen könne, der auch nur die Erzeugung eines Grashalms nach Naturgesetzen, die keine Absicht geordnet hat, begreiflich machen werde, ...*« Der verklausulierte Satz besagt nichts anderes als die vergebliche Hoffnung, daß die Entstehung der Organismen jemals auf natürliche Weise, ohne Rückgriff auf eine übernatürlich bestimmte Teleologie, erklärt werden könne – also genau das, was Darwin dann doch gelang.

Nach Veröffentlichung der *Entstehung der Arten* konnte Ernst Haeckel, Darwins lautstärkster Herold in Deutschland, die Vollzugsmeldung verkünden: »*Nun ist aber dieser unmögliche Newton siebenzig Jahre später in Darwin wirklich erschienen, und seine Selektionstheorie hat die Aufgabe tatsächlich gelöst, die Kant für absolut unlösbar hielt.*«

An dieser Stelle kann man sich den Hinweis auf eine historische Pointe nicht versagen. Kants negative Aussage von 1790 und Haeckels positives Echo von 1868 wurden 1882 durch einen offiziellen Akt ergänzt, der Darwins Rang gewissermaßen von Staats wegen bestätigte: Seine sterblichen Überreste wurden in der Westminster Abbey feierlich beigesetzt – neben dem Grab des großen Sir Isaac Newton!

Diese vereinfachte Zeittafel der Erdgeschichte spiegelt den heutigen Stand der Evolutionsforschung wider, deren wissenschaftliche Grundlagen Darwin im vorigen Jh. geschaffen hat. Die schrittweise Weiterentwicklung der Tier- und Pflanzenwelt, wie er sie, zeitbedingt noch mehr oder weniger theoretisch, 1859 in seinem Hauptwerk Origin of Species *postulierte, ist seither durch zahllose Fossilfunde schlüssig bewiesen worden.*

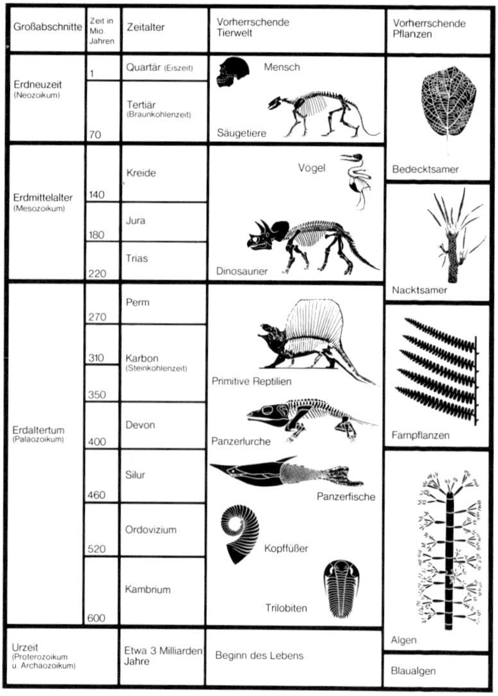

Das Triumphgeschrei Haeckels und anderer Darwin-Anhänger der ersten Stunde ertönte gleichwohl etwas voreilig, denn die Evolutionstheorie beendete zwar die jahrhundertelange Suche nach dem geheimnisvollen Mechanismus des Werdens, Wandels und Vergehens in der belebten Natur, setzte jedoch nur einen vorläufigen Schlußstrich. Darwin war sich von Anfang an bewußt, daß sein Ideengebäude noch unvollkommen und verbesserungswürdig war, und so trug er fortan in der Zurückgezogenheit des Dorfes Down, fernab vom Schlachtgetümmel der Darwinisten und Anti-Darwinisten, beharrlich kleine und kleinste Bausteine zusammen, um sein Werk zu vervollständigen. Das stille Wirken des Eremiten von Down war nicht immer von Erfolg gekrönt, wie etwa seine mißratene Pangenesis-Hypothese aus dem Jahre 1868 bezeugt.

Mit anderen Worten: Darwins im Prinzip richtige Evolutionstheorie, die das spätestens im 18. Jahrhundert aufgekommene Entwicklungs- und Fortschrittsdenken auf eine solide biologische Basis gestellt hatte, wurde nun selber – ganz im Sinne ihres Erfinders – zu einem Gegenstand der Evolution, einer geistigen Evolution. Das erkannte der große deutsche Zoologe und

Professor Konrad Lorenz mit drei von ihm aufgezogenen Schneegänsen in Seewiesen (1964). Der große Gelehrte, der immer wieder den stammesgeschichtlichen Komponenten des tierischen Verhaltens nachspürte, ist seit jeher ein überzeugter Anhänger der Evolutionslehre. 1965 veröffentlichte er drei Abhandlungen unter dem programmatischen Sammeltitel Darwin hat recht gesehen.

Darwinismus-Pionier August Weismann bereits knapp zehn Jahre nach der Veröffentlichung der *Entstehung der Arten*: »*Wir stehen nicht am Ende, sondern am Anfang der Wissenschaft vom organischen Leben, das zeigt am deutlichsten die Darwinsche Lehre: denn sie, wie alle großen Entdeckungen, wirkt weit in die Zukunft; sie gibt uns neue Einsicht, aber vor allem eröffnet sie uns neue Aussichten.*«

Die Evolution der Evolutionslehre ist bis heute noch nicht abgeschlossen, auch wenn sie im Laufe von mehr als einem Jahrhundert immer deutlichere Konturen angenommen und ungezählte Beweise für die Gültigkeit dieser Lehre erbracht hat. Darwins Stärke war es – und das hatte er allen früheren Evolutionisten voraus –, daß er streng empirisch verfuhr, also von exakt beobachteten und redlich interpretierten Befunden ausging, aber seinem scharfen Blick mußten, historisch bedingt, viele biologische Fakten und Zusammenhänge verborgen bleiben, die erst nach und nach entdeckt und entschlüsselt werden konnten. Das schmälert seine geniale Leistung nicht, die ja gerade darin besteht, daß sich die neueren Einsichten der Genetik, Biochemie, Paläontologie, Statistik und Verhaltenskunde zwanglos in das von ihm errichtete Denkgerüst fügten, ohne es jemals ernstlich ins Schwanken oder gar zum Einsturz zu bringen. Die Evolutionslehre, wie sie Darwin begründete und die nachfolgende Forschung in vielen Details modifizierte, ist und bleibt die einzig taugliche wissenschaftliche Deutungsmöglichkeit für die Erscheinungsvielfalt der organischen Welt; dazu gibt es keine Alternative, allenfalls sektiererische Abweichungen.

Konrad Lorenz sprach zweifellos im Namen der überwältigenden Mehrheit seiner Fachkollegen, als er 1965 erklärte: »*In der Geschichte menschlichen Wissensfortschrittes hat sich noch nie die von einem einzigen Manne*

Charles Darwin auf der Veranda des Down House. Photographie aus den letzten Lebensjahren.

aufgestellte Lehre unter dem Kreuzfeuer von Tausenden unabhängiger und von den verschiedensten Richtungen her angestellten Proben so restlos als wahr erwiesen wie die Abstammungslehre Charles Darwins.«

Das vorliegende Darwin-Lexikon ist ein erster Versuch, den Menschen und Forscher Charles Darwin biographisch und wissenschaftshistorisch in Einzelartikeln zu erfassen, die mit dokumentarischem Material angereichert und durch Verweise vielfältig miteinander verzahnt sind. Bei diesen dokumentarischen Texten, welche die Authentizität der Darstellung erhöhen sollen, handelt es sich durchweg um Ausschnitte aus Büchern, Briefen und sonstigen Lebenszeugnissen Darwins und seiner Zeitgenossen. Die Zitate aus der *Autobiographie* erscheinen in neuer Übersetzung, die übrigen Belegstellen beruhen größtenteils auf den klassisch gewordenen Eindeutschungen von J. Victor Carus, die jedoch stets anhand des englischen Originals revidiert wurden.

Dieses Buch ist kein Darwinismus-Lexikon, das die verschiedenen Richtungen und die unzähligen Ergebnisse der Evolutionsforschung von 1859 bis zur Gegenwart verzeichnen und damit den vorgegebenen Rahmen sprengen müßte. Es beschränkt sich vielmehr auf den zeitgenössischen privaten und wissenschaftlichen Umkreis Charles Darwins, der zwar als Begründer der modernen Evolutionstheorie in die Geschichte eingegangen ist, aber darüber hinaus eine Vielzahl von Arbeiten und Anregungen hinterlassen hat, deren Auswirkungen auf die heutige Wissenschaft (Verhaltenskunde, Ökologie, Blütenbiologie, Geologie usw.) neuerdings zunehmend gewürdigt werden.

Der Anhang bringt eine ausführliche Zeittafel und einen Stammbaum der Familie Darwin zur raschen Orientierung sowie eine umfangreiche Bibliographie. Letztere dient nicht nur der Information, sondern soll – im ersten Teil – auch die große Spannweite von Darwins wissenschaftlichen Interessen und Leistungen veranschaulichen. Was die Sekundärliteratur betrifft, so wurde bei den (auto)biographischen Titeln eine gewisse Vollständigkeit angestrebt, während die angeführten Veröffentlichungen zum Thema Darwinismus angesichts der unüberschaubaren Fülle der einschlägigen Spezialliteratur lediglich eine wohlerwogene Auswahl darstellen, die neben einigen historisch bedeutenden älteren Werken vor allem grundlegende und zugleich allgemeinverständliche neuere Übersichtsdarstellungen umfaßt.

Lexikalischer Teil

Abstammung

In der Verbindung Abstammungslehre oder -theorie ein Synonym des Begriffs → *Evolution*, dem neuerdings auch in der deutschen Fachliteratur allgemein der Vorzug gegeben wird.

Die Abstammung des Menschen und die geschlechtliche Zuchtwahl

Titel der 1871 von → *Julius Victor Carus* veröffentlichten deutschen Übersetzung von Darwins Werk → *The Descent of Man, and Selection in Relation to Sex*. Der deutsche Titel ist etwas unscharf und nicht sehr glücklich formuliert; vor allem stört das Wort »Zuchtwahl«, das Carus wahrscheinlich nur deshalb benutzte, weil er es einmal als Standardübersetzung von »selection« eingeführt hatte.

Der Ausdruck der Gemütsbewegungen bei dem Menschen und den Tieren

Titel der Carus-Übersetzung von Darwins Buch → *The Expression of the Emotions in Man and Animals*.

Auslese

Häufig verwendetes Synonym von → *Selektion*.

Äußere Erscheinung

Im Jahre 1873 legte der Eugeniker Francis Galton (1822–1911) verschiedenen englischen Wissenschaftlern, unter anderem auch seinem entfernten Vetter Charles Darwin, einen »Fragebogen« vor, in denen die Befragten kurze Angaben zur Person machen sollten. Darwin beantwortete die Fragen, die seine Konstitution und äußere Erscheinung betrafen, wie folgt:

»Gesundheitszustand?	*In der Jugend gut – seit 33 Jahren schlecht;*
Größe?	*6 Fuß* [1,83 m];
Gestalt?	*Mager, in der Jugend kräftig;*
Hutmaß?	*22 1/4 Zoll* [56,6 cm];
Haarfarbe?	*Braun;*
Gesichtsfarbe?	*Ziemlich fahl.«*

Diese knappen Angaben lassen sich vervollständigen durch verschiedene Darwin-Porträts, insbesondere durch die rund zehn Porträtfotos, die sich aus den

Die

Abstammung des Menschen

und

die geschlechtliche Zuchtwahl

von

Charles Darwin.

Aus dem Englischen übersetzt

von

J. Victor Carus.

In zwei Bänden.

I. Band.

Mit sechsundzwanzig Holzschnitten.

Dritte gänzlich umgearbeitete Auflage.

STUTTGART.

E. Schweizerbart'sche Verlagshandlung (E. Koch).

1875.

Titelblatt der Carus-Übersetzung von Darwins Werk The Descent of Man. *Das Original erschien 1871 in London, die 1. Auflage der deutschen Ausgabe kam noch im selben Jahr in Stuttgart heraus. Wie man sieht, war 1875 bereits die 3. Auflage der Übersetzung fällig.*

Darwin im Alter von 40 Jahren. Farbige Lithographie von T. H. Maguire (1849).

Darwin im hohen Alter. Photographie um 1880.

Jahren 1842 bis 1880 erhalten haben, ferner durch die zweifellos zuverlässige Beschreibung, die Francis Darwin in *Life and Letters of Charles Darwin* von seinem Vater gegeben hat. Aus all diesen Zeugnissen ergibt sich folgendes Gesamtbild: Hohe, magere Gestalt mit mittelbreiten Schultern; weit auseinanderstehende Augen mit ausgeprägten, sehr buschigen Brauen; hohe, im Alter stark gefurchte Stirn; hellbraunes Haar, das sich schon vor dem 30. Lebensjahr zu lichten begann; mit 60 Jahren fast vollständige Glatze; seit etwa 1864 kräftiger Vollbart; gerade Nase und kleiner Mund; rosiger, später grauer Teint; hüpfender, aber schon früh gebeugter Gang; lebhaft gestikulierende Hände. Darwin hat offenbar nie eine Brille getragen, und auch sein Gehör war bis zuletzt ausgezeichnet.

Autobiographie

Zur Veröffentlichung bestimmte und in dieser Absicht angelegte Memoiren hat Darwin nicht hinterlassen, wohl aber private autobiographische Aufzeichnungen, die er für seine Kinder im wesentlichen 1876 verfaßte und 1878/79 und 1881 noch durch einige Nachträge und Einschübe vervollständigte. Er überschrieb diesen etwa hundert Seiten umfassenden Text, der in einem spröden, oft flüchtig und ungefeilt wirkenden Stil gehalten

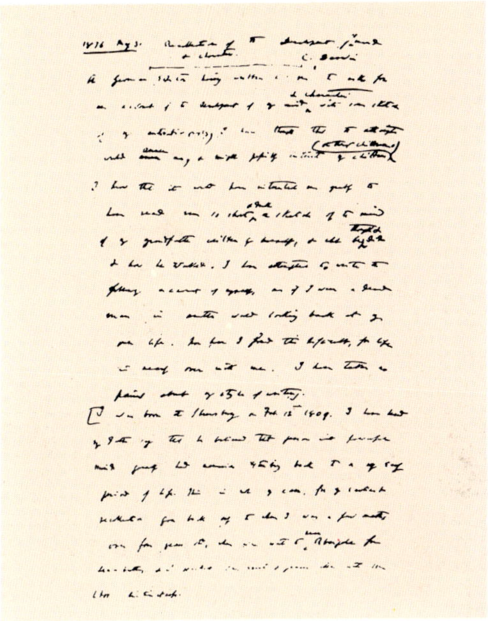

Erste Seite der Handschrift von Darwins Autobiographie, *begonnen 1876. Mit einiger Mühe läßt sich die Überschrift »Recollections of the Development of my Mind and Character« entziffern.*

ist, mit *Recollections of the Development of my Mind and Character* (Erinnerungen an die Entwicklung meines Geistes und Charakters); dafür hat sich inzwischen allgemein der Titel *Autobiographie* eingebürgert.

Die *Autobiographie* gilt, seitdem sie 1887 erstmals von → *Francis Darwin*, Darwins drittem Sohn, in der dreibändigen Dokumentation → *Life and Letters of Charles Darwin* aus dem Nachlaß publiziert wurde, als ein authentisches biographisches Quellenwerk ersten Ranges; denn in ihr schildert Darwin stets zuverlässig, wenn auch sehr zurückhaltend und mit zuweilen eigenwilliger Schwerpunktsetzung, sein gesamtes Leben von der frühesten Kindheit bis zu den letzten Jahren. Seine Entwicklung zum Naturforscher sowie seine wissenschaftlichen Leistungen und Veröffentlichungen werden ebenfalls mit einbezogen, freilich in einer für Darwin charakteristischen Form des Understatements. Dementsprechend bleibt die »innere Biographie« weitgehend ausgespart; über seine geheimen Gedanken und Gefühle äußert sich Darwin allenfalls in zurückhaltenden Andeutungen, wenn man von einer längeren Passage absieht, in der er sich schonungslos über sein Verhältnis zur → *Religion* ausläßt.

Vor allem diese religionskritischen Aussagen wurden von Darwins Sohn in der vorgenannten Erstveröffentlichung der Autobiographie stark beschnitten. Zu einem solchen Zugeständnis an die Konvention sah sich Francis Darwin insbesondere von seiner tiefgläubigen Mutter und seinen Geschwistern gedrängt. Die pietätvoll gereinigte Fassung wurde in England noch zweimal, 1929 und 1950, nachgedruckt. Erst 1958 legte Darwins Enkelin Nora Barlow den vollständigen, nach der (schwer lesbaren) Handschrift erstellten Text der *Autobiographie* vor, der 1959 in Leipzig erstmals auch auf deutsch erschien. Eine revidierte Fassung dieser deutschen Übersetzung ist in dem 1982 zum 100. Todestag des Forschers erschienenen dtv-Taschenbuch (Hg. Siegfried Schmitz) *Charles Darwin – ein Leben*, enthalten.

Eine für Filmaufnahmen angefertigte Rekonstruktion der »Beagle«.

Beagle

An Bord von »HMS (= Her Majesty's Ship) Beagle«, zu deutsch etwa »Spürhund«, unternahm Darwin von 1831 bis 1836 seine → *Weltreise*. Das relativ kleine, nur gut 30 m lange Schiff war 1820 als Zweimaster von 235 Tonnen vom Stapel gelaufen, wurde aber bald darauf zu einem dreimastigen Vermessungsschiff von 242 Tonnen umgerüstet und in den Dienst der Admiralität (Marineministerium) gestellt. Es verfügte über 6 Rettungsboote, eine Schaluppe, 10 Kanonen und 24 Chronometer (für die Vermessungsarbeit). Die Beagle galt, wie sämtliche Schiffe ihrer Klasse, als nicht besonders seetüchtig und anfällig für hohen Seegang, hatte sich jedoch bereits auf einer ersten Fahrt in die südamerikanischen Gewässer bewährt, wo sie 1828 von Kapitän → *Robert Fitzroy* nach dem Tod des bisherigen Kommandanten übernommen und nach England zurückgebracht wurde.

Obwohl das Schiff vor seiner großen Reise um die Welt gründlich überholt wurde und zusätzlich ein erhöhtes Oberdeck und eine neue Achterdeckskabine erhielt, war der Platz an Bord sehr beengt. »*Der absolute Platzmangel ist ein Übel, das durch nichts überwunden werden kann*«, schrieb Darwin schon vor der Abreise an → *John Stevens Henslow*. Die Kabine auf dem Achterdeck diente als Kartenraum und zugleich als Arbeits- und Schlafplatz für Darwin und den Kartenzeichner. Der Zweite Offizier (und spätere Admiral) → *James Sulivan* erinnerte sich: »*Der schmale Raum am Ende des Kartentisches war sein* [Darwins] *einziger Platz zum Arbeiten, Ankleiden und Schlafen; die Hängematte wurde während des Tages über seinem Kopf hängengelassen, sobald das Meer nur irgendwie unruhig war, so daß er mit einem Buch in der Hand sich hinlegen konnte, wenn er am Tisch nicht mehr sitzen bleiben konnte. Der einzige Stauraum für seine Kleider bestand aus mehreren kleinen Kästen in der Ecke, die von Deck zu Deck reichten; der oberste wurde herausgenommen, wenn die*

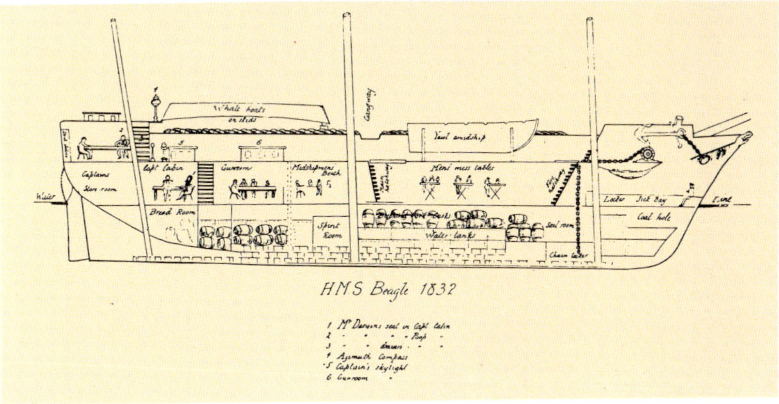

Längsschnitt durch die »Beagle«, gezeichnet von Darwins ehemaligem Bordkameraden Ph. G. King und erstmals veröffentlicht 1890.

1 *Darwins Platz in der Kapitänskajüte*
2 *Darwins Arbeitsplatz in der Heckkabine*
3 *Stauraum für Darwins naturhistorische Sammlung.*

Hängematte aufgehängt wurde, da sonst der Raum nicht lang genug gewesen wäre; die Taue am Fußende traten daher an die Stelle des obersten Kasten. Für seine Sammlung hatte er unter dem Vorderdeck eine kleine Kajüte.« Die Mahlzeiten nahm Darwin in der Regel zusammen mit Fitzroy in der Kapitänskajüte ein.

Bei der Abreise im Dezember 1831 befanden sich 74 Personen an Bord der Beagle: neben dem Kapitän und seinen drei jugendlichen Offizieren 34 Matrosen, 8 Marinesoldaten, 6 Schiffsjungen, der Schiffsarzt und sein Assistent, ein Künstler (als »Bildberichterstatter«), verschiedene mittlere Dienstgrade und Handwerker, ein Missionar sowie drei Feuerländer (zwei Männer und ein Mädchen), die Fitzroy auf seiner ersten Südamerikafahrt mitgenommen hatte und jetzt wieder in ihre Heimat zurückbefördern wollte.

Ein großer Teil der Besatzung hatte bereits die erste Reise der Beagle mitgemacht, bildete also eine erfahrene, aufgrund der entschiedenen Autorität des Kapitäns disziplinierte Kernmannschaft.

Nachfolgende Doppelseite:

Die »Beagle« im Beagle-Kanal, der Meeresstraße südlich der Hauptinsel von Feuerland. Aquarell von Conrad Martens, der in Montevideo als Zeichner an Bord der »Beagle« gekommen war.

Beisetzung

»Der Weg zur Westminster Abbey«, so überschreibt Gavin de Beer das letzte Kapitel seiner autoritativen Darwin-Biographie. Es war der mühselige, oft mit Steinen der Mißgunst und Bosheit gepflasterte Weg eines großen Forschers, der seine Laufbahn als verbummelter Theologiestudent begonnen hatte, dann das viktorianisch-saturierte England mit einer »blasphemischen« Theorie verschreckte und schließlich als Ketzer starb. *»Wenn ich bedenke, wie heftig ich von den Orthodoxen angegriffen worden bin«*, schrieb er in seiner *Autobiographie*, *»dann erscheint es mir absurd, daß ich einmal die Absicht hatte, Geistlicher zu werden.«*

Die Westminster Abbey, in der Darwins sterbliche Überreste ruhen. Kolorierte Lithographie von Thomas Shotter Boys, um 1830.

Trotz seiner internationalen Berühmtheit wurde Darwin gerade aus diesen religiösen Motiven zeitlebens vom offiziellen England ignoriert; er war nie bei Hofe eingeladen, wie es bei prominenten Gelehrten durchaus üblich war, er erhielt kein Adelsprädikat und keinerlei Auszeichnungen des Staates. Der so Übergangene hat sich in seiner notorischen Bescheidenheit darüber nie beklagt, denn er wußte, daß er wider Willen zum Enfant terrible geworden war – ausgerechnet er, der so gar nichts Dämonisches oder Rebellisches an sich hatte und stets nur darauf bedacht war, in Ruhe arbeiten und seine wissenschaftliche Wahrheit mitteilen zu können.

Erst als er tot war, besann sich die Nation. Zwanzig Parlamentsabgeordnete wandten sich an den Dekan von Westminster mit dem Gesuch, die Beisetzung Darwins in der Westminster Abbey, dem Ruhmestempel und Nationalheiligtum der Briten, zu gestatten. Das Gesuch wurde genehmigt – ein Zeichen für eine gewisse Aussöhnung zwischen der Staatskirche und den Ideen Darwins, mit denen sich inzwischen auch die fortschrittlichen kirchlichen Kreise einigermaßen abgefunden hatten. Darwin selbst hätte vermutlich nichts gegen diese ehrenvolle Begräbnisstätte eingewendet, obgleich die Hinterbliebenen wohl in seinem Sinne beschlossen hatten, ihn auf dem Friedhof des kleinen Dorfes Down, wo er im → *Down House* vierzig Jahre lang gelebt und

Die feierliche Beisetzung Darwins am 26. April 1882 in der Westminster Abbey.

am Ende auch gestorben war, zu beerdigen. *Francis Darwin* berichtet in *Life and Letters of Charles Darwin*: »*Die Familie gab ihren ursprünglichen Plan auf, und die Beisetzung fand am 26. April* [1882] *in der Westminster Abbey statt. Das Leichentuch trugen:*

> *Sir John Lubbock, Kanonikus Farrar, Mr. Huxley, Sir J. D. Hooker, Mr. James Russell Lowell (Amerikanischer Gesandter), Mr. Wm. Spottiswoode (Präsident der Royal Society), Mr. A. R. Wallace, Der Earl of Derby, Der Herzog von Devonshire, Der Herzog von Argyll.*

Der Beisetzungsfeier wohnten die Repräsentanten Frankreichs, Deutschlands, Italiens, Spaniens, Rußlands sowie der Universitäten und gelehrten Gesellschaften bei, desgleichen eine große Zahl persönlicher Freunde und hervorragender Männer.

Das Grab befindet sich im nördlichen Seitenschiff des Mittelschiffs, nahe dem Winkel der Chorwand und nur wenige Fuß vom Grab Sir Isaac Newtons entfernt. Der Stein trägt die Inschrift:

CHARLES ROBERT DARWIN
Geboren am 12. Februar 1809
Gestorben am 19. April 1882

Darwin als Botaniker. Zeitgenössischer Holzstich. Im Gewächshaus des Down House experimentiert er mit seinen Pflanzen.

Botanische Arbeiten

Darwin war von Hause aus weder Zoologe noch Geologe oder Botaniker. Dennoch hat er auf allen drei Gebieten, die er bei der Aufstellung seiner Evolutionstheorie miteinander verschmelzen mußte, Bedeutendes geleistet: Seine monographische Darstellung der → *Rankenfüßer* gilt bis heute als ein zoologisches Standardwerk, seine Hypothese über die Entstehung der → *Korallenriffe* wurde von der modernen Geologie weitgehend bestätigt, und auch sein weithin unbekanntes, aber sehr umfangreiches pflanzenkundliches Werk erbrachte zahlreiche neue Erkenntnisse. Mehr noch, Darwin, der sich selbst in maßloßer Untertreibung einmal als »botanischen Ignoramus« bezeichnete, wird heutzutage zu den Pionieren der botanischen Forschung gerechnet.

Schon als Schüler und Student sammelte Darwin Pflanzen aller Art, vor allem als angehender Naturforscher während der → *Weltreise,* und bei den Vorarbeiten zu *Origin of Species* mußte er sich selbstverständlich auch intensiv mit botanischen Detailproblemen befassen, die er durch gründliches Studium der Fachliteratur und durch zahlreiche Experimente im Garten und Gewächshaus von Down House zu lösen versuchte. Zudem pflegte er enge Freundschaft mit drei führenden Botanikern der Zeit, mit → *John Stevens Henslow,* → *Joseph Dalton Hooker* und → *Asa Gray,* die großen Einfluß auf Darwins naturwissenschaftliches Denken nahmen und bei denen er sich Rat in zahllosen Einzelfragen holte.

Unter solchen Umständen ist es erstaunlich, daß der produktive Autor Darwin bis in die Jahre nach dem Erscheinen seines Hauptwerks keine einzige größere botanische Darstellung vorgelegt hat. So lange betrachtete er die Pflanzenkunde nur als eine »Hilfswissenschaft« im Dienste umfassenderer Naturerkenntnis. Erst 1862 veröffentlichte er ein botanisches Werk mit dem Titel *On the Various Contrivances by which Orchids are Fertilised*, das 1877 eine zweite Auflage erlebte. Beide Auflagen wurden ins Deutsche übersetzt, die erste von H. G. Bronn, die zweite, maßgebliche von Carus: *Die verschiedenen Einrichtungen, durch welche Orchideen von Insekten befruchtet werden.*

Angeregt durch das bereits 1793 erschienene *»wunderbare«* Buch *Das entdeckte Geheimnis der Natur*, dessen Verfasser Christian Konrad Sprengel (1750–1816) als erster die Insektenbestäubung der Blüten erkannt hatte, ging Darwin, systematisch experimentierend und sorgfältig beobachtend wie immer, der noch offenen Frage nach, wie sich die Befruchtung durch Pollen von Blüten derselben Pflanze und von Blüten einer anderen artgleichen Pflanze auswirke. Trotz Sprengels Erkenntnis herrschte um 1860 noch allgemein die Ansicht vor, die Selbstbefruchtung sei das

Das
entdeckte Geheimniſs
der
NATUR
im Bau und in der Befruchtung
der
Blumen
von
CHRISTIAN KONRAD SPRENGEL,
Mit 25 Kupfertafeln.
Berlin, 1793.
bei Friedrich Vieweg dem ältern.

Titelblatt von Sprengels bahnbrechendem Werk Das entdeckte Geheimnis der Natur, *in dem erstmals die Insektenbestäubung der Blüten zutreffend dargestellt wurde. Darwin las das Buch im Jahre 1841 und schöpfte aus ihm wesentliche Anregungen für seine eigenen blütenbiologischen Forschungen.*

Normale und die Fremdbestäubung angesichts der Zwittrigkeit der meisten Blütenpflanzenarten eigentlich eine überflüssige Annahme. Doch Darwin war anderer Meinung. Er glaubte, nur bei der Fremdbestäubung komme es zu einer Kreuzung zwischen verschiedenen Individuen und damit zu einer hinreichenden Variationsbreite, in der die Selektion wirksam werden könne. Dies nachzuweisen war des Evolutionisten Darwin erstes Ziel und gelang ihm besonders überzeugend bei den Orchideen, deren kunstvolle Blüten auf die Fremdbestäubung durch Fluginsekten eingerichtet sind. Zugleich ging es Darwin darum, die Anpassung bestimmter Blütenformen an bestimmte Insekten zu demonstrieren – eine Erscheinung, die für ihn ebenfalls nur mit einem evolutionären Ausleseprozeß zu erklären war. Er wollte *»zeigen, daß die Vorrichtungen, durch welche Orchideen befruchtet werden, ebenso vielfältig und fast so vollkommen sind wie die schönsten Anpassungen im Tierreich«.*

An zwei Beispielen wird das besonders deutlich. Im ersten handelt es sich um eine auf Madagaskar beheimatete Orchidee mit einem extrem langen Sporn (ca. 28 cm), an dessen Basis der insektenanlockende Nektar sitzt. Darwin sagte voraus, daß es folglich auf Madagaskar eine Schmetterlingsart geben müsse, die über einen ebenso stark verlängerten Saugrüssel verfüge, und

Diese exotische Zahnzungenart Odontoglossum rossii *wird wie alle Orchideen von Insekten befruchtet. Darwin widmete dieser faszinierenden Pflanzenfamilie ein umfangreiches Buch und mehrere Abhandlungen. Ihn interessierten vor allem die Anpassungen der Orchideenblüten an die bestäubenden Insekten. Beim Anblick der abgebildeten Blüten versteht man Darwins Aussage: »Es erscheint mir völlig abwegig, daß eine Orchidee so erschaffen sein könnte, wie wir sie heute vor uns sehen. Jeder Teil verrät eine Vielzahl von Modifikationen.«*

tatsächlich wurde dort wenig später ein Schwärmer (Nachtfalter) entdeckt, der die – bis dahin vielbespöttelte – Prophezeiung exakt erfüllte! Im zweiten Fall stand Darwin jedoch vor einem Rätsel, das er nicht zu lösen vermochte, das aber lange nach ihm ebenfalls als raffinierter Anpassungsmechanismus enthüllt wurde. Bei manchen Orchideen (*Ophrys* u. a.) fehlen Sporn und Nektarium, und dennoch findet eine Fremdbestäubung statt. Aber wie? Heute wissen wir, daß männliche Insekten durch die eigentümlich geformte und gefärbte Blüte, die einem Insektenweibchen ähnelt, angezogen werden und eine »Scheinkopulation« ausführen, bei der sie Pollen aufnehmen und anschließend auf andere Blüten übertragen.

Wie man sieht, galt Darwins Interesse nicht so sehr botanischen Sachverhalten im engeren Sinne, sondern eher biologischen Grenzbereichen oder Aktionsfeldern, in denen Naturzusammenhänge und adaptive oder evolutionäre Vorgänge sichtbar werden. Das zeigt sich auch in seinem zweiten »halbbotanischen« Werk *The Variation of Animals and Plants under Domestication (Das Variieren der Tiere und Pflanzen im Zustande der Domestikation)*, das 1868 erschien und eng mit → *Origin of Species* verknüpft ist, ja im Grunde nur eine Ausweitung der beiden ersten Kapitel seines Hauptwerks darstellt. Er trägt hier gleichsam das Belegmaterial für die Variabilität der tierischen und pflanzlichen Zuchtformen nach, das er für *Origin of Species* gesammelt hatte, aber dort nicht unterbringen konnte, weil er seine große Evolutionsdarstellung unter Zeitdruck zu einem »Auszug« verkürzen mußte. Am Ende des zweiten Bandes entwickelte er zusätzlich, um die Lücke in seinem Vererbungskonzept zu schließen, seine abwegige → *Pangenesis-Hypothese*.

Als nächste Buchveröffentlichung auf dem Gebiet der Botanik erschien 1875 *The Movements and Habits of Climbing Plants (Die Bewegungen und Lebensweise der kletternden Pflanzen)*; sie ging allerdings aus einer längeren wissenschaftlichen Abhandlung hervor, die bereits 1867 gedruckt worden war. Darwin hatte über das Problem der Kletterpflanzen lange nachgedacht und unzählige Versuche angestellt, um die Gesetzmäßigkeit der Rankenbildung und -bewegungen zu ergründen. Aufgrund vergleichender Untersuchungen der verschiedensten Klettergewächsarten konnte er das Vorhandensein zahlreicher Übergangsformen und Anpassungsmechanismen nachweisen, die sich nur mit dem Selektionsprinzip erklären ließen.

Die Beschäftigung mit dem Vorgang der Rankenbildung und -bewegung führte zu weiteren Experimenten, die Darwin zusammen mit seinem Sohn → *Francis Darwin* unternahm, und schließlich zu einem neuen

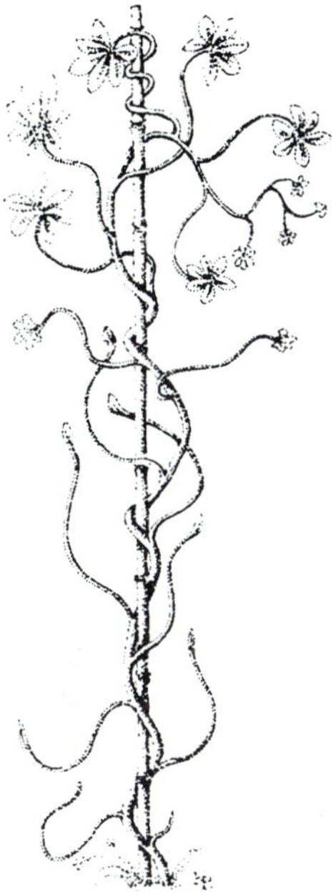

Oben: *Die Kapuzinerkresse* Tropaeolum tricolorum, *die sich um eine Stütze windet und ihre Blattstiele und rankenartigen Fortsätze wie Haken und Greifer einsetzt, gehört zu den Kletterpflanzen, die Darwin in seinem Buch* The Movements and Habits of Climbing Plants *(1867) behandelte.*

Links: *Rundblättriger Sonnentau* (Drosera rotundifolia) *mit gefangenem Insekt. Das »Freßverhalten« der Sonnentaugewächse und anderer fleischfressender Pflanzen untersuchte Darwin in der grundlegenden Monographie* Insectivorous Plants *(1875).*

Als der Verlag Murray Darwins Buch über die Kletterpflanzen ankündigte, zeichnete Sambourne 1875 diese Karikatur, die einen kletternden Darwin in Affengestalt zeigt.

Buch, das 1880 erschien und sich allgemein mit den Bewegungskräften der Pflanzen (Triebe, Wurzelspitzen, Blütenteile usw.) befaßte: *The Power of Movement in Plants (Das Bewegungsvermögen der Pflanzen)*.

Die Darwins, Vater und Sohn, müssen in jenen Jahren ununterbrochen experimentiert und zu diesem Zweck die raffiniertesten Versuchsanordnungen ausgetüftelt haben. Denn auch der zwischenzeitlich (1875) erschienene stattliche Band *Insectivorous Plants (Insektenfressende Pflanzen)* stellt das Resultat ganzer Testreihen und feinster Beobachtungen dar. Darwin arbeitete vor allem mit Sonnentaugewächsen *(Drosera)*, deren »Freßverhalten« er schon 1860 erstmals in der Natur bestaunt hatte, aber auch mit zahlreichen anderen insekten- bzw. fleischfressenden Pflanzen, deren Bau und Physiologie er in allen Einzelheiten beschrieb. So entstand für dieses botanische Spezialgebiet eine Gesamtdarstellung, die ohne Vorbild war und bis heute grundlegend geblieben ist.

Ein Jahr später, 1876, veröffentlichte Darwin bereits ein neues Werk, in dem er die Ergebnisse seines Orchideenbuches verallgemeinerte und den experimentell gesicherten Nachweis führte, daß der Fremd- oder Kreuzbefruchtung ein erhöhter biologischer Wert zukommt. Es gelang ihm, aufzuzeigen, daß die Nachkommen von kreuzbefruchteten Pflanzen in den meisten Fällen zahlreicher, größer, lebenskräftiger und fruchtbarer ausfallen als die Ergebnisse der Selbstbestäubung, selbst bei solchen Arten, die normalerweise selbstbestäubend sind. Dieses Buch trägt den Titel: *The Effects of Cross and Self Fertilisation in the Vegetable Kingdom (Die Wirkungen der Kreuz- und Selbstbefruchtung im Pflanzenreich)*.

Wieder ein Jahr später folgte ein weiterer Beitrag zur Blütenbiologie, *The Different Forms of Flowers on Plants of the Same Species (Die verschiedenen Blütenformen an Pflanzen der nämlichen Art)*, der sich hauptsächlich mit den heterostylen (verschiedengriffeligen) Blüten der Primel und des Weiderichs befaßt und auf einen langen vorher gedruckten Aufsatz mit derselben Themenstellung zurückgeht.

Zwei Jahre vor Darwins Tod wurde das bereits erwähnte Werk über das Bewegungsvermögen der Pflanzen publiziert, und als letztes Buch erschien im Oktober 1881 eine Untersuchung mit dem bescheidenen Titel *The Formation of Vegetable Mould, through the Action of Worms (Die Bildung der Ackererde durch die Tätigkeit der Würmer)*. Den Regenwürmern also, diesen verborgen lebenden, unansehnlichen, aber für den Haushalt der Natur so wichtigen Geschöpfen, die durch ihre Wühlarbeit das Pflanzenwachstum nachhaltig fördern, galt die letzte Denkbemühung des greisen Forschers, der einst mit seiner Evolutionstheorie die Welt

»Wurmstein« (Wormstone) im Garten von Down. Mit einem solchen Stein versuchte Darwin, die Wühltätigkeit der Regenwürmer zu messen. Er stellte fest, daß der Stein jährlich um gut 2 mm tiefer in den Boden sank. Der ursprüngliche »Wurmstein« ist verlorengegangen; abgebildet ist eine Rekonstruktion, die Darwins Sohn Horace 1929 in seiner Firma anfertigen ließ.

erschüttert hatte. Diese Studie, gewissenhaft wie alles, was er schrieb, und vollkommen im Einklang mit seinem demütigen, naturfrommen Wesen, ist scheinbar ein belangloses Nebenwerk, doch aus heutiger Sicht eine Pioniertat auf dem damals noch unerschlossenen Gebiet der ökologischen Wissenschaft.

Heinrich Georg Bronn

* 3. März 1800 Ziegelhausen bei Heidelberg; † 5. Juli 1862 Heidelberg

Dem angesehenen Heidelberger Zoologieprofessor Bronn übersandte Darwin »*als Zeichen meiner aufrichtigen Wertschätzung*« sogleich nach Erscheinen ein Exemplar seines Hauptwerks → *Origin of Species*, das von Bronn wider Erwarten positiv aufgenommen und im *Neuen Jahrbuch für Mineralogie* angezeigt wurde. In einem kurzen Briefwechsel mit Darwin regte Bronn eine deutsche Übersetzung des Buches an, die er schließlich selbst übernahm und die bereits 1860 bei Schweizerbart in Stuttgart erschien, unter dem etwas unbeholfen wirkenden Titel: *Über die Entstehung der Arten im Thier- und Pflanzen-Reich durch natürliche Züchtung, oder Erhaltung der vervollkommneten Rassen im Kampfe um's Daseyn.* Darwin war zunächst sehr angetan von dieser ersten deutschen Ausgabe, mußte aber bald einsehen, nicht zuletzt durch die Hinweise von → *Julius Victor Carus*, daß die Bronnsche Übersetzung ziemlich willkürlich und somit unzureichend war. Sie wurde daraufhin 1867 durch die neue, zuverlässigere Eindeutschung von Carus ersetzt.

Samuel Butler

* 4. Dezember 1835 Langar; † 18. Juni 1902 London

Der englische Schriftsteller S. Butler, der Enkel jenes Dr. Butler, dessen Internat in → *Shrewsbury* Darwin von 1818 bis 1825 besuchte, ist heute noch bekannt als Autor des utopisch-satirischen Romans *Erewhon* (1872), während seine naturphilosophischen Schriften wie auch seine Kontroverse mit Darwin, die seinerzeit großes Aufsehen erregte, weitgehend vergessen sind. Nach dem Erscheinen von → *Origin of Species* zählte er zunächst zu Darwins Bewunderern – er besuchte ihn sogar zweimal im Down House –, doch je mehr er sich in der Folgezeit mit dessen »Vorläufern« → *Erasmus Darwin*, → *Jean Baptiste de Lamarck* und dem französischen Naturforscher Georges Louis Lederc Graf von Buffon (1707–1788, dem Verfasser der *Histoire naturelle générale et particulière*) befaßte, desto mehr mißfiel ihm Darwins »mechanistische« Evolutionstheorie, der er die Originalität abzusprechen versuchte.

Der englische Schriftsteller Samuel Butler, der den greisen Darwin aus falschverstandenem Ehrgeiz in eine völlig überflüssige Kontroverse verwickelte.

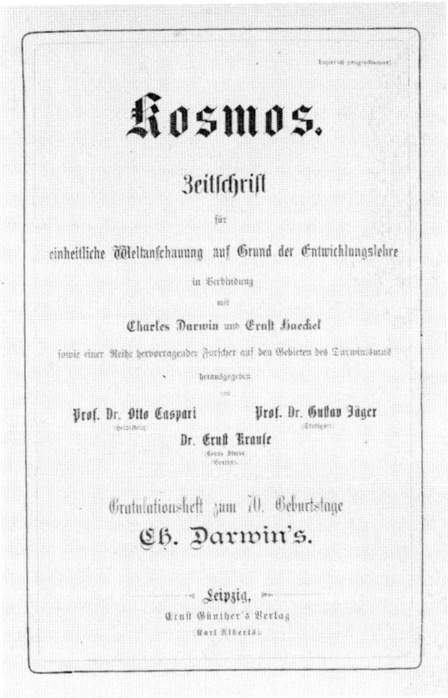

Kosmos.

Zeitschrift

für

einheitliche Weltanschauung auf Grund der Entwicklungslehre

in Verbindung

mit

Charles Darwin und Ernst Haeckel

sowie einer Reihe hervorragender Forscher auf den Gebieten des Darwinismus

herausgegeben

Prof. Dr. Otto Caspari

Prof. Dr. Gustav Jäger

Dr. Ernst Krause

Gratulationsheft zum 70. Geburtstage

Ch. Darwin's.

Leipzig,

Ernst Günther's Verlag

(Karl Alberts).

Die Evolutionistenzeitschrift »Kosmos« – nicht zu verwechseln mit der heutigen Zeitschrift gleichen Titels – brachte im Februar 1879 ein Gratulationsheft zu Darwins 70. Geburtstag heraus. In derselben Nummer erschien auch ein Artikel des Herausgebers Ernst Krause über Erasmus Darwin, der den Streit mit Samuel Butler auslöste.

Die Kontroverse zwischen Darwin und Butler begann 1879. Zu Darwins siebzigstem Geburtstag brachte die deutsche Zeitschrift »Kosmos« im Februar eine Darwin-Nummer heraus, die auch einen Artikel über Erasmus Darwin von Dr. Ernst Krause enthielt. Im Mai 1879 veröffentlichte Butler sein Buch *Evolution Old and New,* ohne Krauses Aufsatz zu kennen. Inzwischen erweiterte Krause seinen Text für eine englische Übersetzung, die dann im November 1879 zusammen mit Darwins *Life of Erasmus Darwin*, einer kurzen Lebensbeschreibung seines Großvaters, als Buch erschien. Im Laufe der Zusammenarbeit mit Krause hatte Darwin ihm ein Exemplar von Butlers neuem Werk übersandt, und in die erweiterte Fassung seines »Kosmos«-Artikels fügte Krause daraufhin einige abfällige Bemerkungen über Butlers Ansichten ein. Unglücklicherweise versäumte es Darwin, in seinem Vorwort zur englischen Ausgabe auf die Veränderungen und Zusätze in Krauses Text hinzuweisen, so daß Butler beim Vergleich der angeblich originalgetreuen englischen Fassung mit der »Kosmos«-Fassung den Eindruck gewinnen mußte, ein unabhängiger deutscher Wissenschaftler habe ihn mit stillschweigender Billigung Darwins angegriffen.

Darwin entschuldigte sich bei Butler für sein Versehen; dieser aber nahm die Entschuldigung nicht an, weil er sich als das Opfer eines Komplotts fühlte. Der erbitterte Streit, der in privaten und offenen Briefen und unter Einschaltung von Darwins Freunden ausgetragen wurde, war bei Butlers Tod noch nicht eindeutig entschieden und hat auch Darwin stark belastet, obwohl ihn keine moralische Schuld traf; *»denn ich hatte ja bereits Mr. Butler privat mein Bedauern über mein unbeabsichtigtes Versäumnis ausgedrückt«* (*Autobiographie*). Sein Sohn Francis bemerkt dazu in *Life and Letters of Charles Darwin*: *»Die Affäre bereitete meinem Vater viel Kummer, aber die herzliche Anteilnahme derer, deren Meinung er schätzte, half ihm schon bald, sie in wohlverdiente Vergessenheit geraten zu lassen.«*

Wappenentwurf für den Studenten Charles Darwin, gezeichnet 1828 von seinem Freund Albert Way, mit dem er in Cambridge gemeinsam entomologisierte. Darwin hat jedoch weder dieses noch ein anderes Wappen je benutzt.

Cambridge

Nach einem mißglückten zweijährigen Medizinstudium in → *Edinburgh* (1825–1827) wechselte Darwin 1828 auf Verlangen seines Vaters nach Cambridge über, um Theologie zu studieren und sich auf den Beruf eines Landpfarrers vorzubereiten, der eine gewisse materielle Sicherheit und die Aussicht auf ein geruhsames ländliches Leben versprach. Die Wahl des neuen Studienfachs war zweifellos nichts weiter als eine Notlösung für einen verkrachten Medizinstudenten aus gutbürgerlicher Akademikerfamilie, denn weder der Vater noch der Sohn hatten eine innere Beziehung zur Religion und zum kirchlichen Leben.

Nach einigem Widerstreben fügte sich Charles in den Wunsch des Vaters. *»Ich bat mir einige Bedenkzeit aus, da ich nach dem wenigen, was ich über das Fach gehört und gedacht hatte, Skrupel hatte, meinen Glauben an alle Dogmen der Kirche von England zu bekennen; doch andererseits gefiel mir der Gedanke, Landgeistlicher zu werden«*, vermerkt er in seiner *Autobiographie*. Aber schon wenige Zeilen später schreibt er mit einer für ihn typischen ironischen Wendung: *»Wenn ich bedenke, wie heftig ich von den Orthodoxen angegriffen worden bin, dann erscheint es mir absurd, daß ich einmal die Absicht hatte, Geistlicher zu werden. Übrigens sind diese Absicht und der Wunsch meines Vaters niemals formell aufgegeben worden, sondern sie starben eines natürlichen Todes, als ich beim Verlassen von Cambridge als Naturforscher an Bord der* Beagle *ging. Wenn man den Phrenologen trauen darf, so war ich in einer Hinsicht für den geistlichen Stand durchaus geeignet. Vor einigen Jahren erbaten die Sekretäre einer deutschen psychologischen Gesellschaft in einem Brief nachdrücklich eine Photographie von mir; und einige Zeit später erhielt ich ein Protokoll über eine ihrer Sitzungen, in der offenbar die Form meines Kopfes der Gegenstand einer öffentlichen Diskussion gewesen war, und ein Redner erklärte, der Höcker der Ehrfurcht sei bei mir so gut ausgebildet, daß er für zehn Priester ausreichen würde.«* Im übrigen ist in

Gegenüberliegende Seite:

Darwins Mikroskop, ein Geschenk seines Freundes John Maurice Herbert, mit dem er in Cambridge eng befreundet war.

Portal des Christ's College in Cambridge, an dem Darwin von 1828 bis 1831 Theologie studierte.

dem mehrseitigen Kapitel der *Autobiographie*, das Darwins Aufenthalt in Cambridge behandelt, kaum noch die Rede von religiösen oder theologischen Problemen, um so mehr dagegen von weltlichen Dingen, von neuen Freundschaften, harmlosen Vergnügungen, Käfersammeln, naturkundlichen Exkursionen, Museumsbesuchen, Lektüre usw.

Darwin war insgesamt drei Jahre Student am renommierten Christ's College in Cambridge, und zwar vom Frühjahr 1828 bis zum Frühjahr 1831; sein Abschlußexamen als B. A. (Baccalaureus Artium oder Bachelor of Arts) bestand er im Mai 1831 mit mäßigem Erfolg. Wesentlich bedeutsamer für seine geistige Entwicklung waren indes einige andere Ereignisse, die in die Zeit seines Cambridge-Aufenthalts fallen, aber mit dem eigentlichen Zweck seines Aufenthalts nichts zu tun haben: seine Bekanntschaft mit dem Botaniker (und Theologen) → *John Stevens Henslow* und dem Geologen → *Adam Sedgwick* sowie die Lektüre des südamerikanischen Reiseberichts von → *Alexander von Humboldt* und einer Einführung in die Naturphilosophie des Astronomen → *Sir John Herschel*; diese Bücher »*weckten in mir ein glühendes Verlangen, einen Beitrag, und sei es auch nur der allerbescheidenste, zum erhabenen Gebäude der Naturwissenschaft zu leisten*« (*Autobiographie*).

Nach der Rückkehr von seiner → *Weltreise* hielt sich Darwin noch einmal drei Monate lang – vom 13. Dezember 1836 bis Anfang März 1837 – in Cambridge auf, um mit Hilfe von Experten die zahlreichen Gesteinsproben auszuwerten, die er während seiner Reise an Henslow geschickt hatte. Am 7. März 1837 übersiedelte er dann nach → *London*.

Rund vierzig Jahre später, 1877, ehrte die Universität Cambridge den einstigen halbherzigen Theologiestudenten und inzwischen weltberühmten Naturforscher Charles Darwin durch die Verleihung der juristischen Ehrendoktorwürde.

Julius Victor Carus

* 25. August 1823 Leipzig; † 10. März 1903 Leipzig

Der bedeutende Zoologe, Professor der vergleichenden Anatomie an der Universität Leipzig, zählt zu den frühesten Darwin-Kennern und -Anhängern in Deutschland. Carus wandte sich 1866 an Darwin, um ihn auf die Mängel der von → *Heinrich Georg Bronn* geschaffenen ersten Übersetzung von *Origin of Species* aufmerksam zu machen. Darwin antwortete ihm in einem Brief vom 10. November 1866: »*Ich danke Ihnen für Ihren überaus freundlichen Brief. Ich kann Ihnen meine Befriedigung darüber, daß Sie die Revision der*

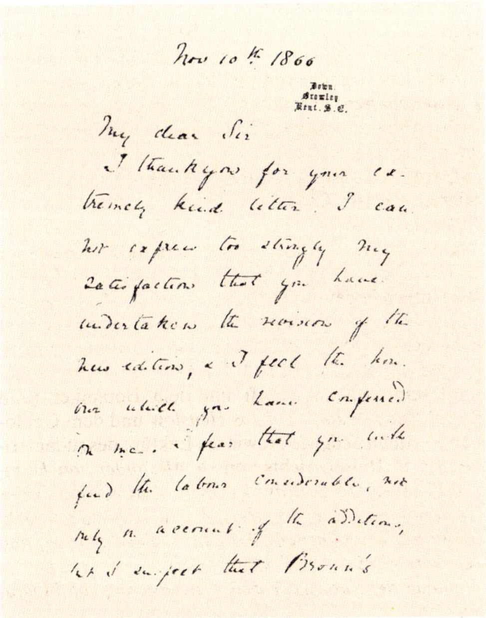
Nov 10th 1866

Down.
Bromley
Kent. S.E.

My dear Sir

I thank you for your extremely kind letter. I can not express too strongly my satisfaction that you have undertaken the revision of the new edition, & I feel the honour which you have conferred on me. I fear that you will find the labour considerable, not only on account of the additions, but I suspect that Bronn's

Der erste Brief, den Darwin am 10. November 1866 an Julius Victor Carus schrieb (auszugsweise Übersetzung im Haupttext).

Darwin war von der Neuübersetzung von *Origin of Species* durch Julius Victor Carus sehr angetan. In einem Brief vom 17. Februar 1867 schrieb er seinem deutschen Kollegen:
»Ich kann nicht hinlänglich ausdrücken, wie sehr ich mich freue, daß Sie sich dazu haben bewegen lassen, die Übersetzung der vorliegenden Ausgabe meines Buches zu betreuen, denn ich habe jetzt die große Befriedigung zu wissen, daß das deutsche Publikum nunmehr gerecht über seine Vorzüge und Schwächen urteilen kann.«
Ein noch umfassenderes Lob zollte Darwin ihm am 21. März 1876: »Ich kann Ihnen versichern, daß der Gedanke, irgend jemand hätte meine Bücher besser übersetzen können als Sie, mir nicht einen Augenblick lang in den Sinn gekommen ist.«
Es ist erstaunlich, daß Darwin seinen deutschen Übersetzer, mit dem er einen so fruchtbaren Gedankenaustausch pflegte, nie persönlich kennengelernt hat, obwohl Carus 1860 anläßlich der berühmt-berüchtigten Oxforder Sitzung der British Association in England weilte. Aber damals hatte er noch keinen Kontakt zu Darwin, der seinerseits zu Hause in Down geblieben war.

neuen Ausgabe übernommen haben, nicht zu stark ausdrücken, und ich empfinde die Ehre, die Sie mir erwiesen haben, ... Es würde mir eine große Befriedigung gewähren zu wissen, daß die Übersetzung eine wirklich gute ist, so wie Sie sie zweifellos anfertigen werden. ... Eine neue Ausgabe kann als ein neues Buch angesehen werden.« Carus erarbeitete daraufhin – unter Zugrundelegung der 4. Auflage des englischen Originals von 1866 – eine völlig neue deutsche Übersetzung; sie erschien 1867 unter dem präziser formulierten Titel *Über die Entstehung der Arten durch natürliche Zuchtwahl oder die Erhaltung der begünstigten Rassen im Kampfe um's Dasein.*

Carus' Übersetzung hat sich den Ruf der klassischen Eindeutschung von Darwins Hauptwerk erhalten und wurde, in mehr oder weniger nachhaltigen Bearbeitungen, bis in die Gegenwart hinein immer wieder nachgedruckt. Nach 1867 hat Carus dann alle wichtigen Bücher Darwins übertragen. In *Life and Letters of Charles Darwin* bemerkte *Francis Darwin* dazu: »*Von dieser Zeit an fuhr Professor Carus fort, meines Vaters Bücher ins Deutsche zu übersetzen. Die gewissenhafte Sorgfalt, mit der diese Arbeit ausgeführt wurde, war von erheblichem Nutzen, und ich erinnere mich gut der Bewunderung (vermischt mit einem Anflug von Verärgerung über seine eigenen Ungenauigkeiten), mit der mein Vater die Listen von Versehen usw. zu empfangen pflegte, die Professor Carus beim Fortgang der Übersetzung entdeckte. Die Beziehung war nicht nur rein geschäftlich, sondern auch durch warme Gefühle der Hochachtung von beiden Seiten verkittet.*«

Carus krönte seine bedeutende Übersetzungsarbeit mit der 16bändigen Ausgabe *Charles Darwin's Gesammelte Werke*, die von 1874 bis 1888 im deutschen Standardverlag Darwins, der E. Schweizerbart'schen Verlagshandlung (E. Koch) in Stuttgart, herausgegeben wurde.

Charles Robert Darwin

* 12. Februar 1809 Shrewsbury; † 19. April 1882 Down

Die Lebensgeschichte von Charles Darwin, wie er unter Weglassung des zweiten Vornamens üblicherweise genannt wird, ist durch Selbst- und Fremdzeugnisse sehr gut dokumentiert. Sie weist, was Fakten anbelangt, kaum weiße Flecken auf, und sie entwickelte sich in leicht faßbaren Dimensionen und in deutlich abgesetzten Phasen, wie sie im nachfolgenden gerafften Überblick durch Zwischentitel gekennzeichnet sind. (Ergänzende biographische Daten finden sich in der detaillierten Zeittafel S. 236f.)

Was jedoch Darwins »innere Biographie« betrifft, so sind wir weitgehend auf Vermutungen angewiesen,

Charles Darwin im Alter von etwa 45 Jahren. Atelieraufnahme von Maull & Fox, um 1854.

wenn man von seinen sehr offenherzigen Aussagen zum Thema → *Religion* einmal absieht. Es entsprach seiner zurückhaltenden, verschwiegenen Natur und den Konventionen seiner bürgerlich-viktorianischen Epoche, die geheimsten Gedanken und Empfindungen hinter einem dichten Schleier aus Understatement und abwiegelnder Selbstironie verborgen zu halten. Leidenschaftliche Aufschwünge, seelische Abgründe und tabuverletzende Normabweichungen scheinen im Bild Darwins zu fehlen, das die Zeitgenossen uns überliefert und die zahlreichen späteren Biographen rekonstruiert haben.

Ob diese Normalität, die sich nur an den belegten äußeren Lebensumständen orientiert, die ganze Wahrheit ist, läßt sich schwer sagen; vermutlich ist sie es nicht. Die Aussparung der Tiefendimension bedingt, daß allen Darwin-Biographien, sofern sie auf Spekulationen verzichten, eine gewisse Einschichtigkeit und »Oberflächlichkeit« anhaften. Auch romanhafte Darstellungen, wie etwa der jüngste Versuch von Irving Stone, vermögen nicht viel mehr, als die verbürgten biographischen Tatsachen auszuschmücken und anzureichern. Bisher ist es augenscheinlich noch niemandem gelungen, zum eigentlichen Kern von Darwins Wesen vorzustoßen, nicht einmal seiner Ehefrau, seinen Kindern und seinen besten Freunden, von den nachgeborenen Interpreten ganz zu schweigen.

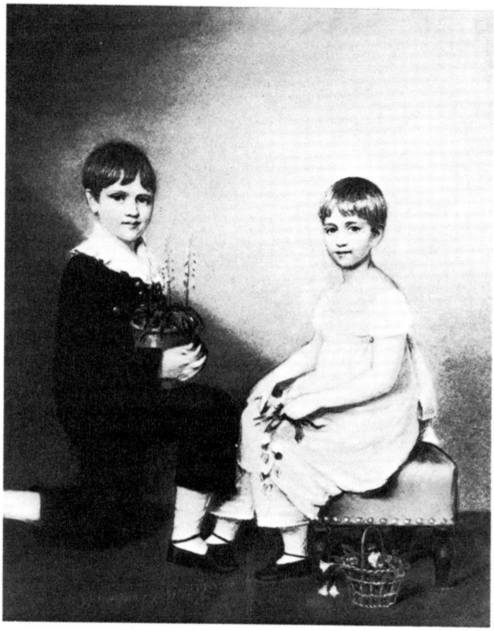

Der sechsjährige Charles mit seiner jüngsten Schwester Catherine. Pastellzeichnung von Rolinda Sharples, 1816. Dies ist das früheste Darwin-Porträt, das sich erhalten hat.

In dieser Situation kann man sich nur mit dem Gedanken trösten, daß die restlose Aufhellung psychologischer Hintergründe und Triebkräfte bei einem so pragmatischen, faktenversessenen Gelehrten wie Charles Darwin nicht unbedingt notwendig ist.

Kindheit

Charles Darwin war der Nachkomme einer wohlhabenden und angesehenen gutbürgerlichen Familie, in der zwei bedeutende Erbströme zusammenflossen: Sein Großvater väterlicherseits war der genialische → *Erasmus Darwin*, der erste »Intellektuelle« in der männlichen Linie, sein Großvater mütterlicherseits Josiah Wedgwood (I.), der Begründer der heute weltberühmten Wedgwood-Porzellanfabrik.

Darwin wurde am 12. Februar 1809, einem Sonntag, geboren, und ein »Sonntagskind« war er zumindest in einer Hinsicht: In seinem ganzen Leben hat er nie materielle Sorgen gekannt – eine wesentliche Voraussetzung für seine ungestörte und von äußeren Zwängen unbeeinflußte wissenschaftliche Betätigung. Sein Vater, der tüchtige und begüterte Landarzt → *Robert Waring Darwin*, bezahlte bereit- oder widerwillig seine Ausbildung und sogar seine jugendlichen Eskapaden, und er gewährte dem berufslosen Sohn eine jährliche Zuwendung von 400 Pfund, die nach dessen Heirat auf

500 erhöht wurde. Hinzu kamen dann die Mitgift, die Darwins Frau mit in die Ehe brachte und die ebenfalls 400 Pfund im Jahr abwarf, die ansehnlichen Honorare für seine zahlreichen Publikationen und schließlich, nach dem Tode des Vaters (1848), eine Erbschaft in Höhe von 40 000 Pfund.

Trotz günstiger Ausgangsbedingungen war Charles' Kindheit nicht rundum glücklich. Bereits als Achtjähriger verlor er seine Mutter → *Susannah Darwin*, noch ehe sich eine echte Mutter-Sohn-Bindung entwickelt hatte, und fortan mußte vor allem seine ältere Schwester Caroline Mutterstelle an ihm vertreten. Die vielköpfige Familie wurde indes beherrscht von der übermächtigen Vaterfigur, von der Charles, wie bereits erwähnt, bis ins hohe Mannesalter finanziell abhängig blieb. Er erfuhr zu Hause eine geistig wenig anregende, aber nicht übermäßig strenge Erziehung und im Internat seiner Heimatstadt →*Shrewsbury* genoß er die übliche humanistisch ausgerichtete Schulbildung, die seine latent vorhandene Sonderbegabung wenig förderte. Mit ziemlicher Sicherheit war Charles Darwin ein etwas eigenbrötlerisches und naives Kind, das die Einsamkeit liebte und sich in der Natur kleine Freiräume eröffnete.

Studentenjahre

Auf Verlangen des autoritären Vaters studierte Darwin zunächst Medizin in → *Edinburgh* und anschließend, mehr oder weniger aus Verlegenheit, Theologie in → *Cambridge* – beides ohne innere Anteilnahme und mit mäßigem Erfolg. Die Studienjahre von 1825 bis 1831 waren, was ihren eigentlichen Zweck angeht, für ihn »*auf traurige Weise vergeudet*«.

Daß aus dem verbummelten Theologiestudenten dennoch etwas wurde, ergab sich aus seinen naturkund-

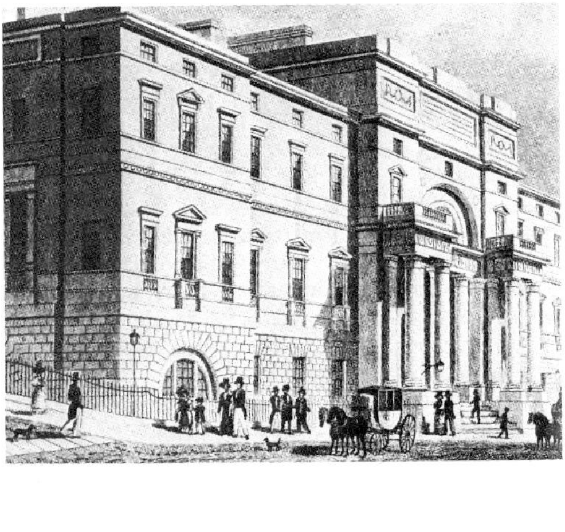

Die alte Universität in Edinburgh, wo Darwin vom Oktober 1825 bis zum April 1827 Medizin studierte, ohne ein Examen abzulegen.

Port Jackson an der Südostküste Australiens. Gemälde von J. Lycett, 1824. Am 12. Januar 1836 ging die »Beagle« in dieser Bucht vor Anker.

lichen Nebenbeschäftigungen. Er las lieber naturwissenschaftliche als theologische Literatur, ließ sich von seinen väterlichen Freunden → *John S. Henslow* und → *Adam Sedgwick* in die Botanik und Geologie und allgemein in die exakte Beobachtung und Deutung von Naturphänomenen einführen und verspürte am Ende den noch unbestimmten Drang, auf diesem Gebiet selbst etwas Besonderes zu leisten. Bei dem damaligen Stand der Naturwissenschaften war das leichter möglich als heutzutage, aber auch damals reichten Neigung und Begabung (zumal eine nicht fachlich trainierte Begabung) allein nicht aus, große neue Entdeckungen zu machen. Es mußte sich auch eine entsprechend große Chance bieten. Sie kam 1831.

Die Reise mit der Beagle

Was aus Darwin geworden wäre, hätte er nicht die einmalige Gelegenheit bekommen, an Bord eines Expeditionsschiffes fast fünf Jahre lang (1831–1836) die Erde zu umsegeln, kann man nur mutmaßen: wahrscheinlich ein behäbiger Landpfarrer oder ein dilettierender Privatgelehrter, dessen Name längst vergessen wäre. Doch die → *Weltreise* gab seinem fast schon verbauten Leben eine neue Richtung, stabilisierte seinen schwankenden Kurs. Die Veränderung, die im jungen Darwin vorging, ist erstaunlich: Vom ersten Tag

Oben links: *Charles Darwin als junger Ehemann. Aquarell von George Richmond, 1840.*

Oben rechts: *Emma Darwin, geb. Wedgwood, kurz nach ihrer Hochzeit. Aquarell von George Richmond, 1839.*

der großen Reise an war er wie verwandelt. Abenteuerlust, Ehrgeiz und Forschungseifer beflügelten ihn, und eine geistige Disziplin, die ihm bis dahin gefehlt hatte, bestimmte von nun an sein ganzes Leben, Denken und Arbeiten. Bei der Heimkehr nach England war aus dem ziellosen, halbherzigen Theologen und naturwissenschaftlichen Amateur Darwin ein ernstzunehmender Naturforscher geworden. Und er hatte eine reiche Ernte eingebracht – nicht nur die unzähligen Kisten und Behälter mit präparierten Pflanzen und Tieren, mit Fossilien und Mineralien, sondern auch die Ansätze zur weltverändernden Idee von der Evolution alles Lebendigen.

Die Londoner Jahre

Von 1837 bis 1842 lebte Darwin fast ständig in → *London*. Mit unvermindertem Eifer ging er daran, der wissenschaftlichen Welt die Ergebnisse seiner Reise zugänglich zu machen. In den ersten Jahrzehnten des vorigen Jh.s war das Zeitalter der Weltentdeckung, zumal der botanisch-zoologisch-geologischen Entdekkungen, noch nicht abgeschlossen, und vieles, was Darwin in Südamerika und anderswo beobachtet und gesammelt hatte, war für die Fachwelt durchaus neu. Darwin fügte sich ganz selbstverständlich ein in die Reihe der großen naturwissenschaftlichen Forschungsreisenden, von La Condamine über → *Alexander von Humboldt* bis → *Alfred Russel Wallace*. Sein erstes Buch, der 1839 erstmals erschienene Reisebericht, bestätigte seinen Rang. Dieses Werk des knapp Dreißigjährigen, das dank der Fülle neuer Einsichten und Erkenntnisse und der Dichte der Darstellung längst zu den Klassikern der Entdeckungsliteratur zählt, hätte ihm wohl kaum einer zugetraut, der ihn vorher in Cambridge erlebt hatte.

Die Ausformung des Evolutionsgedankens wurde in den Londoner Jahren durch vordringlichere Arbeiten und sicherlich auch durch die Skrupel vor der Verkündigung der brisanten neuen Wahrheit noch in den Hintergrund gedrängt, nahm aber insgeheim schon erste Gestalt an.

Den privaten Höhepunkt dieses intellektuell und emotional unruhigen Lebensabschnitts bildete Darwins Verehelichung mit seiner Kusine → *Emma Wedgwood* im Januar 1839.

Der Eremit von Down

Im September 1842 übersiedelte das junge Paar, das bereits zwei Kinder hatte, von London in das idyllische Dörfchen → *Down*. Nichts ist charakteristischer für Darwins Naturell als dieser Entschluß, sein Leben fortan auf dem Lande zuzubringen, fernab vom Getriebe der Hauptstadt und ohne Bindung an irgendwelche Institutionen. Das war nicht die Marotte eines großstadtmüden Aussteigers, sondern ein Lebensbedürfnis des öffentlichkeitsscheuen und immer häufiger kränkelnden Gelehrten, der endlich in Ruhe forschen, experimentieren und schreiben wollte.

Die ländliche Abgeschiedenheit, ein harmonisches Familienleben und eine fruchtbare Korrespondenz mit Wissenschaftskollegen und Freunden in aller Welt bildeten die Basis des rastlosen Schaffens, das Darwin nun fast mit der Präzision eines gut funktionierenden Uhrwerks entfaltete. Der Eremit von Down, früh gealtert durch sein rätselhaftes Leiden, seine skrupulöse Veranlagung und ständige Überanstrengung, verfaßte eine Vielzahl von Abhandlungen und Büchern, oft nach mühsamen und zeitraubenden Vorarbeiten. Am längsten und quälendsten beschäftigte ihn sein Hauptwerk, das nach einer zwanzigjährigen Inkubationszeit 1859 erschien: → *On the Origin of Species*. Darwin war mit einem Schlag weltbekannt; er wurde gelobt und angefeindet, bejubelt und verhöhnt, aber das alles scheint ihn wenig berührt zu haben. Er kapselte sich wieder ein, als der erste Sturm sich gelegt hatte, und arbeitete unverdrossen weiter, fast ausschließlich über botanische Detailfragen, denen er sich mit der gleichen geduldigen Hingabe widmete wie zuvor dem großen Thema der Evolutionslehre. Die Wahrheit, die es zu entschlüs-

Gegenüberliegende Seite:

Charles Darwin im Jahre 1881, ein Jahr vor seinem Tod. Dieses Ölgemälde, das John Collier im Auftrag der Linnean Society schuf, ist das letzte Porträt, zu dem Darwin Modell gestanden hat, und sicherlich auch das schönste. »Viele Leute, die sein Gesicht ganz genau kannten, sind der Meinung, daß Mr. Colliers Bild das beste Porträt überhaupt ist.« (Francis Darwin)

Der Eremit von Down auf der Veranda seines Hauses. Photographie von Elliott & Fry, um 1880.

seln galt, verbarg sich für ihn im Kleinen wie im Großen gleichermaßen, in den unscheinbaren Mechanismen der Insektenbestäubung oder der fleischfressenden Pflanzen wie in der Gesamtentwicklung des organischen Lebens auf unserer Erde.

Als Darwin am 19. April 1882 in seiner Einsiedelei von Down starb, war er dieser Wahrheit nähergekommen als alle Naturforscher vor ihm.

Emma Darwin

* 2. Mai 1808 Maer; † 2. Oktober 1896 Cambridge

Emma, das jüngste Kind von Darwins Onkel → *Josiah Wedgwood* und somit Darwins Kusine, heiratete am 29. Januar 1839 in → *Maer* den um ein Jahr jüngeren Charles Darwin, den sie schon von Kindheit auf kannte. Sie war eine hübsche, kultivierte, gütige und fromme Frau, die in ihrer Jugend mehrere längere Reisen auf dem europäischen Kontinent (Paris, Genf, Rom, Köln usw.) unternommen hatte, ausgezeichnet Klavier spielte und die französische Sprache recht gut, das Italienische und Deutsche leidlich beherrschte.

Nach der Rückkehr von seiner Weltreise besuchte Darwin sie häufiger in Maer, und aus der Kinderfreundschaft wurde allmählich eine aufrichtige gegenseitige Zuneigung, wenngleich zwar keine große Leidenschaft.

Daß der junge Darwin die Frage seiner Verehelichung weniger emotional als praktisch-nüchtern und mit einem gewissen Galgenhumor betrachtete, geht aus ganz privaten Aufzeichnungen hervor, die er 1837 oder 1838 auf ein Stück Papier kritzelte und in denen er das Für und Wider des Heiratens gegeneinander abwog. Am Schluß dieser rasch hingeworfenen Bleistiftnotizen heißt es: »... *armer Sklave, du wirst es schlechter haben als ein Neger – Und dann die entsetzliche Armut (es sei denn, die Frau wäre besser als ein Engel und hätte Geld) – Doch was soll's, mein Junge – Nur Mut – Man kann nicht ein so einsames Leben führen, hinfällig im Alter, ohne Freunde und kalt und kinderlos sich ins Gesicht starren, das bereits runzlig zu werden beginnt. Was soll's, vertraue dem Glück – halte scharf Ausschau. – Es gibt viele glückliche Sklaven!*«

Dennoch führten Emma und Charles Darwin eine harmonische, ja glückliche Ehe. Sie respektierten einander mit einer Liebe, die gerade an den Widerständen wuchs; sie trennten sich nur sehr selten für wenige Tage voneinander; sie schätzten gleichermaßen den Wert häuslicher Geborgenheit und eines intakten Familienlebens; und sie zogen gemeinsam eine große, wohlgeratene Kinderschar auf. Die eher gefühlsbetonte und musisch veranlagte Emma nahm zwar keinerlei Anteil an der wissenschaftlichen Tätigkeit ihres Mannes und

Oben links: *Charles Darwin mit seinem ersten Kind, dem damals fast dreijährigen William Erasmus, den seine Eltern zärtlich »Hoddy Doddy« nannten. Er wurde ein angesehener Bankier und kümmerte sich mit großem Erfolg um die finanziellen Angelegenheiten seines Vaters. Atelieraufnahme eines unbekannten Photographen, entstanden am 23. August 1842.*

Oben rechts: *Emma Darwin mit ihrem Sohn Leonard (»Lenny«), der 1850 zur Welt gekommen war. Leonard diente bei den Königlichen Pionieren, brachte es bis zum Major und vertrat 1892–1895 als liberal-unionistischer Abgeordneter den Wahlkreis Lichfield im Parlament.*

Von der Hochachtung für seine Frau Emma, die ihn nicht wirklich verstand, ihn aber mit bedingungsloser Treue liebte, zeugt ein Passus in Darwins *Autobiographie*, in dem er sich – übrigens das einzige Mal im gesamten Text – unmittelbar an seine Kinder wendet:
»Ihr alle kennt eure Mutter genau und wißt, was für eine gute Mutter sie euch allen stets gewesen ist. Sie ist mein größter Segen, und ich kann versichern, daß ich in meinem ganzen Leben nie ein Wort von ihr gehört habe, von dem ich sagen könnte, es wäre besser unausgesprochen geblieben. Sie hat es niemals an der liebevollsten Zuneigung mir gegenüber fehlen lassen und hat mit größter Geduld meine häufigen Beschwerden infolge Krankheit und Unwohlsein ertragen. Ich glaube nicht, daß sie sich jemals eine Gelegenheit entgehen ließ, für jemanden in ihrer Nähe ein gutes Werk zu tun. Ich wundere mich über mein großes Glück, daß sie, die mir in jeder einzelnen moralischen Eigenschaft so unermeßlich überlegen ist, darin einwilligte, meine Frau zu werden. Sie ist mir ein Leben lang eine kluge Ratgeberin und heitere Trösterin gewesen, das ohne sie während einer sehr langen Zeit aus Krankheitsgründen elend gewesen wäre. Sie hat sich die Liebe und Bewunderung all derer erworben, die in ihrer Nähe waren.«

las nicht einmal seine Bücher, aber sie tat stets alles, um ihm das ungestörte Schreiben und Experimentieren zu erleichtern. Sie paßte sich vollkommen seinem strengen Arbeitsrhythmus an, betreute ihn hingebungsvoll, wenn er unpäßlich oder krank war, und heiterte ihn regelmäßig durch ihr Klavierspiel und durch das Vorlesen von Unterhaltungsromanen auf (wobei er allerdings ebenso regelmäßig einschlief).

Konflikten gingen die Eheleute tunlichst aus dem Wege. Nur ein Konflikt ließ sich durch Rücksichtnahme und Güte nicht vollständig unterdrücken, weil er an Emmas Grundüberzeugungen rührte: Sie war eine tiefreligiöse Frau, die mit ihren Kindern die Bibel las, regelmäßig den Gottesdienst besuchte und die Sakramente empfing, und sie erkannte schon bald, daß Darwin der → *Religion* gleichgültig und schließlich sogar ablehnend gegenüberstand. Offensichtlich scheute sie sich, offen mit ihm über dieses heikle Thema zu sprechen. Stattdessen schrieb sie ihm zwei besorgte Briefe, die sich nach ihrem Tod unter ihren Papieren fanden. In dem ersten, der kurz nach der Hochzeit entstanden sein muß, versuchte sie ihren Mann behutsam vor dem Abfall vom überlieferten Glauben zu warnen. Diese Mahnungen, die freilich in der Sache nichts änderten, müssen Darwin sehr bewegt haben, denn er setzte folgende Bemerkung unter die Zeilen seiner Frau: *»Wenn ich tot bin, wisse, daß ich dies viele Male geküßt und darüber geweint habe. C. D.«*

Der zweite Brief wurde höchstwahrscheinlich nach der Veröffentlichung von *Origin of Species* geschrieben, als Darwin wieder einmal leidend und zudem den Angriffen seiner Gegner ausgesetzt war. Er lautet:

»Ich kann Dir nicht sagen, wie sehr ich mit Dir gefühlt habe in all Deinen Leiden der vergangenen Wochen, in denen Du so viele Rückschläge erlebt hast. Ebensowenig kann ich die Dankbarkeit ausdrücken, die ich für die heiteren und liebevollen Blicke, die Du mir geschenkt hast, als Du Dich, wie ich wußte, so elend unwohl fühltest.

Mein Herz ist oft so voll gewesen, daß ich nichts zu sagen oder zu bemerken vermochte. Aber Du weißt sicherlich, wie sehr ich Dich liebe, so daß Du mir glaubst, daß mir Dein Leiden fast so nahegeht, wie mir mein eigenes nahegehen würde, und der einzige Trost besteht für mich darin, daß ich es gleichsam aus Gottes Hand entgegennehme und mich zu glauben bemühe, daß alle Leiden und Krankheiten uns helfen sollen, unsere Seele zu erheben und voller Hoffnung einem zukünftigen Zustand entgegenzusehen. Wenn ich Deine Geduld sehe, Dein tiefes Mitgefühl mit anderen, Deine Selbstbeherrschung und vor allem Deine Dankbarkeit für die kleinsten Wohltaten, die man Dir erweist, dann kann ich nicht anders als mich danach sehnen, daß diese kostbaren

Altersporträt von Emma Darwin, aufgenommen wahrscheinlich nach dem Tode ihres Mannes. Festigkeit und Güte sprechen aus dem Gesicht dieser Frau, die Charles Darwin über 40 Jahre lang eine vorbildliche Lebensgefährtin war.

Gefühle dem Himmel dargebracht würden um Deines alltäglichen Glückes willen. Aber ich finde dies schon schwierig genug in meinem eigenen Fall. Ich denke oft über die Worte nach: ›Du sollst den in vollkommenem Frieden lassen, dessen Seele sich auf dich stützt.‹ Es ist das Gefühl und nicht das Denken, das uns drängt zu beten.

Ich komme mir anmaßend vor, wenn ich Dir dies schreibe. Ich empfinde im innersten Herzen Deine bewundernswerten Eigenschaften und Gefühle, und ich hoffe nur das eine, daß Du sie nach oben richten mögest, zu einem, der sie über alles in der Welt schätzt. Ich werde dies für mich behalten, bis ich wieder fröhlich und unbesorgt um Dich bin, aber es ist mir in letzter Zeit so oft durch den Kopf gegangen, daß ich dachte, ich sollte es aufschreiben, teils deshalb, um meinen eigenen Geist zu entlasten.«

Darunter hat Darwin die Worte gesetzt: *»Gott segne Dich. C. D. 1861«.*

Trotz des Gegensatzes in weltanschaulichen Fragen, der bis zuletzt nicht überwunden werden konnte, sondern sich eher noch vertiefte, kam es niemals zu einer Entfremdung zwischen den Eheleuten. Ihr ausgewogenes Glück war von erstaunlicher Beständigkeit, was für die Charakterstärke und zugleich die Anpassungsfähigkeit der beiden so konträren Persönlichkeiten spricht.

Dr. Erasmus Darwin, der Großvater von Charles Darwin. Ölporträt von Joseph Wright. Dieser vielseitig interessierte und begabte Mediziner, Botaniker und Schriftsteller hat jedoch das wissenschaftliche Denken seines Enkels kaum beeinflußt, obgleich er bereits gegen Ende des 18. Jh.s die Idee der Entwicklung aller Organismen aus einer ursprünglichen »Faser« vertrat.

Erasmus Darwin

* 12. Dezember 1731 Elston Hall; † 18. April 1802 Breadsall Priory

Erasmus Darwin, der Vater von → *Robert Waring Darwin* und Großvater von Charles, war ein hervorragender Mediziner und eine außergewöhnlich vielseitige Persönlichkeit: Botaniker, Erfinder, Naturphilosoph, Schriftsteller, Dichter, Anhänger der Französischen Revolution, Briefpartner von Jean-Jacques Rousseau, Freund bedeutender Zeitgenossen, u. a. von Josiah Wedgwood (I.), dem Gründer der Porzellanmanufaktur von Etruria.

E. Darwin richtete in Lichfield (nördlich von Birmingham), wo er viele Jahre seines Lebens verbrachte, einen Botanischen Garten ein und schrieb eine Reihe ausladender Versepen mit naturkundlichen Themen. In seiner historisch wichtigsten Prosaarbeit, dem dreibändigen Werk *Zoonomia, or the Laws of Organic Life* (1794–1796), wird das Evolutionsprinzip bereits vorweggenommen, allerdings nur auf etwa 20 Seiten des 1360 Seiten umfassenden Opus und in vagen, teilweise sehr theoretischen Formulierungen, in denen die Anschauungen von → *Jean Baptiste de Lamarck* vorgeprägt erscheinen. Der Schlußsatz beweist allerdings erstaunliche Kühnheit und Prägnanz: »*Die Welt ist entwickelt, nicht erschaffen; sie ist nach und nach aus einem*

Breadsall Priory, das Haus von Dr. Erasmus Darwin in Derby.

kleinen Anfang entstanden, hat sich durch die Tätigkeit der ihr innewohnenden Grundkräfte vergrößert und ist so eher gewachsen als durch ein allmächtiges ›Werde‹ plötzlich geworden.«

Auf Charles Darwin hat dieses Werk des Großvaters merkwürdigerweise kaum Einfluß ausgeübt. Als Student las er es zum erstenmal, wahrscheinlich eher aus allgemeinem Interesse für den berühmten Vorfahren als aus wissenschaftlichen Gründen. »*In dieser Zeit bewunderte ich die* Zoonomia *in hohem Maße; als ich sie aber nach einer Pause von zehn oder fünfzehn Jahren ein zweites Mal las, war ich sehr enttäuscht; das Mißverhältnis zwischen der Spekulation und den mitgeteilten Tatsachen ist so groß.*« (*Autobiographie*)

1879 befaßte sich Charles dann noch einmal mit seinem Großvater: Aufgrund des einschlägigen Materials im Familienarchiv und nach einer Umfrage im Verwandtenkreis schrieb er eine längere biographische Einführung zur englischen Übersetzung einer Abhandlung, die der deutsche Darwinist Ernst Krause über Erasmus Darwin und dessen evolutionistische Anschauungen verfaßt hatte. Diese Veröffentlichung löste eine heftige Kontroverse mit dem Schriftsteller → *Samuel Butler* aus.

Erasmus Alvey Darwin

* 29. Dezember 1804 Shrewsbury; † 26. August 1881 London

Mit seinem älteren Bruder Erasmus verband Darwin lebenslang eine herzliche Beziehung, trotz der Verschiedenartigkeit der beiden Charaktere. Erasmus übersiedelte nach seinem Medizinstudium schon früh nach London, wo er, ein ständig kränkelnder und wenig lebenstüchtiger Junggeselle, als »Privatgelehrter« dilettierte und in literarischen und künstlerischen Kreisen verkehrte. In späteren Jahren verbrachte er seine Sommerferien des öfteren im → *Down House*, und als ihm das aus Gesundheitsgründen nicht mehr möglich war, besuchte Charles Darwin seinen Bruder hin und wieder in dessen Londoner Haus.

An die gemeinsame Jugend in Shrewsbury erinnert sich Charles in seiner *Autobiographie: »Mein Bruder Erasmus besaß einen erstaunlich klaren Verstand, mit ausgedehnten und vielfältigen Neigungen und Kenntnissen auf dem Gebiet derLiteratur, der Kunst und sogar der Naturwissenschaft. Eine kurze Zeit lang sammelte und trocknete er Pflanzen, und während einer etwas längeren Zeitspanne machte er chemische Experimente. Er war ungewöhnlich liebenswert, und sein Witz erinnerte mich oft an den in den Briefen und Werken von Charles Lamb. Er war sehr gutherzig; aber seine Gesundheit war seit seiner Knabenzeit schwach, und infol-*

Darwins älterer Bruder Erasmus Alvey. Kreidezeichnung von George Richmond. Der Essayist und Historiker Thomas Carlyle, der mit Erasmus befreundet war, schrieb über ihn: »Er hatte etwas Originelles und sarkastisch Geniales an sich, einer der aufrichtigsten, von Natur aus ehrlichsten und bescheidensten Männer.«

gedessen mangelte es ihm an Energie. ... Er las viel, schon als Junge, und auf der Schule ermunterte er mich zum Lesen, indem er mir Bücher lieh.«

Ohne Zweifel verdankt der junge Charles Darwin seinem älteren Bruder, mit dem er als Medizinstudent in → *Edinburgh* von 1825 bis 1826 zusammen wohnte, eine frühe Förderung seiner zunächst noch latenten geistigen und wissenschaftlichen Interessen, die erstmals durch die gemeinsamen chemischen Experimente im Gartenschuppen des elterlichen Hauses geweckt worden waren.

Der Tod des geliebten Bruders ging Darwin sehr nahe. Am 30. August 1881 schrieb er an → *Joseph Dalton Hooker*: *»Der Tod von Erasmus ist ein sehr schwerer Verlust für uns alle, denn er hatte eine außergewöhnlich herzliche Natur. Er ist mir immer als der liebenswerteste und am klarsten denkende Mensch erschienen, den ich jemals gekannt habe. London wird mir ohne seine Gegenwart wie ein fremder Ort vorkommen; ich bin von Herzen glücklich, daß er ohne große Leiden gestorben ist, nach einem sehr kurzen Unwohlsein aus bloßer Schwäche und nicht an irgendeiner bestimmten Krankheit.«*

Sir Francis Darwin, der dritte Sohn Darwins. Er ging gleichsam bei seinem Vater in die Lehre, unterstützte ihn bei seinen botanischen Forschungen und wurde selbst ein bedeutender Naturwissenschaftler.

Francis Darwin

* 16. August 1848 Down; † 19. September 1925 Cambridge

Francis, in der Familie »Frank« genannt, war der dritte Sohn Darwins und wurde selber ein bedeutender Gelehrter. Er studierte zunächst Medizin, wandte sich dann aber ganz der Botanik zu. 1876 arbeitete er eine Zeitlang an der Universität Würzburg unter Professor Julius Sachs, dem Begründer der modernen Pflanzenphysiologie. Nach dem Tode des Vaters übersiedelte er von Down nach Cambridge, wo er bis 1904 als akademischer Lehrer und Forscher wirkte, vor allem auf dem für England neuen Gebiet der Pflanzenphysiologie. Er verfaßte eine Vielzahl von wissenschaftlichen und populären Schriften, erhielt mehrere Ehrendoktortitel und andere hohe Auszeichnungen und wurde 1913 sogar geadelt.

Seinem Vater stand Francis stets besonders nahe, sowohl menschlich als auch wissenschaftlich. Er unterstützte ihn maßgebend bei den experimentellen Vorarbeiten zu dem 1880 erschienenen Werk *The Powers of Movement in Plants (Das Bewegungsvermögen der Pflanzen)*, in dem er auch als Mitverfasser genannt ist. 1887 gab er die biographische Dokumentation → *Life and Letters of Charles Darwin* (*Leben und Briefe von Charles Darwin*) heraus, der 1903 die zweibändige Ausgabe *More Letters of Charles Darwin* folgte. 1909 legte er der Öffentlichkeit erstmals die frühen evolutionstheoretischen Studien seines Vaters unter dem Titel *The Foundation of the Origin of Species (Die Fundamente zur Entstehung der Arten)* vor. Auch der umfangreiche und sehr gründliche Artikel über Charles Darwin in *The Dictionary of National Biography* stammt aus der Feder seines Sohnes Francis Darwin.

George Howard Darwin

* 9. Juli 1845 Down; † 7. Dezember 1912 Cambridge

Darwins zweiter Sohn war eine ungewöhnliche mathematische Begabung. Er studierte zwar zunächst Rechtswissenschaft, befaßte sich aber schon früh intensiv mit mathematischen, astronomischen und kosmologischen Fragen. 1883 wurde er auf den vakant gewordenen Lehrstuhl für Astronomie und »experimentelle Philosophie« in Cambridge berufen. Er veröffentlichte eine Reihe von wissenschaftlichen Arbeiten über das Sonnensystem, die Erdentstehung, Gezeitenkunde usw. Sein Buch *The Tides (Die Gezeiten)*, das 1898 erschien und in mehrere Sprachen, auch ins Deutsche, übersetzt wurde, gilt als ein Meisterwerk populärwissenschaftlicher Darstellung. Für seine Verdienste als Forscher und als Präsident der British Association wurde er 1905 geadelt.

Horace Darwin

* 13. Mai 1851 Down; † 22. September 1928 Cambridge

Der fünfte Sohn Darwins studierte Ingenieurwissenschaft in Cambridge, wo er auch, nach einem kurzen Praktikum bei einer Firma in Erith (Kent), seit 1875 ständig lebte. 1885 gründete er die Cambridge Scientific Instrument Company, die sich mit der Entwicklung und dem Bau wissenschaftlicher Instrumente und Apparate befaßte und auf diesem Gebiet schon bald eine führende Stelle einnahm. Für seine praktischen und theoretischen Beiträge zur Technik des Gerätebaus wurde er 1918 geadelt.

Robert Waring Darwin

* 30. Mai 1766 Lichfield; † 13. November 1848 Shrewsbury

Charles' Vater, R. W. Darwin, studierte auf Wunsch seines Vaters → *Erasmus Darwin* Medizin in Leyden, wo er den Doktortitel erwarb, und begann bereits mit 21 Jahren in → *Shrewsbury* zu praktizieren. Er hatte zwar keinerlei wissenschaftliche Ambitionen, erlangte aber als tüchtiger Praktiker großes Ansehen und beträchtlichen Wohlstand. Aus der Verbindung mit Susannah Wedgwood (einer Tochter des berühmten Kera-

Oben: *Sir George Howard Darwin, der als Mathematiker und Astronom in Cambridge wirkte.*

Mitte: *Sir Horace Darwin, der Gründer und Leiter der Firma Cambridge Instrument Co., lebte ebenfalls in Cambridge.*

Oben: *Das Wappen von Robert Waring Darwin. Aus den drei Jakobsmuscheln auf dem Schrägbalken ergibt sich das Motto »E conchis omnia« (Alles aus den Muscheln).*

Rechts: *Darwins Vater, der in jeder Hinsicht gewichtige Arzt Dr. Robert Waring Darwin.*

mikherstellers), die er 1796 heiratete und die eine Erbschaft von 25000 Pfund in die Ehe mitbrachte, gingen sechs Kinder hervor: Marianne (1798), Caroline (1800), Susan (1803), Erasmus Alvey (1804), Charles Robert (1809) und Catherine (1810). Um 1800 kaufte Dr. Darwin in Shrewsbury ein großes Grundstück, auf dem er ein stattliches Haus, → *The Mount*, erbauen ließ.

R. W. Darwin war in jeder Hinsicht eine gewichtige Persönlichkeit, die in der Familie ein strenges, aber gerechtes Regiment führte und an Körpergröße und -gewicht alle überragte. Sein Sohn Charles berichtet in seiner *Autobiographie*: »*Er war ungefähr 6 Fuß und 2 Zoll* [ca. 1,90 m] *groß, breitschultrig und sehr korpulent, so daß er der größte Mann war, den ich je gesehen habe. Als er sich zum letzten Male hatte wiegen lassen, wog er 24 Stein* [ca. 152 kg]; *er nahm aber später noch an Gewicht zu.*« Charles rühmt an seinem Vater vor allem »*seine Beobachtungsgabe und sein Mitgefühl*«, »*das Vermögen, schrankenloses Vertrauen zu gewinnen*«, seine »*Empfindsamkeit*«, »*seine Güte und sein Wohlwollen*«.

Obwohl Charles Darwin – freilich erst als alter Herr – ein durchaus positives Bild seines Vaters zeichnete, erscheint dieser in der biographischen Literatur fast regelmäßig als finsterer Haustyrann und Despot, der seine Umgebung und insbesondere seinen Sohn Charles vollkommen beherrscht und unterdrückt habe. Neuere tiefenpsychologische Deutungen (z. B. Dr. Phyllis Goodacre) gehen sogar so weit, Charles' geheimnisvolle Krankheit (»Neurose«) und seine »ikonoklastische« Evolutionstheorie als Ausfluß einer uneingestandenen Haßliebe zum Vater zu erklären, als unterbewußte Auflehnung gegen etablierte Autoritäten, die mit dem übermächtigen Vaterbild identifiziert worden seien. Solche überspitzten Thesen enthalten vielleicht ein Körnchen Wahrheit, lassen sich jedoch in dieser extremen Form sicherlich nicht aufrechterhalten. Dr. Darwin war zweifellos ein sehr autoritäter Mann, doch es gibt keinen einzigen zeitgenössischen Beleg dafür, daß er sich jemals unvernünftig verhalten oder seine Kinder in ihrer Entscheidungsfreiheit durch finanziellen oder psychologischen Druck ungebührlich beeinträchtigt hätte.

Susannah Darwin, geb. Wedgwood, die Mutter von Charles Darwin, die er bereits im Alter von acht Jahren verlor. Miniatur von Peter Paillou, 1792.

Susannah Darwin

* 3. Januar 1765; † 15. Juli 1817 Shrewsbury

Die älteste Tochter von → *Josiah Wedgwood* heiratete 1796 → *Robert Waring Darwin*, dem sie zwischen 1798 und 1810 vier Töchter und zwei Söhne gebar. Das vorletzte Kind war Charles Robert, der seine Mutter also schon mit acht Jahren verlor und somit in einem

Susannah Wedgwood, die später Darwins Vater heiratete, hoch zu Pferde im Park von Etruria Hall, dem Wohnsitz der Familie Wedgwood. Gemälde von 1780.

mutterlosen Haushalt aufwuchs, im Schatten der übermächtigen Vatergestalt und hauptsächlich betreut von seinen älteren Schwestern.

Was der frühe Tod der Mutter für seine seelische Entwicklung bedeutet haben mag, ist schwer zu sagen, da er sich selbst zu diesem Problem niemals geäußert hat – ein Faktum, das auf jeden Fall gewisse Rückschlüsse zuläßt und viele Biographen zu mancherlei tiefenpsychologischen Spekulationen verleitet hat. Nur ein einziges Mal, zu Beginn seiner *Autobiographie*, spricht er von der Mutter, freilich in ziemlich nichtssagenden Worten: »*Meine Mutter starb im Juli 1817, als ich wenig mehr als acht Jahre alt war, und es ist seltsam, daß ich mich, was sie betrifft, kaum an irgend etwas erinnern kann, außer an ihr Sterbebett, ihr schwarzes Samtkleid und ihren eigenartig gebauten Arbeitstisch. Ich glaube, dieses Vergessen ist teils auf meine Schwestern zurückzuführen, die in ihrem großen Kummer nie über sie sprechen oder ihren Namen erwähnen konnten, und teils auch auf ihren kranken Zustand vor ihrem Tod.*«

Es ist überliefert, daß Susannah Darwin nach der Geburt des letzten Kindes ständig krank war, so daß sie sich kaum um Charles, ihren Zweitjüngsten, gekümmert haben kann.

Über die Bedeutung, welche die Darwin-Finken für die Entstehung der Evolutionstheorie hatten, schreibt Konrad Lorenz: »Angesichts dieser Vielzahl verschiedener Anpassungen bei einer kleinen Gruppe naher Verwandter wurde Darwin eine Reihe von Zusammenhängen klar, die in ihrer Gesamtheit wie eine Offenbarung auf ihn gewirkt haben müssen. Ganz offenbar war es die Funktion, von der die Form des Organs bestimmt wird. Was aber treibt einen körnerfressenden Vogel dazu, zum Insektenfresser zu werden? Warum tut dies auf den Galapagos ein Fink, während auf den Kontinenten nur Vögel anderer Gruppen in dieser Richtung spezialisiert sind? Etwa deshalb, *weil* auf jenen Inseln kein anderer Spezialist für Insektenfang lebt? Und schon wurde Darwin klar, daß es die *Konkurrenz* der Artgenossen ist, die es vorteilhaft werden läßt, zu einer neuen Methode der Selbst- und Arterhaltung überzugehen, wenn in der bisherigen eine ›Berufs-Überfüllung‹ eingetreten ist. So entstand der wichtige Begriff der ›ökologischen Nische‹, und gleichzeitig erhob sich die Frage, mit welchen Mitteln ein Organismus, der bisher in einer ganz bestimmten Sache erfolgreich war, in eine andere hinüberzuwechseln imstande sei, wie dies jene Finken ganz offensichtlich getan hatten, welche die auf den Galapagosinseln leerstehenden ›Planstellen‹ des Kernbeißers, des Insektenfressers und sogar des Spechtes eroberten.« (Aus: *Darwin hat recht gesehen*, Pfullingen 1965, S. 66)

Darwin-Finken

Unter diesem Namen (oder dem Synonym Galapagos-Finken) faßt man eine zur Familie der Ammern gehörende Gattungsgruppe *(Geospizini)* von 13 Finkenvogelarten zusammen, die Darwin im September/Oktober 1835 auf den Galapagos-Inseln (→ *Weltreise*) zwar nicht entdeckt, aber als erster gründlich erforscht hat.

Diese Vogelgruppe hat wie keine andere Biologiegeschichte gemacht: Sie war für Darwin der bis dahin sinnfälligste Beweis für die Veränderlichkeit der Arten und für den Prozeß der Artbildung aus einer gemeinsamen Stammform, die, wie er erkannte, vom südamerikanischen Festland auf den geologisch jungen vulkanischen Archipel verschlagen worden war und sich dort in relativ kurzer Zeit in verschiedene Formen aufgespalten hatte. In → *A Naturalist's Voyage* schreibt er über seine Beobachtungen, aus denen er hier allerdings noch keine direkten evolutionären Schlußfolgerungen zieht: »*Die übrigen Landvögel bilden eine höchst ungewöhnliche Gruppe von Finken, die in der Struktur ihrer Schnäbel, den kurzen Schwingen, der Körperform und Gefieder miteinander verwandt sind; es sind dreizehn Arten, die Mr. Gould in vier Untergruppen eingeteilt hat. Alle diese Arten sind diesem Archipel eigentümlich. ... Die merkwürdigste Tatsache ist die vollkommene Abstufung der Schnabelgrößen bei den verschiedenen Arten von*

Vier Vertreter der Darwin-Finken, die sich auf den Galapagos-Inseln aus einer einzigen süd- oder mittelamerikanischen Stammform entwickelt und sich vor allem durch die unterschiedliche Ausbildung des Schnabels an das differenzierte Nahrungsangebot ihrer neuen Umwelt angepaßt haben. Illustration aus Darwins Reisebericht A Naturalist's Voyage.

Geospiza [Grundfinken], *von einem Schnabel, der so groß ist wie der eines Kernbeißers, bis zu dem eines Buchfinken und (falls Mr. Gould recht hat, wenn er seine Untergruppe* Certhidea *in die Hauptgruppe miteinbezieht) sogar bis zu dem einer Grasmücke. Den größten Schnabel der Gattung* Geospiza *zeigt die Abb. 1 und den kleinsten die Abb. 3; doch es gibt nicht nur eine Zwischenart mit einer Schnabelgröße wie in Abb. 2, sondern nicht weniger als sechs Arten mit unmerklich abgestuften Schnäbeln. Der Schnabel der Untergruppe* Certhidea [Insektenfressende Finken] *ist in Abb. 4 dargestellt. Der Schnabel von* Cactornis [Kaktusfink; heute zu Geospiza gestellt] *gleicht in etwa dem eines Staren, und der der vierten Untergruppe,* Camarhynchus [Baumfinken], *ist leicht papageienähnlich. Wenn man diese Abstufung und Formenvielfalt innerhalb einer kleinen, nah miteinander verwandten Vogelgruppe betrachtet, so kann man sich leicht vorstellen, daß infolge einer ursprünglichen Vogelarmut auf diesem Archipel eine Art hergenommen und zu verschiedenen Zwecken modifiziert worden ist.«*

Die von → *John Gould* stammende Einteilung und Nomenklatur der Darwin-Finken hat sich im wesentlichen bis heute erhalten; wir unterscheiden wie er – und wie Darwin, dessen scharfem Blick also nichts entgangen ist – insgesamt 13 Arten, die in vier, zuweilen auch sechs Gattungen zusammengefaßt werden; der engli-

Ein Pärchen der Kaktusfinken (Cactornis = Geospiza scandens); *das Männchen ist dunkler gefärbt. Kolorierte Lithographie von John Gould, der die ornithologische Ausbeute von Darwins Weltreise wissenschaftlich bearbeitete.*

Gegenüberliegende Seite:

Der Spechtfink (Cactospiza pallida), *der sicherlich originellste Vertreter der Darwin-Finken. Er gehört zu den Stocherfinken, weil er mit Hilfe eines Kaktusstachels Insektenlarven aus Rindenspalten hervorstochert.*

sche Ornithologe David Lack (1910–1974) rechnet allerdings noch eine 14. Art (Kokos-Fink) hinzu, die nicht auf den Galapagos, sondern nur auf der ca. 800 km weiter nördlich gelegenen Kokos-Insel heimisch ist.

Daß Darwin auch im wichtigsten Punkt, nämlich der gemeinsamen Abstammung der äußerlich verschiedenen Arten, recht behalten hat, wird durch moderne Erkenntnisse bestätigt: »*Trotz zahlreicher Unterschiede sind diese im Laufe hinreichend langer räumlicher Trennung auf den einzelnen Inseln hervorgegangenen Arten fortpflanzungsbiologisch doch nicht so weit voneinander entfernt; das beweisen die häufigen Mischungen zwischen Arten und sogar Gattungen. Außerdem füttern zum Beispiel selbst die ausgeprägtesten Insektenesser unter den Darwin-Finken ihre Jungen aus dem Kropf, wie es Körneresser tun, nicht aber aus dem Schnabel, wie es sonst bei den insektenessenden Familien stets der Fall ist.*« (E. Curio in *Grzimeks Tierleben*)

Die Darwin-Finken, das gilt inzwischen als allgemeine, unwiderlegliche Lehrmeinung, sind ein Paradefall der Evolution: Sie haben auf den kargen Galapagos-Inseln in geradezu mustergültiger Weise die ihnen zur Verfügung stehenden »ökologischen Nischen« besetzt. Der stärkste Selektions- und Anpassungsdruck ging dabei vom verhältnismäßig bescheidenen Nahrungsangebot aus. Die Vögel mußten sich, wenn sie überleben

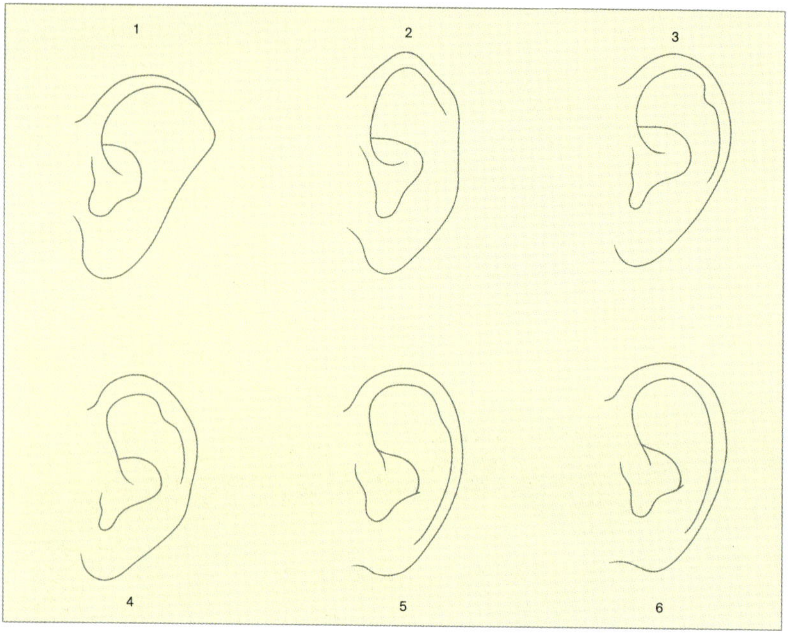

Oben: *Verschiedene Stadien des Darwinschen Ohrhöckers: 1. ausgerollt, 2. randständig, 3. innenständig stark, 4. mittel, 5. schwach, 6. fehlend. Nach G. Schwalbe bei K. Hilden, 1929.*

wollten, allmählich auf unterschiedliche Ernährungsformen umstellen, was die auffällige Modifizierung der ursprünglichen Schnabelform bedingte. Einige Arten spezialisierten sich auf Körner- oder Früchtenahrung, andere auf Fluginsekten und wieder andere auf das Hervorstochern von lebender Beute aus Rindenspalten. Die perfekteste Anpassung zeigt der Spechtfink, der mit Hilfe eines Kaktusstachels, den er in den Schnabel nimmt, Insektenlarven aus Bohrlöchern im Geäst hervorholt. Dieses ungewöhnliche Beispiel für Werkzeuggebrauch bei Vögeln scheint Darwin allerdings nicht selbst beobachtet zu haben.

Darwinscher Ohrhöcker

Nach Darwin benannter kleiner Höcker (engl.: *Darwin's Point*; lat.: *Tuberculum auriculae [Darwini]*) am inneren Oberrand des menschlichen Ohrs, der individuell unterschiedlich stark ausgeprägt und beim Embryo kräftiger entwickelt ist als beim Erwachsenen.

Im 1. Kapitel von Darwins → *The Descent of Man* wird dieser Höcker als Rudiment der Spitze des Säugetierohrs gedeutet und somit als ein Beweis für die Abstammung des Menschen aus dem Tierreich – eine Auffassung, die von der modernen Evolutionsforschung geteilt wird.

Gegenüberliegende Seite:

Der Darwin-Strauß, eine seltene Laufvogelart, die Darwin 1833 in Südamerika entdeckte. Kolorierte Lithographie von John Gould in Zoology of the Voyage of H. M. S. Beagle.

Rhea Darwinii

Darwin-Strauß

Diese relativ seltene Laufvogelart wurde 1833 von Darwin in Südamerika entdeckt. Der bedeutende Ornithologe → *John Gould* schlug als Artbezeichnung bereits 1837 den wissenschaftlichen Namen *Rhea Darwini* vor, der sich allerdings nicht erhalten hat: Die Vogelart wird neuerdings einer anderen Gattung zugezählt und somit als *Pterocnemia darwinii* bzw. *P. pennata* bezeichnet. Auch der Trivialname Darwin-Strauß wird heute vielfach in Darwin-Nandu abgeändert, weil die Art nicht zu den echten (altweltlichen) Straußen, sondern zur (neuweltlichen) Nandu-Familie gehört.

Mit der Entdeckung dieses Vogels verbindet sich eine hübsche Anekdote: Conrad Martens, der als Zeichner und Maler die Expedition der Beagle (→ *Weltreise*) begleitete, schoß ein Exemplar, das Darwin wegen seines auffallend kleinen Wuchses für ein Jungtier des gewöhnlichen Nandus (*Rhea americana*) hielt. Der Vogel wurde gebraten und verspeist, doch zum Glück rettete Darwin die Überreste der Mahlzeit für die Wissenschaft, so daß Gould aufgrund dieser Teile den Vogel als eine eigene kleinwüchsige Nandu-Art bestimmen konnte.

Die stammesgeschichtliche Herkunft des Menschen aus dem Tierreich ist Darwins Thema in *The Descent of Man*. Das Werk schließt mit den Sätzen: »Dem Menschen ist es zu verzeihen, wenn er einigen Stolz darauf empfindet, daß er, wenn auch nicht durch eigene Anstrengungen, an die Spitze der gesamten organischen Stufenleiter gelangt ist; und die Tatsache, daß er in dieser Weise emporgestiegen ist, statt ursprünglich schon dorthin gestellt worden zu sein, kann ihm die Hoffnung geben, in ferner Zukunft eine noch höhere Bestimmung zu erreichen. Wir haben es aber hier nicht mit Hoffnungen oder Befürchtungen zu tun, sondern mit der Wahrheit, soweit unser Verstand uns gestattet, sie zu entdecken; ich habe das Beweismaterial nach bestem Vermögen mitgeteilt. Wir müssen indes anerkennen, daß der Mensch mit all seinen edlen Eigenschaften, mit dem Mitgefühl, das er für die Niedrigsten empfindet, mit dem Wohlwollen, das er nicht nur auf andere Menschen, sondern auch auf die niedrigsten Lebewesen ausdehnt, mit seinem gottähnlichen Intellekt, der in die Bewegungen und die Zusammensetzung des Sonnensystems eingedrungen ist – daß er mit all diesen hohen Kräften doch noch in seinem Körper den unauslöschlichen Stempel eines niederen Ursprungs trägt.«

The Descent of Man, and Selection in Relation to Sex

Dieses Werk, das im Februar 1871 in zwei Bänden in London erschien und dessen deutsche Übersetzung von → *Julius Victor Carus* noch im selben Jahr unter dem Titel → *Die Abstammung des Menschen und die geschlechtliche Zuchtwahl* herauskam, gilt allgemein als die wichtigste Veröffentlichung Darwins nach → *Origin of Species*. Diese Bewertung betrifft vielleicht weniger die hier erbrachte wissenschaftliche Leistung als die Bedeutung des Themas: die stammesgeschichtliche Herkunft des Menschen aus dem Tierreich, über die sich Darwin bis dahin ausgeschwiegen hatte, obwohl er schon seit langem davon überzeugt war. »*Sobald ich mich, im Jahre 1837 oder 1838, davon überzeugt hatte, daß die Arten veränderliche Produkte sind, konnte ich mich nicht dem Glauben verschließen, daß auch der Mensch unter dasselbe Gesetz fallen muß. So sammelte ich Notizen zu diesem Thema zu meiner eigenen Befriedigung und lange Zeit ohne irgendeine Absicht, darüber etwas zu veröffentlichen.*« (*Autobiographie*)

Inzwischen war jedoch die Entwicklung auf dem Gebiet der menschlichen Evolution weitergegangen. Der Reiz der Neuheit war dahin, und eine Schockwirkung auf das Publikum brauchte Darwin 1871 nicht mehr zu befürchten. »*Die Schlußfolgerung, daß der Mensch in gleicher Weise wie andere Arten ein Nachkomme von irgendwelchen anderen niederen und ausge-*

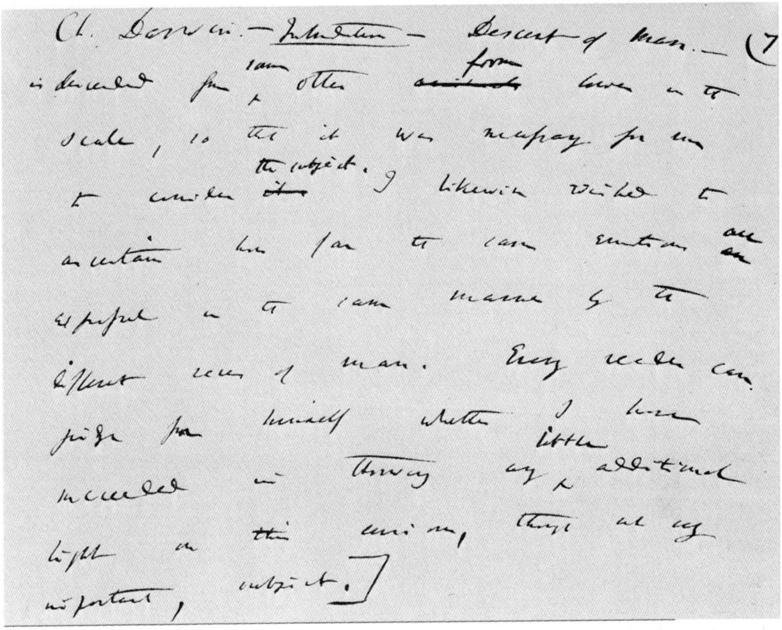
Ch. Darwin. — Introduction — Descent of Man. — (7
is descended from some other form lower in the
scale, so that it was necessary for me
to consider the subject. I likewise wished to
ascertain how far the same emotions are
expressed in the same manner by the
different races of man. Every reader can
judge for himself whether I have
succeeded in throwing any little additional
light on this curious, though not very
important, subject.

Handschriftlicher Entwurf Darwins für die Einleitung zu seinem Werk The Descent of Man, *das 1871 erschien.*

storbenen Formen sei, ist durchaus nicht neu«, konstatierte er in der Einleitung zu seinem Buch. Schon seit einigen Jahren lagen einschlägige Arbeiten von angesehenen Gelehrten wie → *Alfred Russel Wallace*, → *Thomas Henry Huxley*, → *Charles Lyell* und → *Ernst Haeckel* vor, auf die sich Darwin stützen konnte, von denen er sich aber gleichzeitig abzusetzen trachtete.

Das 700–800 Druckseiten starke Werk umfaßt drei Teile, die inhaltlich so wenig übereinstimmen, daß man von mindestens zwei verschiedenen Büchern sprechen könnte. Im ersten Teil weist Darwin anhand von zahllosen anatomischen, physiologischen, paläontologischen, parasitologischen und verhaltenskundlichen Befunden nach, daß *»der Mensch und alle anderen Wirbeltiere nach demselben allgemeinen Bauplan konstruiert sind«*, daß also der Mensch ganz und gar in die natürlich erklärbaren Evolutionsabläufe eingebettet ist und keine »göttliche« Sonderanfertigung darstellt, wie z. B. der mittlerweile zum Mystizismus neigende A. R. Wallace behauptet hatte. Bemerkenswert ist, daß Darwin schon 1871 annahm, die Ursprünge der Menschheit müßten in Afrika liegen – eine Vermutung, die von der modernen Forschung bestätigt worden ist. *»Es ist wahrscheinlich«*, schreibt er im 6. Kapitel, *»daß Afrika früher von heute ausgestorbenen Affen bewohnt wurde, die dem Gorilla und dem Schimpansen nahe verwandt wa-*

Die Entwicklung vom Affen zum Menschen. Eine karikaturistische Darstellung aus dem Buch Darwin for Beginners *(Ldn. 1982), das unter dem Titel* Darwin für Anfänger *auch in deutscher Sprache erschien. Als Repräsentant des modernen Menschen ist der alte Darwin abgebildet!*

ren; und da diese beiden Arten jetzt die nächsten Verwandten des Menschen sind, ist es noch etwas wahrscheinlicher, daß unsere fernen Urahnen auf dem afrikanischen Kontinent lebten.«

Der zweite und bei weitem umfangreichste Teil des Werkes stellt in der Tat eine wissenschaftliche Arbeit für sich dar, die die zweite Hälfte des Gesamttitels, *Selection in Relation to Sex*, als Überschrift tragen könnte. Ausgehend vom offenkundigen Phänomen des Geschlechtsdimorphismus (auffällige Unterschiede zwischen den Männchen und Weibchen einer Art in bezug auf Gestalt, Färbung usw.), demonstriert Darwin hier die Auswirkungen der »geschlechtlichen Zuchtwahl« (besser: Auslese oder Selektion) in der gesamten Tierwelt, von den niederen Tieren bis zu den Vögeln und Säugern. Unter dieser geschlechtsbedingten Selektion versteht Darwin die größeren Fortpflanzungsmöglichkeiten, die manche Individuen einer Art, in der Regel

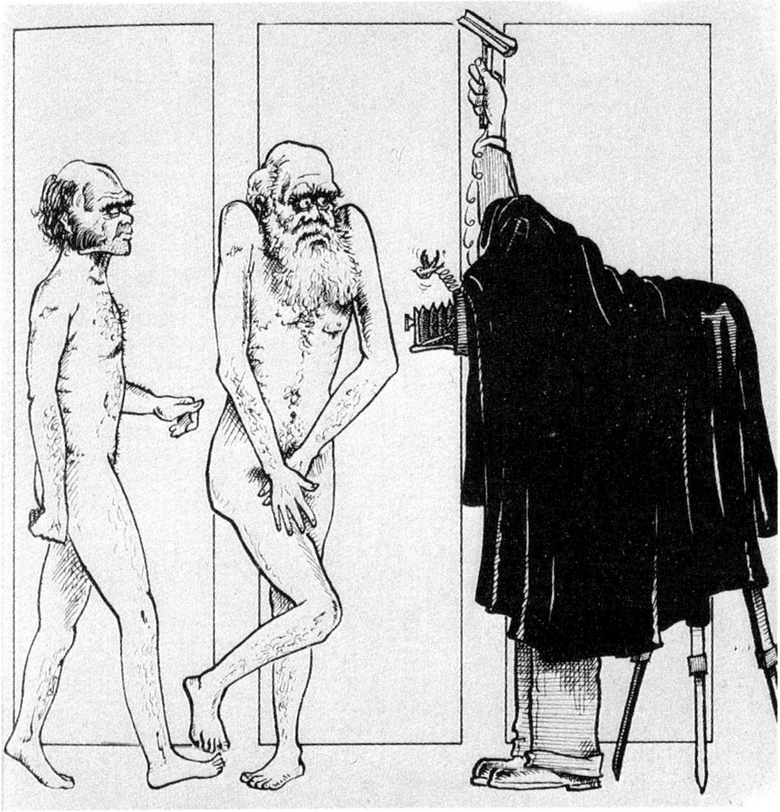

Männchen, aufgrund ihrer äußeren Erscheinung und ihres Balzverhaltens gegenüber ihren weniger erfolgreichen Geschlechtsgenossen haben. Als Folgen dieses natürlichen Ausleseprozesses ergeben sich nicht nur höhere Nachkommenzahlen bei den bevorzugten Individuen, sondern auch eine immer stärkere Ausbildung jener sekundären Geschlechtsmerkmale, die den größeren Fortpflanzungserfolg bewirken: das »Rad« der Pfauen, das Hirschgeweih und das Hochzeitsgewand des Stichlingsmännchens, um nur einige allbekannte Beispiele zu nennen.

Der dritte und kürzeste Teil von *Descent of Man* dehnt dieses Ausleseprinzip auch auf den Menschen aus, vom »Wilden« bis zum Zivilisationsmenschen. Darwin kommt zu dem Ergebnis, daß die Menschheit seit ihren Anfängen gleichfalls eine geschlechtsbedingte Differenzierung und Evolution durchgemacht hat, in der Faktoren wie Körperkraft, Kampfeslust, Gestalt,

»Seitenansicht eines männlichen Argusfasans, während er sein Gefieder vor dem Weibchen entfaltet. Nach der Natur beobachtet und gezeichnet von T. W. Wood.« So lautet die Unterschrift zu dieser Illustration in Darwins The Descent of Man. *Im Text des Buches heißt es dazu: »Der Fall der männlichen Argusfasanen ist außerordentlich interessant, weil er einen guten Beleg dafür bietet, daß die raffinierteste Schönheit nur als Reizmittel für das Weibchen dienen kann und zu keinem anderen Zweck.«*

Behaarung, Hautfarbe, Schönheitssinn, geistige Fähigkeiten, schließlich auch Musikalität und Religion eine entscheidende Rolle gespielt haben.

Deszendenz

Lateinisches Fremdwort (abgeleitet von *descendere* = herabsteigen, absteigen), das in der älteren deutschen Fachliteratur allgemein als Synonym von Abstammung oder → *Evolution* erscheint, aber heute nur noch selten verwendet wird. Darwin selbst sprach im Zusammenhang mit seiner Theorie gelegentlich ebenfalls von *descendence*, hat jedoch dieses Wort nicht als festen Begriff in sein Werk eingeführt.

Die Bedenklichkeit der sprachlichen Ableitung dieses Begriffes hat Konrad Lorenz in seinem Vorwort zu Loren Eiseleys Buch *Die ungeheure Reise* (Mchn. 1959) folgendermaßen charakterisiert: »*Schlimmer noch als um die Wörter ›Entwicklung‹ und ›Evolution‹ steht es um die etymologische Stimmigkeit des Wortes ›Deszendenz‹. Nach allgemeiner Anschauung antiker Religionen sind die Menschen direkt oder indirekt Nachkommen von Göttern, so daß die Bezeichnung descendere, herabsteigen, für den Vorgang der Abstammung durchaus zutreffend schien. Für das wirkliche Geschehen des Artenwandels aber, der in rastlosem Schaffen Komplexeres*

aus Einfacherem, Höheres aus Niedrigerem entstehen läßt, kann man sich kaum einen weniger zutreffenden Terminus ausdenken als den der ›Deszendenz‹, man wollte denn das Herabsteigen unserer Ahnen von den Bäumen bezeichnen, das der eigentlichen Menschwerdung unmittelbar vorausging. Warum nicht ›Aszendenz‹-Lehre?«

Deutsche Karikatur aus der Zeit um 1879 – ein Beweis dafür, wie stark die Darwinsche Evolutionslehre damals schon popularisiert war.

Anton Dohrn

* 29. Dezember 1840 Stettin; † 26. September 1909 München

Der Zoologe Anton Dohrn, der hauptsächlich über die Systematik der Insekten und die Stammesgeschichte der Wirbeltiere arbeitete und 1870 die internationale Zoologische Station (später Stazione Zoologica) in Neapel gründete, gehörte zu den frühen Anhängern der Evolutionstheorie und zu den vielen deutschen Korrespondenten Darwins. Er hat Darwin mindestens einmal im Down House besucht, und zwar am 26. September 1870. In einem Brief aus dem Jahre 1875 wurde er, unter Bezugnahme auf den früheren Besuch, von Darwin erneut eingeladen: »*Wenn Sie nach England kommen, werden Sie vermutlich auch Ihre Gattin mitbringen, und wir werden entzückt sein, Sie beide hier zu begrüßen. Ich habe mich oft damit gebrüstet, daß ich einmal einen lebendigen Ulanen in meinem Hause gehabt habe! Es wird für mich sehr interessant sein, Ihre neuen Ansichten über die Vorfahren der Wirbeltiere zu lesen. ... die wichtigste Sache, wie mir scheint, ist, daß überhaupt irgendein Verbindungsglied zwischen den Hauptabteilungen des Tierreichs gefunden wird.*«

1879 überwies Darwin seinem jüngeren Kollegen 100 Pfund zur Anschaffung von Apparaten für dessen Forschungsstation.

Oben: *Die Dorfkirche von Down, die Darwin – im Gegensatz zu seiner frommen Frau Emma – nur selten betreten hat.*

Rechts: *Plan des Dorfes Down. Darwins Besitz ist schraffiert eingezeichnet.*

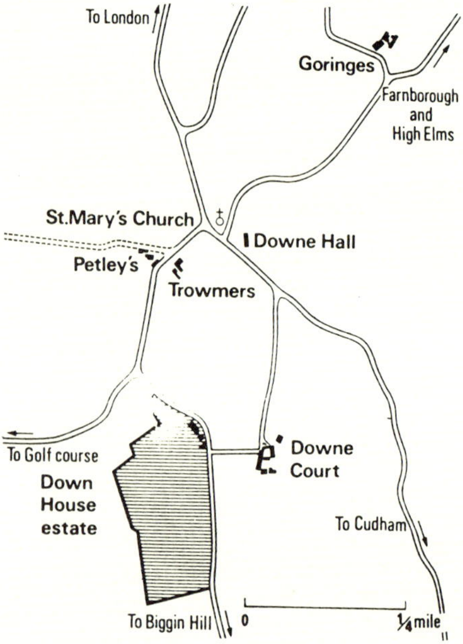

Oben: *Down House im Südosten Londons, das Darwin 1842 erwarb und bis zu seinem Tode 1882 ständig bewohnte.*

Nachfolgende Doppelseite:

Die Gartenseite des Down House und Darwins Arbeitszimmer in alten Holzschnitten von 1882 und modernen Farbaufnahmen. Wie man sieht, hat sich am äußeren Erscheinungsbild des Hauses und an der Ausstattung des Zimmers in den letzten hundert Jahren kaum etwas geändert.

Down oder Downe

Dieses Dorf, dessen Name heute amtlich Downe lautet, im vorigen Jh. aber meist Down geschrieben wurde, war vierzig Jahre lang Darwins ständiger Wohnsitz. Es liegt südöstlich von London in der Grafschaft Kent, 16 Meilen (ca. 25 km) vom Stadtzentrum entfernt, in einem stillen Winkel zwischen den Landstraßen, die nach Westerham und Sevenoaks führen. »*Das Dorf mit 300 oder 400 Einwohnern besteht aus drei kleinen Straßen mit Häuschen, die vor der aus Feuerstein erbauten Kirche zusammentreffen*« (Francis Darwin in: *Life and Letters of Charles Darwin*). Am Dorfrand stand und steht noch heute Darwins »Alterssitz« → *Down House*.

Down House

Nachdem Darwin, zunächst allein, dann mit seiner Frau und den beiden ältesten Kindern, fünf Jahre lang in → *London* zur Miete gewohnt hatte, erwarb er im Sommer 1842 das sog. »Down House« am Rande der Ortschaft → *Down*, das er dann am 14. September desselben Jahres bezog und bis zu seinem Tode als ständigen Wohnsitz behielt. Von London aus hatte er schon einige Zeit nach einem geeigneten Landhaus gesucht, das ihm ein ruhiges Leben und Arbeiten ermöglichen würde und zugleich nicht allzu weit von der Hauptstadt ent-

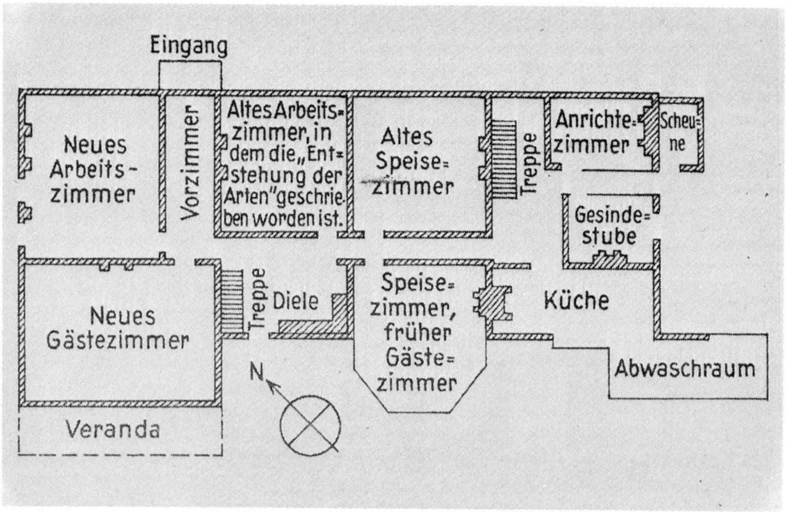

Down House, Grundriß des Erdgeschosses. Der linke Flügel (neues Arbeitszimmer, neues Gästezimmer und Veranda) wurde erst 1877 angebaut.

fernt lag. *»Nach mehreren fruchtlosen Erkundungen in Surrey und anderswo«*, schreibt er in seiner *Autobiographie, »fanden wir dieses Haus und kauften es. Mir gefiel das abwechslungsreiche Erscheinungsbild der Vegetation, wie sie für eine Kalklandschaft typisch ist und so unähnlich jener, die mir von den Midland-Grafschaften her vertraut war; und noch mehr gefiel mir die außergewöhnliche Stille und Ländlichkeit des Ortes. Der Ort ist freilich nicht ganz so abgelegen, wie es ein Autor in einer deutschen Zeitschrift dargestellt hat, der behauptet, mein Haus sei nur auf einem Maultierpfad zu erreichen! ... Nur wenige Menschen können ein zurückgezogeneres Leben geführt haben als wir. Abgesehen von kurzen Besuchen in den Häusern von Verwandten und gelegentlichen Aufenthalten am Meer und andernorts, reisten wir nirgendwo hin.«*

Down House, das Darwin nur erwerben konnte, weil es wegen des schlechten Bauzustandes für 2500 Pfund günstig angeboten wurde und ihm sein Vater – wenn auch widerwillig – etwa vier Fünftel des Kaufpreises vorstreckte, wird von Francis Darwin folgendermaßen beschrieben:

»Das Haus steht eine Viertelmeile [ca. 400 m] *vom Dorf entfernt und ist, gleich so vielen Häusern des letzten Jahrhunderts, so nahe wie möglich an die Straße heran gebaut – ein schmaler Weg, der sich zur Landstraße nach Westerham windet. Im Jahre 1842 war es ziemlich schäbig und wenig anziehend: ein viereckiger Backsteinbau mit drei Stockwerken, mit elendem Kalkputz und Ziegeldach. Der Garten wies weder Gebüschgruppen noch die jetzt Schutz bietenden Mauern auf; vom Weg aus konnte*

Der berühmte »Sandweg« (Sandwalk), auf dem Darwin fast täglich mehrere Rundgänge machte, um sich zu entspannen und über seine Arbeit nachzudenken.

man ihn ganz übersehen, er war offen, kalt und trostlos. Eine der ersten Maßnahmen meines Vaters war, den Weg etwa zwei Fuß tiefer zu legen und längs der dem Garten zugewandten Seite eine Feuersteinmauer zu errichten. Die dabei ausgegrabene Erde wurde dazu verwendet, um den Rasenplatz herum kleine Hügel und Hänge aufzuschütten; diese wurden mit immergrünen Gewächsen bepflanzt, die heute dem Garten seinen abgeschiedenen und geschützten Charakter verleihen.

Zur Verschönerung wurde das Haus mit Stuck überzogen; die Hauptverbesserung bestand jedoch im Anbau eines großen Erkers, der sich über drei Stockwerke erstreckte. Er war mit einem Gewirr von Kletterpflanzen bedeckt und lockerte die Südseite des Hauses angenehm auf. Das Wohnzimmer mit seiner Veranda, die sich zum Garten hin öffnete, ebenso das Arbeitszimmer, in dem mein Vater während der letzten Jahre seines Lebens arbeitete, wurden erst später zugefügt.

Mit dem Haus wurden 18 Arce [ca. 7 ha] *Land verkauft, von denen zwölf auf der Südseite des Hauses ein liebliches, mit ziemlich großen Eichen und Eschen bestandenes Gelände bildeten. Von diesem Gelände wurde ein Streifen abgeteilt und in einen Gemüsegarten umgewandelt; hier lag das ›Versuchsfeld‹, und hier entstanden schließlich auch die Gewächshäuser.«*

»Down House liegt ziemlich versteckt und sehr idyllisch im tiefsten Kent. Es ist nicht leicht zu finden, aber einen Ausflug wert. . . . Wer Down House besucht, findet das nahezu authentisch wiederhergestellte Heim Darwins vor, so wie der Wissenschaftler es 40 Jahre lang mit seiner großen Familie bewohnte. Es ist heute Museum und Erinnerungsstätte zugleich. In Diele, Studierzimmer, großem Wohnraum und im ‚New Study' kann man zahllose Zeugnisse vom Werk dieses berühmten Naturforschers und Zoologen betrachten: in Glasflaschen aufbewahrte Insekten, die Darwin selbst auf Spaziergängen zu suchen pflegte; Briefe, Skizzen, Notizbücher. Daneben sein Spazierstock, sein Hut, Auszeichnungen, Einladungen und Ehrungen, die ihm in den letzten Jahren seines Lebens in reichem Maße zuteil wurden. Besonders interessant: alles, was an seine Entdeckungsreisen in die südliche Hemisphäre auf der ›Beagle‹ unter Kapitän Fitzroy erinnert. Da sind Vergrößerungsgläser, ein geologischer Hammer, Notizbuch – und immer wieder Insekten.
Für Naturfreunde ist Down House enorm fesselnd. Man sollte sich auch vom komplizierten Weg nicht abhalten lassen.« (H. Carstensen im dtv-Merian-Reiseführer *London*, München 1982, 86f.)

Darwins Korbsessel und Spazierstock auf der Veranda des Down House. Die spiraligen Furchen des Stockes rühren von einer Schlingpflanze her.

Eine vielzitierte Besonderheit von Down House war der sog. »Sandweg« (Sandwalk), den Darwin schon in den ersten Jahren auf seinem Grundstück anlegte und fortan fast täglich für seinen mittäglichen Gesundheitsspaziergang benutzte, aber auch zum Nachdenken; er bezeichnete ihn gern als »meinen Denkpfad« (*my thinking path*). Sein Sohn Francis erinnert sich: *»In früheren Jahren machte er an jedem Tag eine gewisse Zahl von Umgängen, die er mittels eines Häufchens von Kieselsteinen zu zählen pflegte, von denen er jedesmal, wenn er vorüberkam, einen auf den Weg stieß. In späteren Jahren, meine ich, hielt er sich nicht mehr an eine bestimmte Zahl von Rundgängen, sondern führte nur so viele aus, wie er Kraft genug in sich fühlte. Der Sandweg war für uns Kinder der Spielplatz, und hier sahen wir regelmäßig unseren Vater, wenn er seine Runden drehte. ... Es ist ein merkwürdiges Gefühl, wenn ich mir bewußt werde, daß hinsichtlich des Zusammenhangs zwischen dem Sandweg und meinem Vater meine frühesten Erinnerungen mit meinen spätesten zusammentreffen; dies zeigt, wie unveränderlich seine Gewohnheiten gewesen sind.«*

Heute beherbergt Down House ein öffentlich zugängliches Darwin-Museum und -Archiv.

Edinburgh

In der schottischen Hauptstadt studierte Darwin vom Oktober 1825 bis zum Sommer 1827 Medizin. Bis 1826 lebte er mit seinem älteren Bruder → *Erasmus Alvey Darwin* zusammen, dann war er auf sich gestellt; *»Das war ein Vorteil, denn ich wurde gut bekannt mit mehreren jungen Leuten, welche die Naturwissenschaften liebten«*.

Darwins private naturwissenschaftliche Neigungen überwogen bei weitem sein Interesse für die Medizin

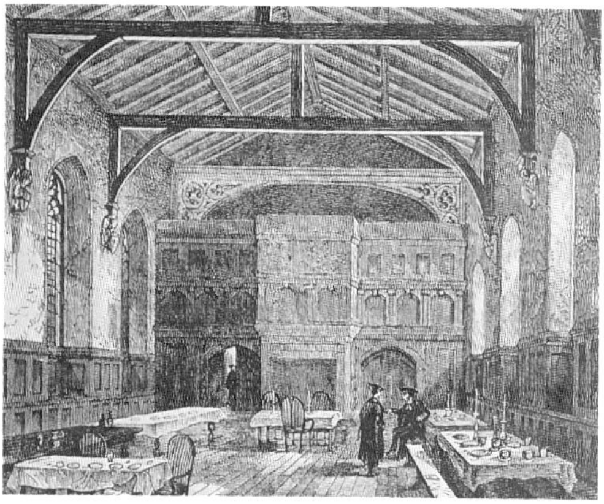

Die College Hall der Universität Edinburgh, an der Darwin von 1825 bis 1827 mit geringem Erfolg Medizin studierte.

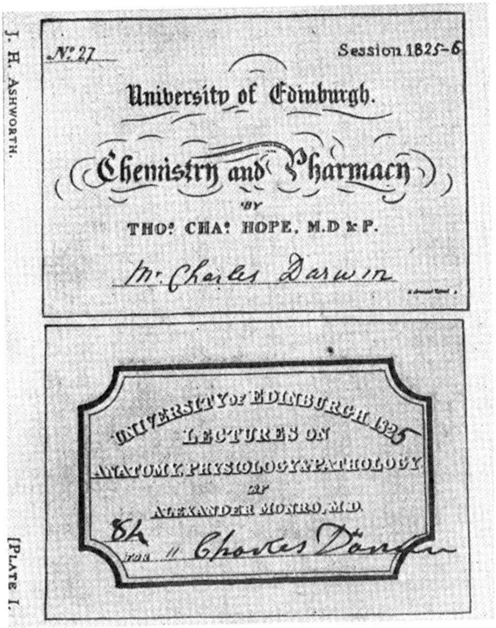

Darwins Hörerkarte für die Vorlesungen von Professor Thomas Charles Hope, der in Edinburgh Chemie und Pharmazie lehrte. In seiner Autobiographie *erinnert sich Darwin: »Der Unterricht in Edinburgh bestand nur aus Vorlesungen, und diese waren unerträglich langweilig, mit Ausnahme jener über Chemie von Hope.«*

und trösteten ihn ein wenig über die »*unerträglich langweiligen*« medizinischen und auch zoologischen und geologischen Vorlesungen hinweg. In Edinburgh wurde er Mitglied zweier naturhistorischer Vereinigungen, der Plinian und der Wernerian Society. In der Plinian Society machte er seine beiden ersten zoologischen Entdeckungen bekannt. Die erste bestand darin, »*daß die sogenannten Eier von Flustra* [Blättermoostierchen] *die Fähigkeit der selbständigen Bewegung mittels Wimpern besaßen und in Wirklichkeit Larven waren. In einem anderen kurzen Vortrag wies ich nach, daß die kleinen kugeligen Gebilde, die als das Jugendstadium von* Fucus loreus [Riementang] *galten, die Eikapseln der wurmähnlichen* Pontobdella muricata [Rochenegel] *waren*«. (*Autobiographie*)

In seiner freien Zeit widmete sich der Edinburgher Student dem Wandern und der Jagd. Regelmäßig im Herbst fuhr er zum Jagen, dem seine große Leidenschaft in jenen Jahren galt, nach → *Maer* zu seinem Onkel → *Josiah Wedgwood*.

Ehrungen

Vor allem in den letzten Jahrzehnten seines Lebens ist Charles Darwin mit zahlreichen Ehrungen bedacht worden – ein Zeichen dafür, daß seine wissenschaftliche

Leistung in England und im Ausland relativ früh allgemein anerkannt wurde. Mit anderen Worten: Er war schon zu seinen Lebzeiten als Forscher weit weniger umstritten, als vielfach angenommen wird.

Die umfassendste Zusammenstellung der Orden, Ehrendoktortitel und Mitgliedschaften in wissenschaftlichen Gesellschaften, die nachstehend mitgeteilt wird, hat sein Sohn Francis in *Life and Letters of Charles Darwin* (3. Band, Anhang IV) vorgelegt, obwohl auch diese stattliche Liste keinen Anspruch auf Vollständigkeit erhebt, wie in einer Fußnote angemerkt wurde: *»Die Liste ist nach den Diplomen und Briefen meines Vaters zusammengestellt worden und ist ohne Zweifel unvollständig, da er manche der von ausländischen Gesellschaften erhaltenen Papiere verloren oder verlegt zu haben scheint.«*

Orden

Preußischer Orden »Pour le Mérite« Friedensklasse, 1867

Amt

Grafschaftsmagistrat, 1857

Akademische Titel

Cambridge: B. A. [Baccalaureus artium], 1831
M. A. [Magister artium], 1837
Hon. LL.D. [Doctor juris (legum) hon. causa], 1877
Bonn: Ehrendoktor der Medizin und Chirurgie, 1868
Breslau: Ehrendoktor der Medizin und Chirurgie, 1862
Leyden: Ehrendoktor der Medizin, 1875

Gesellschaften

London:
Zoological Society, Corresponding Member, 1831
Entomological Society, Original Member, 1833
Geological Society, 1836; Wollaston-Medaille, 1859
Royal Geographical Society, 1838
Royal Society, 1839; Royal Society's Medal, 1853; Copley Medal, 1864
Linnean Society, 1854
Ethnological Society, 1854
Medico-Chirurgical Society, Honorary Member, 1868
Baly Medal of the Royal College of Physicians, 1879

Provinzen, Kolonien und Indien:
Royal Society of Edinburgh, 1865
Royal Medical Society of Edinburgh, 1826; Honorary Member, 1861
Royal Irish Academy, Honorary Member, 1866
Literary and Philosophical Society of Manchester, Honorary Member, 1868
Watford Natural History Society, Honorary Member, 1877
Asiatic Society of Bengal, Honorary Member, 1871

Gesellschaften

Royal Society of New South Wales, Honorary Member, 1879
Philosophical Institute of Canterbury, New Zealand, Honorary Member, 1863
New Zealand Institute, Honorary Member, 1872

Amerika:
Sociedad Cientifica Argentina, Ehrenmitglied, 1877
Academia Nacional de Ciencias, Republ. Argentina, Ehrenmitglied, 1878
Sociedad Zoológica Argentina, Ehrenmitglied, 1874
American Academy of Arts and Sciences (Boston), Auswärtiges Ehrenmitglied, 1874
California Academy of Sciences, Ehrenmitglied, 1872
California State Geological Society, Korrespond. Mitglied, 1877
Franklin Literary Society, Indiana, Ehrenmitglied, 1878
Sociedad de Naturalistas Neo-Granadinos, Ehrenmitglied 1860
New York Academy of Sciences. Ehrenmitglied, 1879
Gabinete Portuguez de Leitura em Pernambuco, Korrespond. Mitglied, 1879
Academy of Natural Sciences of Philadelphia, Korrespondent, 1860
American Philosophical Society, Philadelphia, Mitglied, 1869

Belgien:
Société Royale des Sciences Médicales et Naturelles de Bruxelles, Ehrenmitglied, 1878
Société Royale de Botanique de Belgique, Membre Associé, 1881
Académie Royale des Sciences, etc. de Belgique, Associé de la Classe des Sciences, 1870

Dänemark:
Kongel. Danske Videnskabernes Selskab, Mitglied, 1879

Deutschland:
Königl. Preußische Akademie der Wissenschaften, Berlin, Korrespond. Mitglied, 1863; wirkliches Mitglied, 1878
Berliner Gesellschaft für Anthropologie etc., Korrespond. Mitglied, 1877
Schlesische Gesellschaft für vaterländische Kultur, Breslau, Ehrenmitglied, 1878
Academia Caesarea Leopoldino-Carolina Naturae Curiosorum, Mitglied, 1857
Senckenbergische Naturforschende Gesellschaft zu Frankfurt am Main, Korrespond. Mitglied, 1873
Naturforschende Gesellschaft zu Halle, Mitglied, 1879

Die höchste Auszeichnung, die Darwin zu seinen Lebzeiten erhielt, war der preußische Orden »Pour le Mérite für Wissenschaften und Künste«, den Friedrich Wilhelm IV. (1795–1861) als Friedensklasse zum Kriegsorden zur Ehrung von Persönlichkeiten gestiftet hatte, »die sich durch weitverbreitete Anerkennung ihrer Verdienste« in Wissenschaft und Kunst »einen ausgezeichneten Namen erworben haben«.

Gesellschaften

Siebenbürgischer Verein für Naturwissenschaften, Hermannstadt, Ehrenmitglied, 1877
Medizinisch-naturwissenschaftliche Gesellschaft zu Jena, Ehrenmitglied, 1878
Königlich Bayerische Akademie der Wissenschaften, München, Auswärtiges Mitglied, 1878

Frankreich:
Société d'Anthropologie de Paris, Auswärtiges Mitglied, 1871
Société Entomologique de France, Ehrenmitglied, 1874
Société Géologique de France, Lebenslängliches Mitglied, 1837
Institut de France, Académie des Sciences, Correspondant, Sektion für Botanik, 1878

Holland:
Koninklijke Natuurkundige Vereeniging in Nederlandsch Indie, Batavia, Korrespond. Mitglied, 1880
Société Hollandaise des Sciences à Harlem, Auswärtiges Mitglied, 1877
Zeeuwsch Genootschap der Wetenschappen te Middelburgh, Auswärtiges Mitglied, 1877

Italien:
Società Geografica Italiana, Florenz, 1870
Società Italiana di Antropologia e di Etnologia, Florenz, Ehrenmitglied, 1872
Società dei Naturalisti di Modena, Ehrenmitglied, 1875
Accademia dei Lincei, Rom, Ausw. Mitglied, 1875
La Scuola Italica, Accademia Pitagorica, Reale e Imp. Società, Rom, Presidente Onorario degli Anziani Pitagorici, 1880
Reale Accademia delle Scienze di Torino, Bressa-Preis, 1879

Österreich-Ungarn:
Kaiserliche Akademie der Wissenschaften in Wien, Auswärtiges Korrespond. Mitglied, 1871; Auswärtiges Ehrenmitglied, 1875
Anthropologische Gesellschaft in Wien, Ehrenmitglied, 1872
K. K. Zoologisch-botanische Gesellschaft in Wien, Mitglied, 1867
Magyar Tudományos Akadémia, Pest, 1872

Portugal:
Sociedade de Geographia de Lisboa, Korrespond. Mitglied, 1877

Rußland:
Naturforscher-Gesellschaft bei der Kais, Universität in Kasan, Ehrenmitglied, 1875

Gesellschaften

Société Impériale des Naturalistes de Moscou, Ehrenmitglied, 1870
Académie Impériale des Sciences de St. Pétersbourg, Korrespond. Mitglied, 1867

Schweden:
Kongl. Vetenskaps Akademie, Stockholm, Auswärtiges Mitglied, 1865
Kongl. Vetenskaps-Societet, Upsala, Mitglied, 1860

Schweiz:
Société des Sciences Naturelles de Neuchâtel, Korrespond. Mitglied, 1863

Spanien:
Institucion Libre de Enseñanza, Madrid, Ehren-Professor, 1877.

Zu einer Ehrung besonderer Art wurde schließlich die feierliche → *Beisetzung* Darwins in der Westminster Abbey.

Über die Entstehung der Arten durch natürliche Zuchtwahl oder die Erhaltung der begünstigten Rassen im Kampfe um's Dasein

Titel der von → *Julius Victor Carus* 1867 veröffentlichten und bis heute maßgeblichen zweiten Eindeutschung von Darwins Hauptwerk → *Origin of Species.*

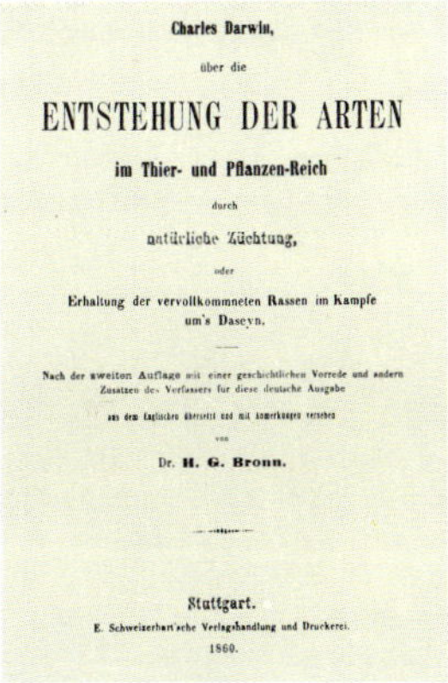
Charles Darwin,
über die
ENTSTEHUNG DER ARTEN
im Thier- und Pflanzen-Reich
durch
natürliche Züchtung,
oder
Erhaltung der vervollkommneten Rassen im Kampfe um's Daseyn.

Nach der zweiten Auflage mit einer geschichtlichen Vorrede und andern Zusätzen des Verfassers für diese deutsche Ausgabe
aus dem Englischen übersetzt und mit Anmerkungen versehen
von
Dr. H. G. Bronn.

Stuttgart.
E. Schweizerbart'sche Verlagshandlung und Druckerei.
1860.

Titelblatt der ersten deutschen Ausgabe von Darwins Hauptwerk On the Origin of Species. *Diese von Heinrich Georg Bronn geschaffene Übersetzung von 1860 wurde 1867 durch die zuverlässigere und inzwischen klassisch gewordene Eindeutschung von Julius Victor Carus ersetzt.*

Eponyme

Die vielen Darwin-Eponyme, also jene Gattungsbezeichnungen, die auf den Namen Darwins zurückgehen, sind ein deutliches Zeichen für das große Ansehen, das er schon früh in der wissenschaftlichen Welt genoß.

Rund fünfzig rezente und fossile Tierarten sind von den verschiedensten englischen und ausländischen Fachgelehrten nach Darwin benannt worden – von *Agonum darwini* (ein Laufkäfer) bis *Turbonilla darwiniensis* (eine Turbanschnecke). Ungefähr ebenso viele Pflanzenarten tragen Darwins Namen. Hinzu kommen zahlreiche geographische Namen in aller Welt; am bekanntesten ist wohl ein hohes Gebirge am Beagle-Kanal (Feuerland), das Kapitän → *Robert Fitzroy* 1834 auf den Namen Mount Darwin taufte. Außerdem wurden mehrere Institutionen nach Darwin benannt, z. B. die Darwin-Medaille der Royal Society (erstmals 1890 an → *Alfred Russel Wallace* verliehen), die Darwin-Stiftung (1959 in den USA gegründet) und das Darwin College in Cambridge (seit 1964).

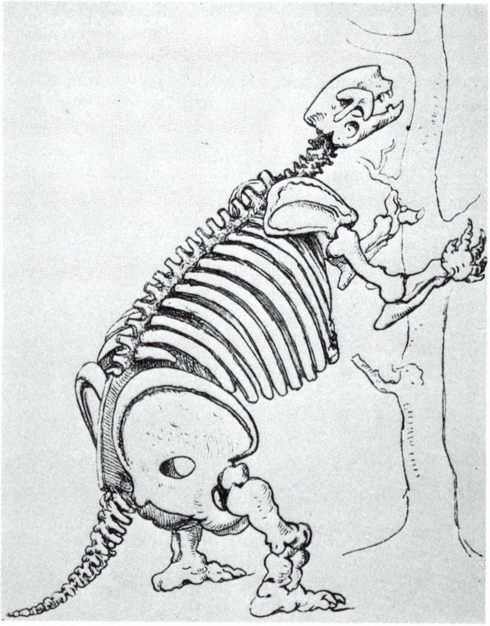

Rekonstruktion von Mylodon darwini, *einer ausgestorbenen Riesenfaultierart, deren Überreste Darwin in Patagonien entdeckt hatte.*

Die Darwin-Tangare (Tanagra darwini), *eine südamerikanische Ammernart. Kolorierte Lithographie von John Gould in* Zoology of the Voyage of H. M. S. Beagle.

Essay von 1844

Die etwas irreführende Bezeichnung »Essay« hat sich für eine Niederschrift Darwins eingebürgert, die keineswegs essayistisch durchgeformt ist, sondern nur eine nicht zur Veröffentlichung bestimmte und unbetitelte Vorstufe oder »Skizze« zu seinem Hauptwerk *Origin of Species* darstellt.

Der Text, basierend auf einer ersten »Bleistiftskizze« von 35 Seiten, niedergeschrieben im Jahre 1842, umfaßt in der Reinschrift, die Darwin im Juli 1844 von dem Dorfschullehrer Fletcher in Down anfertigen ließ, genau 231 Seiten in Folioformat, die für nachträgliche Zusätze und Korrekturen mit leeren Blättern durchschossen wurden.

Im *Essay von 1844* sind die Grundthesen und -begriffe der Darwinschen Abstammungslehre (natürliche und künstliche Zuchtwahl, Kampf ums Dasein, geographische Faktoren usw.) bereits deutlich ausgeprägt, wenngleich auch noch manche Unklarheiten bestehen blieben, die erst im Laufe der folgenden Jahre beseitigt werden konnten.

Darwin hatte zweifellos nicht die Absicht, den *Essay* drucken zu lassen, vor allem weil ihn das Ergebnis seiner bisherigen Forschungen noch nicht befriedigte und er sich durchaus der Brisanz seiner Thesen bewußt war. Deren Veröffentlichung wäre für ihn *»wie das*

Porträt Darwins aus der Zeit, als er an den Skizzen zu seinem Hauptwerk Origin of Species *arbeitete. Kreidezeichnung von Samuel Lawrence.*

Gegenüberliegende Seite:

Die Evolution des Menschen von den frühen Menschenaffen-Vorstufen bis zum Jetztmenschen:

1. Pliopithecus, *einer der ersten Proto-Menschenaffen*
2. Proconsul, *ein sehr früher Menschenaffe*
3. Dryopithecus, *erster großer Menschenaffe*
4. Oreopithecus, *ein Seitenzweig des menschlichen Stammbaums*
5. Ramapithecus, *frühester menschenähnlicher Primat*
6. Australopithecus africanus, *erster Hominide*
7. Australopithecus robustus, *Seitenzweig der Humanevolution*
8. Später Australopithecus *mit größerem Hirnvolumen*
9. Homo erectus, *der erste Vertreter der Gattung* Homo *(Mensch)*
10. Früher Homo sapiens
11. Solo-Mensch, ausgestorbene javanische Rasse von Homo sapiens
12. Rhodesien-Mensch, ausgestorbene afrikanische Rasse von Homo sapiens
13. Neandertaler
14. Cro-Magnon-Mensch
15. Homo sapiens sapiens, *der moderne Mensch*

Eingeständnis eines Mordes« gewesen, wie er im Januar 1844 in einem Brief an seinen Freund →*Joseph Dalton Hooker* schrieb, dem er als erstem Wissenschaftler seine gefährlichen Gedanken anvertraut hatte und dem er kurz darauf auch den fertigen *Essay* zu lesen gab.

Gleichwohl war Darwin von der wissenschaftlichen Bedeutung seiner Thesen so sehr überzeugt, daß er für den Fall seines vorzeitigen Ablebens Vorsorge bezüglich der öffentlichen Bekanntmachung seines *Essays* traf, und zwar durch eine testamentarische Verfügung für seine Frau Emma, die er am 5. Juli 1844 wie folgt formulierte:

»Ich habe soeben die Skizze meiner Artentheorie beendet. Wenn meine Theorie, wie ich glaube, im Laufe der Zeit auch nur von einem kompetenten Beurteiler akzeptiert werden sollte, wird sie einen beträchtlichen Fortschritt in der Wissenschaft darstellen. Deshalb schreibe ich dies für den Fall meines plötzlichen Todes nieder, als meinen feierlichsten und letzten Wunsch, den Du gewiß genauso auffassen wirst, als wäre er rechtskräftiger Bestandteil meines Testaments, daß Du nämlich 400 Pfund für ihre Veröffentlichung zur Verfügung stellen und ferner selber oder mit Hilfe von Hensleigh [Wedgwood] *ihre Verbreitung fördern wirst. Ich wünsche, daß meine Skizze einem Fachmann übergeben wird, zusammen mit dieser Summe, die ihn bewegen soll, sich um die Verbesserung und Erweiterung der Skizze zu bemühen. ...«*

Dazu kam es jedoch nicht, und so wurden der *Essay* sowie die Bleistiftskizze von 1842 erst lange nach Darwins Tod erstmals gedruckt, in dem von Francis Darwin herausgegebenen Band *The Foundations of the Origin of Species by Charles Darwin*, Cambridge 1909.

Die deutsche Ausgabe *Die Fundamente zur Entstehung der Arten* erschien in der Übersetzung von Maria Semon 1911 in Leipzig und Berlin. Eine Neuausgabe dieser Übersetzung, die allerdings nur den *Essay von 1844* enthält, edierte Heribert A. Nobis unter dem Titel *Charles Darwin: Essay zur Entstehung der Arten* (Mchn. 1971).

Evolution

Von dem englischen, auch von Darwin benutzten Wort *evolution* (von lat. *evolutio* = Entrollen, Aufrollen, Entfaltung) ins Deutsche übernommener Begriff zur Kennzeichnung einer allmählichen Entwicklung (im Gegensatz zur Revolution), speziell der stammesgeschichtlichen Entwicklung von niederen zu höheren Formen in der belebten Natur.

Die Existenz und die Spielregeln der Evolution hat Darwin als erster in seinem Hauptwerk → *Origin of Species* schlüssig dargelegt.

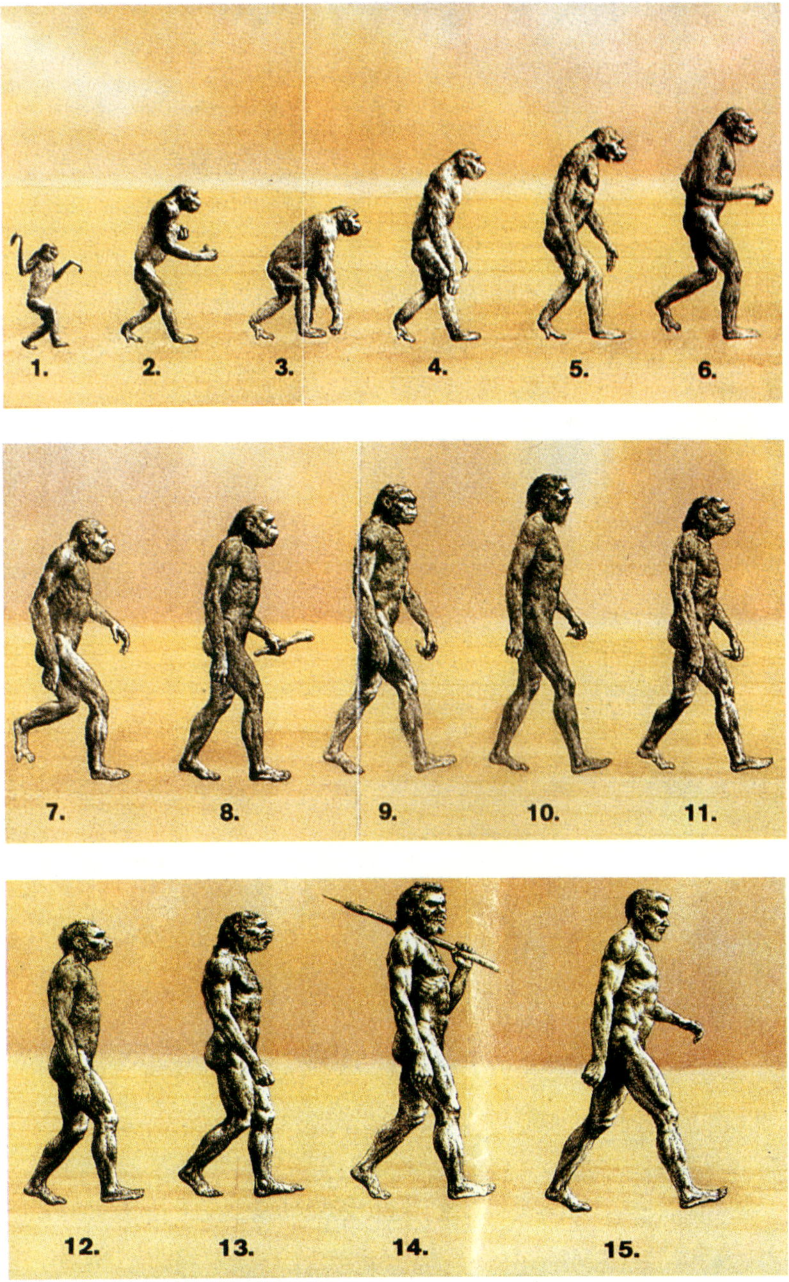
1.
2.
3.
4.
5.
6.
7.
8.
9.
10.
11.
12.
13.
14.
15.

Drei Illustrationen aus Darwins »verhaltenskundlichem« Werk The Expression of the Emotions in Man and Animals.

Oben: *Ausdruck der Todesangst im Gesicht eines Mannes.*

Unten links: *Der Katzenbuckel, das gesträubte Fell und die gefletschten Zähne lassen das bedrohte, aber aggressionsbereite Tier größer und furchterregender erscheinen.*

Unten rechts: *Darwins Hund Polly in einer demütigen, unterwürfigen Haltung.*

The Expression of the Emotions in Man and Animals

Als Darwin → *The Descent of Man* schrieb, wollte er dem Gefühlsleben und dessen Ausdrucksformen zunächst ein größeres Kapitel widmen, begnügte sich dann aber mit einigen Seiten, auf denen er die grundsätzliche Übereinstimmung des Gefühlsausdrucks bei höheren Tieren und beim Menschen betonte. Er spürte jedoch, daß dieser wichtige Komplex eine umfassendere Behandlung verdiente, und so entstand unmittelbar danach das rund 350 Seiten starke Buch *The Expression of the Emotions in Man and Animals*, das bereits Ende 1872 erschien und noch im selben Jahr von → *Carus* ins Deutsche übersetzt wurde: *Der Ausdruck der Gemütsbewegungen bei dem Menschen und den Tieren.*

Schon seit 1837/38 interessierte sich Darwin laut Aussage seines Sohnes Francis für dieses Thema, und nach der Geburt seines ersten Kindes William Erasmus (27. Dezember 1839) begann er die Entwicklung des kindlichen Ausdrucksvermögens intensiv zu studieren und in Aufzeichnungen festzuhalten. »*Sofort fing ich an*«, schreibt er in seiner *Autobiographie*, »*mir Notizen über das erste Dämmern der unterschiedlichen Ausdrucksformen zu machen, die er zeigte, denn ich war überzeugt, sogar schon in diesem frühen Stadium, daß die kompliziertesten und feinsten Schattierungen des Ausdrucks einen sich allmählich entfaltenden und natürlichen Ursprung gehabt haben müssen*« – der evolutionistische Denkansatz war also schon damals um 1840 gegeben.

Im Laufe der Jahrzehnte – bis 1856 wurden noch neun weitere Kinder geboren – konnte Darwin demzufolge reichlich Material sammeln, das er natürlich durch Beobachtungen an anderen Menschen und an vielerlei Tieren, zumal an seinem geliebten Hund »Bob«, er-

gänzte. Doch ein Wissenschaftler vom Range Darwins durfte sich nicht allein auf seine eigenen und möglicherweise subjektiven Eindrücke stützen. Er forschte in der – sehr spärlichen – einschlägigen Literatur nach, wertete Fragebogen aus, die er an Kollegen, Ärzte, Missionare und Forschungsreisende in aller Welt verschickt hatte, und trug Photographien von stark emotionalisierten Kindern, Schauspielern, Geisteskranken usw. zusammen (sein Buch gehört zu den frühesten wissenschaftlichen Werken, die mit Fotos illustriert waren).

Aus all diesen Vorarbeiten erwuchs eine gründliche, systematische Darstellung, in der die affektbedingten Verhaltensweisen des Menschen und verschiedener Tierarten beschrieben werden und die deshalb zu Recht als ein erster Beitrag zur modernen Ethologie (vergleichende Verhaltenskunde) gilt. Darwins eingehende Analysen von Phänomenen wie Liebe, Haß, Freude, Schmerz, Kummer, Stolz, Verachtung, Furcht, Scham und Erröten verraten psychologische Einfühlung und ein meisterhaftes Beobachtungsvermögen, aber auch eine gewisse Einseitigkeit der Interpretation. In seinem ganz von der Evolutionsidee beherrschten Denken schießt er zuweilen über das Ziel hinaus. Er neigt dazu, tierische und menschliche Verhaltensweisen allzu pauschal als angeboren und naturgegeben zu deuten und beim Menschen den Anteil kulturell erworbener Verhaltensweisen zu unterschätzen. Gleichwohl hat Darwin auch hier eine zukunftweisende Leistung vollbracht, indem er den symbolischen Charakter und Kommunikationswert bestimmter Gesten und mimischer Äußerungen aufspürte: Haarsträuben oder Sich-Aufplustern als Schreck- und Drohgebärden; Zähnefletschen als stammesgeschichtlich angelegtes Aggressionssignal; andächtiges Niederknien und Händefalten als Unterwerfungsritual, mit dem ursprünglich der Besiegte den Sieger zum Fesseln der Hände auffordern wollte, und so weiter. Viele, aber längst nicht alle Erkenntnisse sind von der neueren Verhaltensforschung aufgenommen und experimentell bestätigt worden; Konrad Lorenz z. B. verweist in seinen Büchern und Abhandlungen immer wieder auf die Richtigkeit der Darwinschen Befunde.

Nach Fertigstellung des Buches im August 1872 schrieb Darwin an Ernst Haeckel: »*Ich habe mein kleines Buch über den Ausdruck* [der Gemütsbewegungen] *beendet, und wenn es im November erscheint, werde ich Ihnen selbstverständlich ein Exemplar schicken, für den Fall, daß Sie es zum Vergnügen lesen möchten. Ich habe eine alte botanische Arbeit wiederaufgenommen, und vielleicht werde ich nie mehr den Versuch machen, theoretische Fragen zu erörtern. Ich werde alt und schwach, und kein Mensch kann sagen, wann seine geistigen Kräfte nachzulassen beginnen.*«

Ein aggressives Pavianmännchen zeigt sein gefährliches Gebiß, um seinen Gegner einzuschüchtern.

Darwin hat hier seine zukünftige Arbeit richtig eingeschätzt. Mit der Triade → *Origin of Species*, → *The Descent of Man* und → *The Expression of the Emotions* war das zentrale Thema seines Forscherlebens, der Ausbau der Evolutionslehre, abgeschlossen, und so wandte er sich in seinem letzten Jahrzehnt von den großen theoretischen Problemen ab und seinen konkreten → *botanischen Arbeiten* zu.

Robert Fitzroy (Fitz-Roy)
* 5. Juli 1805 Ampton Hall/Suffolk; † 30. April 1865 Norwood

Kapitän Fitzroy hatte sich als Navigator, Kartograph und Hydrograph bereits einen Namen gemacht, als er 1831 von der Admiralität (Marineministerium) zum Leiter der zweiten Expedition des Vermessungsschiffs → *Beagle* berufen wurde und den Auftrag erhielt, die Küsten Südamerikas zu erkunden und exakt aufzunehmen. Darwin, der als junger unbezahlter Naturforscher die Reise mitmachen sollte, stellte sich dem Kapitän Anfang September 1831 in London vor und wurde nach einigem Zögern akzeptiert; Fitzroy, ein eifriger Anhänger der Lavaterschen Physiognomik (derzufolge der Charakter eines Menschen nach der Form seiner Gesichtszüge beurteilt werden kann), hatte sich zunächst an Darwins Nase gestoßen: »*... er bezweifelte, ob irgend jemand mit meiner Nase hinreichende Energie und Entschlossenheit für diese Reise besitzen könne. Ich denke aber, er wurde später davon überzeugt, daß meine Nase falsch prophezeit hatte*«, heißt es in Darwins *Autobiographie*.

Fitzroy war ein tüchtiger, angesehener Offizier von konservativ-aristokratischer Grundhaltung, zugleich aber ein schwieriger, eigenwilliger, leicht reizbarer und launischer Mensch. Daß Darwin mit einem solchen Vorgesetzten, mit dem er während der langen Reise regelmäßig bei den Mahlzeiten die Kajüte teilte, im allgemeinen sehr gut auskam, zeugt von seinem Durchsetzungsvermögen und zugleich von seiner rücksichtsvollen Menschenfreundlichkeit. Eine ernste Auseinandersetzung gab es nur zu Beginn der Reise, in Bahia, wo sich Darwin lautstark gegen das Unrecht der → *Sklaverei* aussprach, die von seinem Kapitän als gottgegebener Zustand verteidigt wurde. Fitzroy wollte Darwin daraufhin von Bord weisen, lenkte aber bald wieder ein. »*Später*«, schreibt Darwin in seiner *Autobiographie*, »*war er deshalb über mich empört, daß ich ein so lästerliches Buch (er war sehr religiös) wie die Entstehung der Arten veröffentlicht hatte.*«

Der streng bibelgläubige Fitzroy blieb bis zuletzt ein entschiedener Gegner der Evolutionslehre und konnte seinem ehemaligen Kabinengenossen Darwin, den er

Gegenüberliegende Seite:

Robert Fitzroy, der Leiter der Beagle-Expedition, in der Gala-Uniform eines Vize-Admirals. Gemälde von Francis Lane.

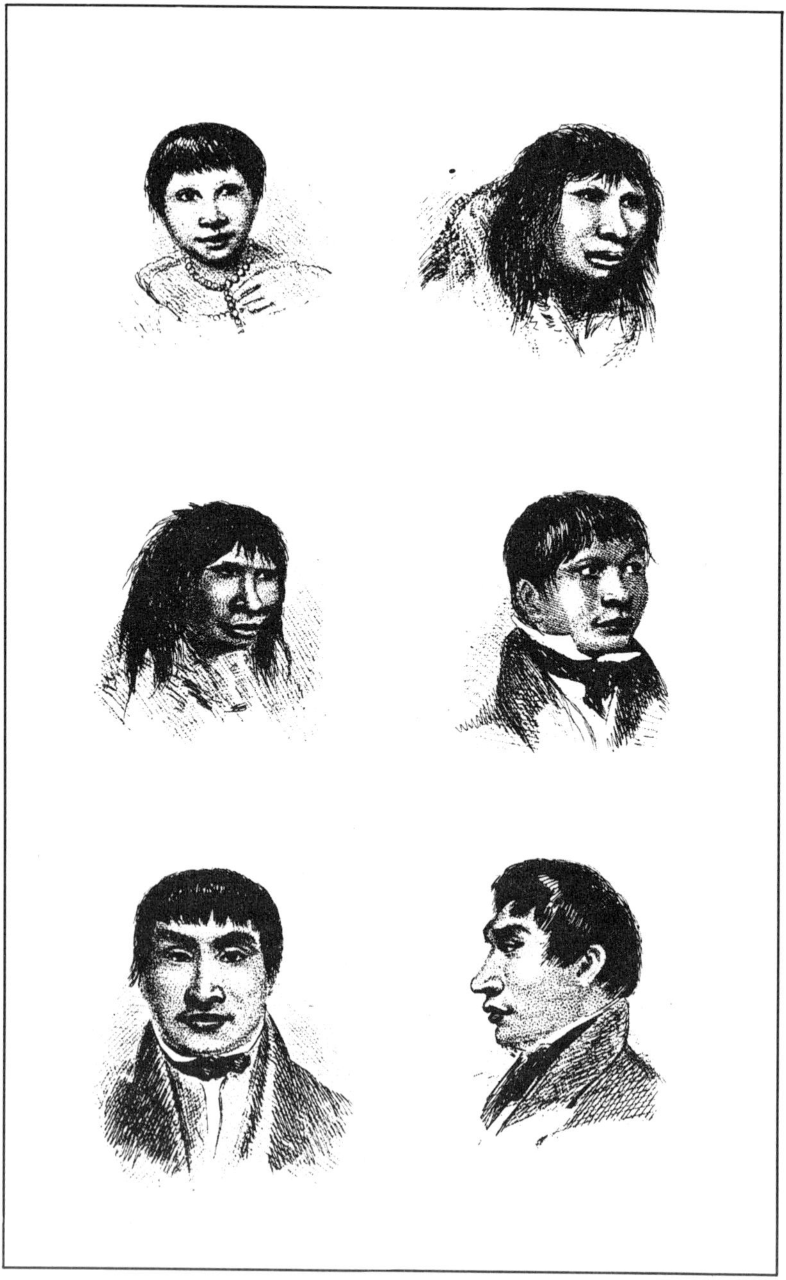

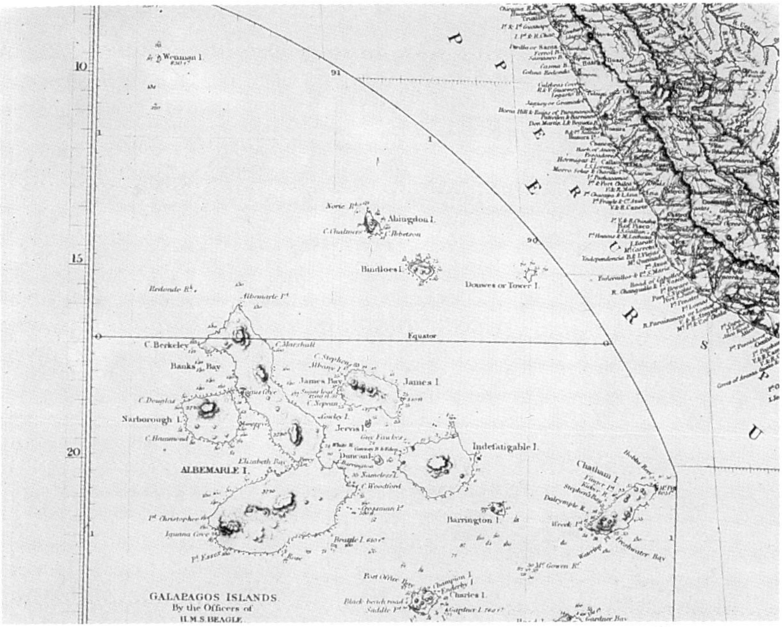

menschlich so sehr schätzte, den Angriff auf den Schöpfungsbericht des Alten Testaments nie verzeihen. Wie ein Schock wirkte auf ihn die → *Oxforder Sitzung der British Assocation* (1860), bei der er unter den Zuhörern saß: Nach der brillanten Rede des Darwin-Anwalts Huxley irrte er, wie Augenzeugen berichten, völlig fassungslos durch den sich leerenden Saal und rief, eine Bibel über dem Kopf schwenkend, immer wieder die Worte: »*The Book! The Book!*«

Nach dem Erscheinen von *Origin of Species* verfaßte Fitzroy unter dem Pseudonym Senex zwei Artikel für die »Times«, in denen er die wortgetreue Wahrheit der biblischen Schöpfungsgeschichte zu beweisen versuchte. Als Darwin diese Artikel gelesen hatte, sah er sofort »*die kreationistischen Ohren*« seines ehemaligen Kapitäns vor sich, wie er seinem Freund Lyell schrieb: »*Ich bin überzeugt, daß Fitz-Roy dies geschrieben hat. ... Schade, daß er nicht seine Theorie beigefügt hat, derzufolge das Mastodon u. a. deshalb ausgestorben sind, weil die Tür der Arche Noah zu schmal gebaut war!*«

1839 brachte Fitzroy unter seinem Namen einen dreibändigen Bericht über seine Vermessungsfahrten heraus: *Narrative oft the Surveying Voyages of Her Majesty's Ships »Adventure« and »Beagle« between the Years 1826 and 1836.* Der 3. Band, der den Titel → *Journal and Remarks* trägt, stammt allerdings von Darwin. Aus

Oben: *Ein Beispiel für die exakte kartographische Arbeit der Vermessungsoffiziere, die Kapitän Fitzroy unterstanden. Der Ausschnitt umfaßt die Galapagos-Inseln und die peruanische Küste.*

Gegenüberliegende Seite:

Sechs Zeichnungen von Robert Fitzroy. Sie zeigen die drei Feuerländer – das Mädchen Fuegia Basket und die beiden Männer Jemmy Button und York Minster–, die Fitzroy von seiner ersten Südamerikareise nach England mitgebracht hatte und mit der »Beagle« wieder in ihre Heimat beförderte. Fitzroys hochherziger Plan, durch dieses Wiedereinbürgerungsexperiment die Zivilisation in Feuerland zu verbreiten, scheiterte ziemlich kläglich.

diesem Text entstand in der 2. Auflage das → *Journal of Researches* (1845) und schließlich → *A Naturalist's Voyage* (1860).

Fitzroy stieg 1863 zum Vizeadmiral auf und endete zwei Jahre später, wahrscheinlich in geistiger Umnachtung, durch Selbstmord.

William Darwin Fox

* 1805; † 1880

Mit William D. Fox, im allgemeinen nur »Fox« genannt, einem entfernten Vetter (seine Mutter war die Tochter des Bruders von Großvater → *Erasmus Darwin*), verband Darwin eine lebenslange herzliche Freundschaft. Obwohl die beiden seit ihrer gemeinsamen Studentenzeit in Cambridge in regem Briefwechsel miteinander standen – leider haben sich nur die von Darwin geschriebenen Briefe erhalten –, wissen wir sehr wenig über Fox' Lebensumstände. Er lebte als Pfarrer auf dem Lande in Cheshire und besaß ausgeprägte zoologische Interessen und Kenntnisse, so daß er Darwin bei speziellen Problemen beraten konnte. Er war es auch, der seinen jüngeren Kommilitonen gründlicher in die Insektenkunde einführte. Darwin erinnert sich in seiner *Autobiographie*: *»In die Entomologie wurde ich durch meinen zweiten Vetter W. Darwin Fox eingeführt, einen gescheiten und höchst sympathischen Mann, der damals am Christ's College war und mit dem ich überaus vertraut wurde.«*

John Gould, der bedeutende Ornithologe und Vogelmaler, der einen wichtigen Beitrag zu Darwins Werk leistete.

John Gould

* 14. September 1804 Lyme Regis; † 3. Februar 1881 London

Der Autodidakt Gould errang als Vogelkenner und vor allem Vogelmaler schon früh großes Ansehen. 1827 wurde er Präparator der neugegründeten Zoological Society in London, 1829 heiratete er Elizabeth Coxen, die seine beste künstlerische Mitarbeiterin wurde, und 1832 erschien sein erstes Tafelwerk, das nach einer kostbaren Sammlung von Vogelbälgen aus der Himalaja-Region entstanden war.

Vom Mai 1838 bis zum September 1840 bereiste er mit seiner Frau Australien, um die noch weithin unbekannte Vogelwelt dieses fernen Kontinents möglichst vollständig in Wort und Bild zu dokumentieren. Diese Reise war auch der Grund dafür, daß Gould die Beschreibung und Illustrierung der großen Vogelkollektion, die Darwin von seiner Weltreise mitgebracht hatte, im 1841 erschienenen 3. Teil der → *Zoology of the Voyage of H. M. S. »Beagle«* nicht ganz zu Ende führen konnte. Bereits 1837 hatte Gould für den von Darwin entdeckten und nach ihm benannten → *Darwin-Strauß*

Der Schattenkolibri Phaetornis eurynome. *Kolorierte Lithographie aus John Goulds* A Monograph of the Trochilidae, or Family of Humming-birds, *1861.*

Riesentukane (Ramphastos toco). *Kolorierte Lithographie aus John Goulds* A Monograph of the Ramphastidae, or Family of Toucans, *1834/35.*

den wissenschaftlichen Namen *Rhea Darwini* eingeführt – eine Ehre, die Darwin wohl zu schätzen wußte. Auch um die Bestimmung und Klassifizierung der → *Darwin-Finken* hat sich Gould sehr verdient gemacht.

In seinen späteren Publikationen hat sich Darwin des öfteren auf die Autorität des Ornithologen Gould berufen, der in der Tat ein gewaltiges wissenschaftliches Werk geschaffen hat: Er brachte im Laufe seines langen Lebens 41 großformatige Vogelbände mit insgesamt 3000 Farbtafeln heraus, dazu verfaßte er noch rund 300 Abhandlungen für wissenschaftliche Zeitschriften und Sammelwerke.

Mit dem tiefgläubigen Asa Gray hat Darwin viele Briefe mit ausschließlich fachwissenschaftlichem Inhalt gewechselt. Doch in einem langen Brief (22. Mai 1860) spricht er sich ganz unverstellt über seine privaten weltanschaulichen Probleme aus, offensichtlich in dem Bewußtsein, daß sein Partner ihn verstehen wird. Die entscheidende Passage lautet:
»Nun zur theologischen Seite der Frage. Dies ist mir immer peinlich. Ich bin bestürzt. Ich hatte nicht die Absicht, als Atheist zu schreiben. Aber ich gebe zu, daß ich nicht so deutlich, wie es andere sehen und wie ich es selbst gerne sehen möchte, rings um uns her Beweise für Zweckbestimmung und Güte zu erkennen vermag. Mir scheint, es gibt zuviel Elend in der Welt. Ich kann mich nicht dazu überreden, daß ein gütiger und allmächtiger Gott mit Absicht die Ichneumonidae [Schlupfwespen] erschaffen haben würde mit dem ausdrücklichen Auftrag, sich im Körper lebender Raupen zu ernähren, oder daß eine Katze mit Mäusen spielen solle. ... Andererseits kann ich mich keineswegs damit abfinden, dieses wunderbare Universum und insbesondere die Natur des Menschen zu betrachten und zu folgern, daß dies nur das Ergebnis roher Kräfte sei. Ich neige dazu, alles als das Resultat vorbestimmter Gesetze aufzufassen, wobei die Einzelheiten, ob gut oder schlecht, dem Wirken dessen überlassen bleiben, was wir Zufall nennen könnten. Nicht, daß mich diese Einsicht *im mindesten* befriedigt. Ich fühle zutiefst, daß das ganze Problem zu hoch für den menschlichen Verstand ist. Ebensogut könnte ein Hund über den Geist Newtons spekulieren. Jeder Mensch soll hoffen und glauben, was er kann.«

Asa Gray

* 18. November 1810 Paris/USA; † 30. Januar 1888 Boston

Asa Gray, einer der treuesten Freunde und Mitstreiter Darwins, studierte Medizin und erwarb 1831 den medizinischen Doktorgrad, wurde aber durch Neigung und wissenschaftliche Begabung der bedeutendste amerikanische Botaniker seiner Zeit. 1838 erhielt er eine Professur für Botanik in Michigan, und 1842 wurde er an die Harvard-Universität in Boston berufen, wo er bis 1873 lehrte und forschte. Er veröffentlichte zahlreiche Arbeiten zur amerikanischen Flora, daneben Lehrbücher, Aufsätze und Kritiken. Die Abhandlungen, in denen er für Darwin eingetreten war, faßte er 1876 in dem Band *Darwiniana* zusammen.

Gray lernte Darwin 1851 auf einer seiner Europareisen persönlich kennen, und von dieser ersten Begegnung an pflegten die beiden einen regen brieflichen Gedankenaustausch. Darwin holte sich bei Gray wiederholt Rat in botanischen Detailfragen und führte ihn in seinen Werken immer wieder als wissenschaftliche Autorität von unbestreitbarem Rang an. Das vertrauensvolle Verhältnis zwischen den beiden Forschern wurde auch nie dadurch beeinträchtigt, daß Gray – im Gegensatz zu Darwin – ein tiefreligiöser Mann war, der jeden Sonntag den Gottesdienst besuchte. Naturwissenschaftliches Forschen bedeutete für ihn stets nur das Aufspüren der von einem Schöpfer gewollten Ordnung. Die Abstammungslehre empfand er nicht als Widerspruch zum Glauben, sondern als *»eine neue und tiefere Einsicht in den Schöpfungsplan und zugleich eine von ihm schon lange ersehnte Erklärung für viele wissenschaftliche Probleme«* (G. Wichler). Die natürliche Auslese als Hauptantriebskraft der Evolution lehnte er zwar ab, weil sie mit seinem Schöpfungsglauben unvereinbar war, aber gleichwohl wurde er zum wichtigsten Vorkämpfer des Darwinismus in der Neuen Welt.

Der Name Asa Gray hat bereits in der Geburtsstunde der Abstammungslehre eine bedeutsame Rolle ge-

Asa Gray, der große amerikanische Botaniker, der an der Universität Harvard lehrte und der wichtigste Vorkämpfer Darwins in der Neuen Welt war.

spielt: Als Darwin 1858 das Manuskript des Evolutionskonzepts von → *Alfred Russel Wallace* der Linnean Society und damit der Öffentlichkeit übergab, legte er, um seinen Prioritätsanspruch zu untermauern, gleichzeitig mit seinem eigenen Entwurf einen Brief vor, den er am 5. September 1857 an Gray geschrieben und in dem er diesem die Grundgedanken seines in der Entstehung begriffenen Werkes über den Ursprung der Arten mitgeteilt hatte.

Dieser Brief an Gray, der zusammen mit den beiden genannten Texten von Wallace und Darwin am 30. August 1858 im »Journal of the Proceedings of the Linnean Society« publiziert wurde und somit ein bedeutendes Dokument der Wissenschaftsgeschichte darstellt, hat folgenden Inhalt (revidierte Übersetzung von A. B. Meyer, 1870):

»I. Es ist wunderbar, was das Prinzip der Zuchtwahl durch den Menschen, d. h. das Auswählen von Individuen mit irgendeiner wünschenswerten Eigenschaft und das Paaren derselben und das Wiederauswählen, bewirken kann. Selbst Züchter sind über ihre eigenen Resultate erstaunt. Sie können auf Unterschiede wirken, die einem Laienauge unberechenbar scheinen. Zuchtwahl ist in Europa erst seit dem letzten halben Jahrhundert methodisch betrieben worden; aber gelegentlich und selbst in geringem Grade methodisch hat man sie zu den ältesten

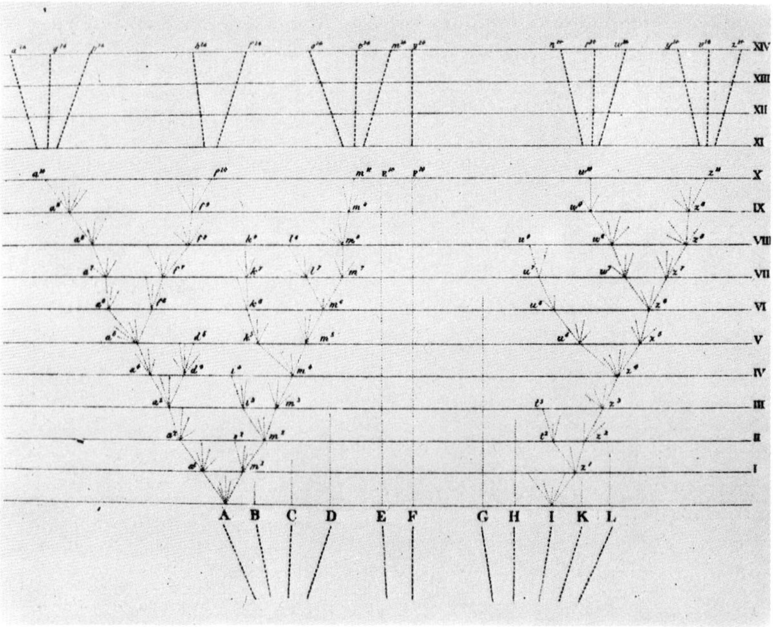

Schematische Darstellung der »Divergenz der Charaktere« aus Darwins Origin of Species. *Im 4. Kapitel des Buches heißt es dazu:*

»Das beigefügte Schema wird uns diese ziemlich verwickelte Frage verstehen helfen. Gesetzt, es bezeichnen die Buchstaben *A* bis *L* die Arten einer in ihrem Lande großen Gattung; es wird angenommen, daß diese Arten einander in ungleichen Graden ähnlich sind, wie es eben in der Natur so allgemein der Fall zu sein pflegt und was im Schema durch verschiedene Entfernung jener Buchstaben voneinander ausgedrückt werden soll. ... Es sei nun *A* eine häufige, weitverbreitete und abändernde Art einer in ihrer Heimat großen Gattung; der kleine Fächer divergierender Punktlinien von ungleicher Länge, die von *A* ausgehen, möge ihre variierende Nachkommenschaft darstellen. Es wird ferner angenommen, die

(Forts. nächste Seite)

Zeiten geübt. Es muß auch eine Art unbewußter Zuchtwahl seit sehr langer Zeit stattgefunden haben, nämlich durch das Halten einzelner Tiere (ohne Gedanken an ihre Nachkommen), die jeder Menschenrasse in ihren besonderen Verhältnissen am nützlichsten gewesen ist. Das Ausmerzen von Varietäten, die von ihrem Typus abweichen, wie es der Kunstgärtner vornimmt, ist eine Art von Auslese. Ich bin überzeugt, daß beabsichtigte oder zufällige Auslese das Hauptagens bei der Bildung unserer Hausrassen abgegeben hat, wie dem auch sein mag, ihre große Fähigkeit der Modifizierung hat sich unbestritten in späteren Zeiten gezeigt. Zuchtwahl wirkt nur durch die Häufung leichter oder größerer Abweichungen, die durch äußere Verhältnisse oder durch die bloße Tatsache, daß das Kind nicht absolut seinem Vater gleicht, hervorgerufen werden. Der Mensch paßt mit Hilfe dieser Fähigkeit, Abweichungen zu häufen, lebende Wesen seinen Bedürfnissen an – man kann sagen, *er macht die Wolle eines Schafes für Teppiche, die eines anderen für Tuch passender usw.*

II. Wenn man sich nun ein Wesen vorstellt, das nicht lediglich nach der äußeren Erscheinung urteilte, sondern das die ganze innere Organisation studieren könnte, das nie launenhaft vorginge und Millionen von Generationen hindurch zielstrebig züchten würde – wer möchte wohl sagen, was es nicht bewirken könnte? In der Natur kommt leichtes *Variieren gelegentlich in allen Teilen vor; und ich meine, man kann zeigen, daß veränderte Existenzbedingungen die Hauptursache davon sind, daß das Kind nicht genau seinen Eltern gleicht; und in der Natur zeigt uns die Geologie, welche Veränderungen Platz gegriffen haben und noch Platz greifen. Es handelt sich da um fast unbegrenzte Zeiträume; nur ein praktischer Geologe kann das vollkommen würdigen. Man denke an die Eiszeit, während deren ganzem Verlauf wenigstens dieselben Schnecken- und Muschelarten existiert haben; es müssen während dieser Periode Millionen und aber Millionen von Generationen einander gefolgt sein.*

III. Ich glaube, man kann zeigen, daß eine solche unfehlbare Macht oder natürliche Zuchtwahl *(der Titel meines Buches), die ausschließlich zum Vorteil eines jeden organischen Wesens auswählt, am Werke ist. Der ältere de Candolle, W. Herbert und Lyell haben vortrefflich über den Kampf ums Dasein geschrieben; aber auch sie haben dies nicht stark genug betont. Man denke doch daran, daß ein jedes Wesen (selbst der Elefant) sich in einem solchen Verhältnis vermehrt, daß in wenigen Jahren oder mindestens in wenigen Jahrhunderten die Oberfläche der Erde die Nachkommenschaft eines einzigen Paares nicht fassen könnte. Es ist mir schwer geworden, mir ständig bewußt zu machen, daß die Vermehrung der Individuenzahl einer jeden einzelnen Art während eines Teiles ihres Lebens oder während des Lebens einer in kurzen Zeiträumen wiederkehrenden Generation so sehr behindert werden sollte. Nur einige wenige der jährlich Geborenen können leben, um ihr Geschlecht fortzupflanzen. Welch unbedeutender Unterschied muß oft bestimmen, wer überleben und wer untergehen soll!*

IV. Nehmen wir jetzt den Fall an, daß ein Land einiger Veränderung unterworfen ist. Dies wird bewirken, daß einige seiner Bewohner geringfügig variieren – nicht etwa daß ich glaubte, die meisten Wesen variierten nicht zu allen Zeiten genug, daß Zuchtwahl auf sie einwirken könnte. Einige seiner Bewohner werden aussterben, und die Überlebenden werden der gegenseitigen Einwirkung einer von der alten verschiedenen Art von Bewohnern ausgesetzt sein, was, wie ich glaube, für das Leben eines jeden Wesens weit wichtiger ist als das Klima allein. Wenn ich die unendlich verschiedenen Methoden betrachte, die Lebewesen anwenden, um sich Nahrung zu verschaffen, indem sie mit anderen Organismen kämpfen, um zu verschiedenen Zeiten ihres Lebens Gefahren zu entgehen, um ihre Eier oder Samen zu verbreiten usw., so kann ich es nicht in Zweifel ziehen, daß im Laufe von Millionen Generationen gelegentlich Individuen einer Art mit irgendeiner leichten Abweichung, die für irgendeinen Teil ihrer Lebensweise vorteilhaft ist, geboren werden. Solche Individuen werden eine bessere

Abänderungen seien außerordentlich gering, aber von der mannigfaltigsten Beschaffenheit, sie träten nicht alle gleichzeitig, sondern oft nach langen Zwischenräumen auf, und endlich sollen sie nicht alle gleich lange dauern. Nur jene Abänderungen, die in irgendeiner Beziehung nützlich sind, werden erhalten oder zur natürlichen Zuchtwahl verwendet werden. Und hier tritt die Bedeutung des Prinzips hervor, das die Divergenz des Charakters darbietet; ... Wenn nun in unserem Schema eine der punktierten Linien eine der waagerechten Linien erreicht und dort mit einem kleinen numerierten Buchstaben bezeichnet erscheint, so wird angenommen, daß darin eine Summe von Abänderungen gehäuft sei, ausreichend zur Bildung einer recht gut ausgeprägten Varietät, wie sie in die Systematik aufgenommen zu werden verdient.
Die Zwischenräume zwischen je zwei waagerechten Linien des Schemas mögen je 1000 oder noch mehr Generationen entsprechen. Nach 1000 Generationen hätte die Art *A* zwei ziemlich gut ausgeprägte Varietäten a^1 und m^1 hervorgebracht. Diese zwei Varietäten werden im allgemeinen denselben Bedingungen ausgesetzt sein, die ihre Stammeltern zur Abänderung veranlaßten, und das Streben nach Abänderung an sich ist erblich. ... So können wir den Vorgang für eine beliebig lange Zeit von Stufe zu Stufe fortführen. ... In unserem Schema ist der Vorgang bis zur 10000. Generation und in einer gedrängteren und vereinfachten Weise bis zur 14000. Generation dargestellt. Doch muß ich hier bemerken, daß ich nicht annehme, daß der Prozeß jemals so regelmäßig und beständig verläuft, wie er im Schema dargestellt ist ...; es ist viel wahrscheinlicher, daß eine jede Form lange Zeit unverändert bleibt und dann wieder einer Modifizierung unterliegt.«

Chance haben, zu überleben und ihre neue und leicht abweichende Struktur zu vererben, die wiederum durch die akkumulative Wirkung der natürlichen Zuchtwahl allmählich verstärkt wird. Die so gebildete Varietät wird entweder mit der elterlichen Form koexistieren oder, gewöhnlicher, dieselbe vernichten. Ein organisches Wesen wie der Specht oder die Mistel kann auf diese Weise einer Vielzahl von Verhältnissen angepaßt werden – indem die natürliche Zuchtwahl jene leichten Abweichungen in allen Teilen seiner Struktur, die ihm auf irgendeine Weise zu irgendeiner Lebenszeit nützlich sind, anhäuft.

V. In bezug auf diese Theorie werden jedem vielfältige Schwierigkeiten aufstoßen. Viele können, glaube ich, zufriedenstellend beseitigt werden. Natura non facit saltum [die Natur macht keine Sprünge] *beseitigt einige der augenfälligsten. Die Langsamkeit der Veränderung und die Tatsache, daß nur sehr wenige Individuen zu gleicher Zeit einer Veränderung unterworfen sind, beseitigen andere. Die äußerste Unvollkommenheit unserer geologischen Belege beseitigt noch andere.*

VI. Ein weiteres Prinzip, das das Prinzip der Divergenz genannt werden kann, spielt, glaube ich, bei der Entstehung der Arten eine wichtige Rolle. Derselbe Platz wird mehr Leben beherbergen können, wenn er von sehr verschiedenartigen Formen bewohnt wird. Wir sehen dies bei den vielen generischen Formen auf einem Stück Rasen von der Größe eines Quadratyards (ich habe zwanzig Arten gezählt, die achtzehn Gattungen angehören) oder bei den Pflanzen und Insekten auf irgendeinem kleinen gleichförmigen Eiland, die fast immer zu ebenso vielen Gattungen und Familien wie Arten gehören. Wir können dies bei den höheren Tieren einsehen, deren Gewohnheiten wir am besten verstehen. Wir wissen, daß experimentell gezeigt worden ist, daß ein Stück Land mehr abwirft, wenn es mit mehreren Grasarten und nicht nur mit zwei oder drei besät ist. Man kann nun sagen, daß jedes organische Wesen, indem es sich rapide vermehrt, mit aller Macht dahin strebt, seine Individuenzahl zu steigern. So wird es mit den Abkömmlingen einer jeden Art der Fall sein, nachdem sie sich in Varietäten oder Unterarten oder echte Arten gespalten hat. Und es folgt, glaube ich, aus den vorstehenden Tatsachen, daß der variierende Abkömmling jeder Art versuchen wird (nur wenigen wird es gelingen), sich im Haushalt der Natur auf so vielen und so verschiedenen Plätzen wie nur möglich festzusetzen. Jede neue Varietät oder Art wird, wenn sie einmal gebildet ist, gewöhnlich den Platz ihrer weniger gut angepaßten Eltern einnehmen und dieselben auf diese Weise vernichten. Das ist, glaube ich, der Ursprung der Klassifikation und der Verwandtschaften aller organischen Wesen zu allen Zeiten. Diese scheinen *sich wieder und wieder zu verzweigen wie die Äste eines*

Ernst Haeckel, Darwins erster und entschiedenster Fürsprecher in Deutschland. Photographie von Perscheid, 1904. Haeckels weltanschaulichen Verstiegenheiten, die ihn in seinen späteren Lebensjahren zu einer sehr umstrittenen Figur im deutschen Geistesleben machten, dürfen nicht darüber hinwegtäuschen, daß er ein ernstzunehmender Naturforscher war, der auf vielen Gebieten der Biologie Bedeutendes geleistet hat.

Baumes vom Hauptstamm aus; die gut gedeihenden Zweige zerstören die weniger kräftigen – die toten und abgefallenen Zweige stellen, grob gesprochen, ausgestorbene Gattungen und Familien dar.

Diese Skizze ist höchst *unvollkommen; aber auf einem so knappen Raum kann ich sie nicht besser geben. Ihre Phantasie muß große Lücken ausfüllen.«*

Ernst Haeckel

* 16. Februar 1834 Potsdam; † 9. August 1919 Jena

Der als Wissenschaftler, Schriftsteller und Künstler gleichermaßen begabte Haeckel studierte Medizin, wurde 1854 Assistent bei dem berühmten Pathologen und Anthropologen Rudolf Virchow (1821–1902) und habilitierte sich 1861 an der medizinischen Fakultät der Universität Jena, wo er sich jedoch bis zu seiner Emeritierung 1909 fast ausschließlich der Zoologie widmete – und der Propagierung und Weiterentwicklung der Evolutionslehre Darwins. Hier interessiert natürlich vor allem der zweite Apsekt seines Wirkens, weniger seine eigenständigen Forschungsarbeiten, die in bedeutenden monographischen Werken über Radiolarien (Strahlentierchen), Kalkschwämme, Korallen, Medusen usw. ihren Niederschlag gefunden haben.

Nach der Lektüre der deutschen Übersetzung von

Teils bewundernd, teils skeptisch zurückhaltend äußerte sich Darwin in seinem Brief vom 19. November 1868 an Haeckel:
»Ich habe gerade ziemlich viel in Ihrem letzten Buch [Natürliche Schöpfungsgeschichte, 1868] gelesen, und der Stil erscheint mir wunderbar klar und leicht. ... Ich habe den ersten Teil noch nicht gelesen, sondern mit dem Kapitel über Lyell und mich angefangen, das mir, wie Sie sich leicht vorstellen können, sehr gut gefallen hat. ... Ihre Kapitel über die Verwandtschaftsbeziehungen und die Genealogie des Tierreichs empfinde ich als bewunderungswürdig und voll origineller Ideen. Ihre Kühnheit läßt mich allerdings zuweilen erzittern, aber wie Huxley bemerkte, muß irgend jemand kühn genug sein und damit anfangen, Stammbäume zu entwerfen. Obgleich Sie die Unvollständigkeit des geologischen Belegmaterials unumwunden zugeben, stimmte doch Huxley mit mir darin überein, daß Sie manchmal etwas voreilig zu behaupten wagen, in welchen Epochen die einzelnen Gruppen erstmals aufgetreten sind.«

Origin of Species bekannte sich der junge Privatdozent Haeckel spontan zu der neuen Lehre, über die er schon im Wintersemester 1862/63 als erster deutscher Wissenschaftler ein Kolleg hielt. Am 19. September 1863 sprach er vor der 38. Versammlung deutscher Naturforscher und Ärzte in Stettin zum selben Thema: »Über die Entwicklungstheorie Darwins«. Zu Beginn dieses aufsehenerregenden Vortrags faßte er die Ansichten Darwins knapp und zutreffend zusammen: »*Alle verschiedenen Tiere und Pflanzen, die heute noch leben, sowie alle Organismen, die überhaupt jemals auf der Erde gelebt haben, sind nicht, wie wir anzunehmen von früher Jugend gewohnt sind, jeder für sich selbständig erschaffen worden, sondern haben sich trotz ihrer außerordentlichen Mannigfaltigkeit und Verschiedenheit im Laufe vieler Millionen Jahre aus einigen wenigen, vielleicht sogar aus einer einzigen Stammform, einem höchst einfachen Urorganismus, allmählich entwickelt.*«

Doch im gleichen Atemzug ging Haeckel noch weiter, weit über Darwin hinaus: »*Was uns Menschen selbst betrifft, so hätten wir also konsequenterweise, als die höchstorganisierten Wirbeltiere, unsere uralten gemeinsamen Vorfahren in affenähnlichen Säugetieren, weiterhin in känguruhartigen Beuteltieren, noch weiter hinauf in der sogenannten Sekundärperiode in eidechsenartigen Reptilien, und endlich in noch früherer Zeit, in der Primärperiode, in niedrig organisierten Fischen zu suchen.*«

Die hier schon kühn vorgenommene Einbeziehung des Menschen in das Evolutionsgeschehen, die Haeckel bis zu seinem Tode mit missionarischem Eifer verfocht und durch embryologische und vergleichend anatomische Untersuchungen untermauerte, ist charakteristisch für den radikal atheistischen und fortschrittsgläubigen Aufklärer Haeckel, war jedoch nicht ganz nach dem Geschmack des behutsamen, skeptischen Darwin, der erst 1871 in → *The Descent of Man* ähnliche Gedanken auszusprechen wagte, und auch dann noch in weitaus zurückhaltenderer Form. Darwin war die forsche Art seines jungen deutschen Mitstreiters, auf den er bereits im März 1863 aufmerksam wurde, offensichtlich stets ein wenig unheimlich. Das zeigt sich auf fast rührende Weise in seinem Brief an Haeckel vom 21. Mai 1867, in dem sich Anerkennung, Freundschaftsbezeigungen und Mahnungen zur Vorsicht mischen: »*Lieber Haeckel, Ihr Brief vom 18. hat mir großes Vergnügen bereitet, denn Sie haben das, was ich gesagt habe, aufs freundlichste und herzlichste aufgenommen. Zum Teil haben Sie meine Worte viel stärker aufgefaßt, als ich sie gemeint hatte. Es ist mir nie auch nur einen Augenblick lang ein Zweifel gekommen, daß Ihr Werk* [Generelle Morphologie der Organismen, 1866], *in dem das ganze Thema so bewundernswert und*

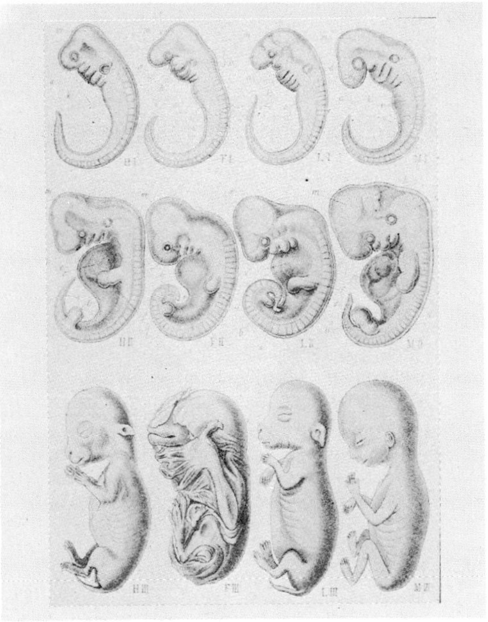

Embryonenbilder aus Haeckels Anthropogenie *(1874): Schwein, Rind, Kaninchen und Mensch auf drei Entwicklungsstufen. Daß sich die Embryonen der verschiedenen Arten im frühen Stadium (obere Reihe) weitgehend gleichen und erst später (untere Reihe) ihre Identität enthüllen, war für Haeckel ein Beweis für das »biogenetische Grundgesetz«, demzufolge die Embryonalentwicklung eine verkürzte Wiederholung der Stammesentwicklung sein soll.*

Haeckels Entwurf für einen »Stammbaum« der menschlichen Evolution, bei dem er damals, 1868, aus Mangel an fossilen Belegen noch weitgehend auf Spekulationen angewiesen war. Der vorsichtige Darwin war leicht entsetzt über solche »Kühnheit«, doch er meinte auch, irgend jemand müsse schließlich »damit anfangen, Stammbäume zu entwerfen«.

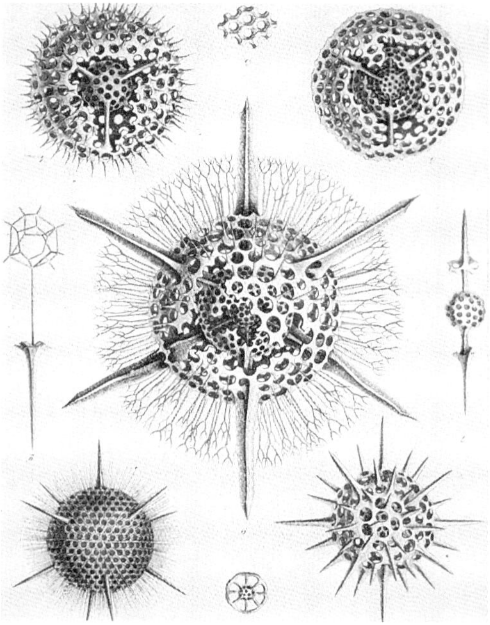

Ernst Haeckel war begeistert von den »Kunstformen der Natur«, die er mit Stift und Pinsel meisterhaft wiederzugeben verstand, wie diese Tafel aus seiner Radiolarien-Monographie von 1862 bezeugt.

klar abgehandelt und zudem durch so viele neue Fakten und Argumente abgestützt wird, unsere gemeinsame Sache im höchsten Maße fördern würde. Ich meine nur, daß Sie Ärger erregen werden und daß Ärger einen jeden dermaßen blind macht, daß Ihre Argumente keine Chance hätten, diejenigen zu beeinflussen, welche bereits gegen unsere Ansichten eingestellt sind. Überdies gefällt es mir gar nicht, daß Sie, für den ich so freundschaftliche Gefühle hege, sich unnötigerweise Feinde machen; es gibt schon genug Leid und Verdruß in der Welt, daß man nicht noch mehr schaffen sollte. Doch ich wiederhole, ich bezweifle nicht, daß Ihr Werk unserem Thema sehr förderlich sein wird, und ich wünsche von Herzen, es könnte ins Englische übersetzt werden, um meiner selbst und anderer willen. Was Ihre Bemerkung angeht, ich würde die Einwände gegen meine eigenen Anschauungen zu stark betonen, so meinen auch einige meiner englischen Freunde, daß ich in diesem Punkt einen Fehler beginge; aber die Wahrheit zwang mich, das zu schreiben, was ich geschrieben habe, und ich neige zu der Auffassung, daß dies eine gute Einstellung war.«

Trotz aller Unterschiede des Temperaments und der wissenschaftlichen Grundhaltung blieben Darwin und Haeckel bis zuletzt gute Freunde. Sie tauschten in ihren Briefen nicht nur wissenschaftliche, sondern auch – was bei Darwin eine Seltenheit ist – private Informationen

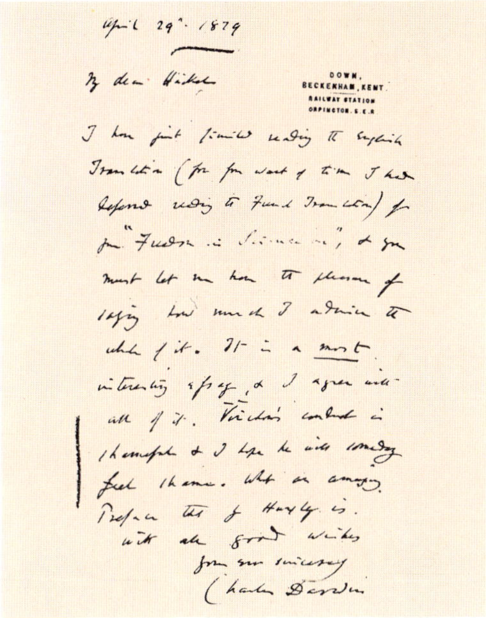
April 29th. 1879

DOWN,
BECKENHAM, KENT.
RAILWAY STATION
ORPINGTON. S.E.R.

My dear Häckel

I have just finished reading the English Translation (for from want of time I had deferred reading the French Translation) of your "Freedom in Science", & you must let me have the pleasure of saying how much I admire the whole of it. It is a most interesting essay, & I agree with all of it. Virchow's conduct is shameful & I hope he will someday feel ashamed. What an amazing Preface that of Huxley is.

With all good wishes
yours sincerely
Charles Darwin

Brief Darwins vom 29. April 1879 an Ernst Haeckel. Er äußert sich hier zustimmend und bewundernd über Haeckels Abhandlung Freie Wissenschaft und freie Lehre *(1878), die er soeben in englischer Übersetzung gelesen hatte.*

aus, und Haeckel hat seinen Lehrmeister insgesamt dreimal, in den Jahren 1866, 1876 und 1879 im Down House besucht.

Darwin hat Haeckel viele Anregungen zu verdanken, die er freilich zumeist mit der ihm eigenen Reserviertheit aufnahm. In seiner *Autobiographie* kommt der Name Haeckel nur einmal vor, aber an dieser Stelle verweist Darwin auf einen wichtigen Forschungsbeitrag Haeckels und → *Fritz Müllers* zur Evolutionstheorie, auf das von den beiden entdeckte »biogenetische Grundgesetz«, nach dem die Individualentwicklung des Embryos (Ontogenese) eine gedrängte und verkürzte Wiederholung der Stammesentwicklung (Phylogenese) darstellt. »*Kaum ein anderer Punkt hat mir*«, schreibt Darwin, »*bei der Arbeit an der ›Entstehung der Arten‹ so viel Befriedigung verschafft wie die Erklärung des in vielen Klassen bestehenden großen Unterschieds zwischen dem Embryo und dem ausgewachsenen Tier und der starken Ähnlichkeit der Embryonen innerhalb derselben Klasse. Soviel ich mich erinnere, hat dieser Punkt in den frühen Besprechungen der ›Entstehung der Arten‹ keine Beachtung gefunden. ... In den letzten Jahren haben mehrere Kritiker alle Verdienste um diese Idee Fritz Müller und Haeckel zugeschrieben, die sie ohne Zweifel viel ausführlicher und in mancher Hinsicht korrekter als ich dargelegt haben.*«

Der Theologe und Botanikprofessor John Stevens Henslow im Jahre 1849. Er hatte einen prägenden Einfluß auf den angehenden Naturforscher Darwin und schlug ihn für den Posten des Naturforschers an Bord der »Beagle« vor. Nach dem Porträt von T. H. Maguire.

John Stevens Henslow

* 6. Februar 1796 Rochester; † 16. Mai 1861 Hitcham

John S. Henslow, der in → *Cambridge* Darwins Lehrer und väterlicher Freund wurde, war Theologe und anglikanischer Geistlicher, zugleich aber ein bedeutender Naturwissenschaftler auf dem Fachgebiet der Mineralogie und insbesondere der Botanik. 1827 erhielt er den Lehrstuhl für Botanik an der Universität Cambridge, den er bis zu seinem Tode innehatte, obwohl er seit 1839 als Gemeindepfarrer von Hitcham in Suffolk meist auf dem Lande lebte.

Der Theologiestudent Darwin lernte Professor Henslow in dessen Eigenschaft als Botaniklehrer kennen. »*Ich besuchte*«, so erinnert er sich in seiner *Autobiographie*, »*Henslows botanische Vorlesungen, die mir wegen ihrer außergewöhnlichen Klarheit und der bewundernswerten Illustrationen sehr gefielen, doch ich studierte nicht Botanik.*« Darwin nahm an den naturkundlichen Exkursionen teil, die Henslow mit seinen Schülern durchführte, und gehörte bald zu dessen engerem Kreis. Henslow »*hielt einmal jede Woche offenes Haus, wo sich alle Studenten und mehrere ältere Mitglieder der Universität, die sich für Naturwissenschaft interessierten, abends einzufinden pflegten. Ich erhielt schon bald durch* [→ William Darwin] *Fox eine Einladung und ging regelmäßig hin. Nach kurzer Zeit wurde ich mit Henslow*

In seinem berühmt gewordenen Brief vom 24. August 1831, der Darwins Leben eine so entscheidende Wende geben sollte, teilte Henslow seinem ehemaligen Schüler unter anderem mit:

»Ich habe erklärt, daß ich Sie für die bestqualifizierte Person halte, die ich kenne und die geneigt ist, eine solche Stelle anzunehmen. Ich erkläre dies nicht in der Annahme, daß Sie ein fertiger Naturforscher wären, sondern weil Sie reichlich qualifiziert sind zum Sammeln, Beobachten und Aufzeichnen all dessen, was im Bereich der Naturgeschichte aufzeichnenswert ist. . . . Bringen Sie nicht irgendwelche bescheidene Bedenken oder Befürchtungen wegen Ihrer mangelnden Eignung vor, denn ich versichere Ihnen, ich meine, daß Sie genau der Mann sind, den sie suchen; so betrachten Sie sich auf die Schulter geklopft von Ihrem Büttel und herzlich ergebenen Freund J. S. Henslow.«

gut bekannt, und in der zweiten Hälfte meiner Cambridger Zeit unternahm ich an den meisten Tagen lange Spaziergänge mit ihm, so daß ich von einigen Dozenten ›der Mann, der mit Henslow spazierengeht‹ genannt wurde; und des Abends war ich sehr oft zum Essen in seiner Familie eingeladen. Er besaß großes Wissen auf dem Gebiet der Botanik, Entomologie, Chemie, Mineralogie und Geologie. Seine größte Stärke war es, Schlußfolgerungen aus langfristigen minuziösen Beobachtungen zu ziehen. ... Er war tief religiös und so orthodox, daß er mir eines Tages erklärte, es würde ihn schmerzen, wenn auch nur ein einziges Wort der Neununddreißig Artikel [Glaubensartikel der Anglikanischen Kirche] *geändert werden sollte. Seine moralischen Eigenschaften waren in jeder Hinsicht bewundernswürdig.«*

An einer anderen Stelle seiner *Autobiographie* versichert Darwin, daß kein Umstand seine Laufbahn stärker beeinflußt habe als seine Freundschaft mit Professor Henslow. Dieser leitete seinen jüngeren Freund zum exakten Beobachten und systematischen naturwissenschaftlichen Arbeiten an, und er schlug Darwin auch für den Posten eines Naturforschers vor, der an Bord der → *Beagle* zu besetzen war.

Obwohl sich der unbeirrbar kirchenfromme Henslow mit dem Langzeitergebnis der von ihm initiierten Reise, der Evolutionstheorie, nie völlig abfinden konnte, blieb

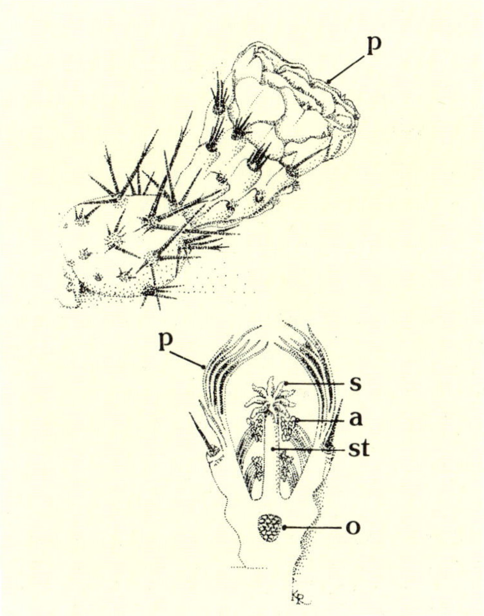

Opuntia darwini. *Mit dieser Opuntienart, die Henslow nach seinem jungen Freund benannte, führte Darwin sein erstes botanisches Experiment durch: Er simulierte mit einem Strohhalm die Berührung durch ein bestäubendes Insekt.*

Oben: *Der Astronom John Herschel, dessen Einführung in das Studium der Naturphilosophie den jungen Darwin nachhaltig beeindruckte.*

er Darwin bis zu seinem Tode menschlich verbunden. Sein Streben nach Objektivität und einer unvoreingenommenen Beurteilung der Darwinschen Ansichten wurde im Jahre 1860 deutlich, als er die → *Oxforder Sitzung der British Association* als Präsident in ungemein fairer Weise leitete.

John Herschel

* 7. März 1792 Slough; † 11. Mai 1871 Collingwood

Sir (seit 1831) John, der Sohn des 1765 nach England übersiedelten deutschen Astronomen Sir (seit 1816) Friedrich Wilhelm Herschel (1738–1822), setzte die Forschungsarbeit seines Vaters nahtlos fort. Er publizierte eine Fülle astronomischer und naturphilosophischer Werke, u. a. eine Darstellung der bis dahin bekannten Sternhaufen und Nebel und die erste systematische Beschreibung des südlichen Sternenhimmels. Darwin, der für Herschels zurückhaltende Persönlichkeit und wissenschaftliche Gesinnung zeitlebens eine große Hochachtung empfand, las als Student in Cambridge 1831 dessen Einführung in das Studium der Naturphilosophie; diese Lektüre weckte in ihm *»ein glühendes Verlangen, einen . . . Beitrag zum erhabenen Gebäude der Naturwissenschaft zu leisten«* (*Autobiographie*).

Joseph Dalton Hooker, einer der bedeutendsten Botaniker des 19. Jh.s und ein unerschütterlicher Freund und wissenschaftlicher Weggefährte Darwins.

Wenig später, auf der Heimkehr von seiner Weltreise im Jahr 1836, lernte Darwin den berühmten Astronomen persönlich in Kapstadt kennen, wo Herschel sich mehrere Jahre zur Erforschung des Südhimmels aufhielt. Die Bekanntschaft wurde erneuert in London, wo Darwin mehrmals mit Herschel zusammentraf. »*Er sprach nie sehr viel*«, vermerkt er in seiner *Autobiographie*, »*doch jedes Wort, das er äußerte, war hörenswert.*« Es bedeutete für Darwin eine herbe Enttäuschung, daß ausgerechnet dieser verehrte, integre Gelehrte die Evolutionstheorie mit großem Vorbehalt aufnahm und bis zum Schluß skeptisch blieb. Schon am 12. Dezember 1859 beklagte sich Darwin in einem Brief an Lyell: »*Ich habe auf Umwegen gehört, daß Herschel meint, mein Buch ›ist das Gesetzbuch für Kraut und Rüben‹. Was das genau bedeuten soll, weiß ich nicht, aber es klingt offensichtlich sehr verächtlich. Wenn es zutrifft, ist es ein derber Schlag und eine große Entmutigung.*«

Gegenüberliegende Seite:

Zur Erforschung des südlichen Sternenhimmels baute John Herschel 1834 dieses große Spiegelteleskop am Fuße des Tafelberges bei Kapstadt. Dort lernte Darwin den bewunderten Astronomen persönlich kennen, als die »Beagle« auf ihrer Heimreise im Juni 1836 am Kap der Guten Hoffnung vor Anker lag.

Joseph Dalton Hooker

* 30. Juni 1817 Halesworth; † 10. Dezember 1911 Sunningdale

Durch seinen Vater Sir William Hooker (1785–1865), der seit 1820 als Botanikprofessor in Glasgow lehrte und 1841 Direktor von Kew Gardens (Botanischer Gar-

Rechts: *Eine romantisierende Darstellung des Botanikers Joseph Dalton Hooker, der die Pflanzenwelt des Himalaja erforscht. Zeichnung nach F. Stone von W. Walker. Hooker unternahm 1847–1851 eine große Expedition in Indien und in der Himalaja-Region.*

Unten: Calceolaria darwini, *eine Pantoffelblumenart, die Darwin in Patagonien entdeckte und Hooker in seiner* Flora Antarctica *abbildete.*

ten in London) wurde, war Joseph Hooker zum Naturwissenschaftler vorbestimmt. Er schloß zunächst ein medizinisches Studium ab, widmete sich dann aber ganz der Botanik, speziell der Pflanzengeographie.

Wie sein Freund Darwin, den er 1843 näher kennenlernte, begann Hooker seine Karriere mit einer großen Reise: Von 1839 bis 1843 begleitete er den berühmten Entdecker James Clark Ross (1800–1862) als jugendlicher Naturforscher auf dessen Südpolarexpedition. Den wissenschaftlichen Ertrag dieser Reise dokumentierte er in einer sechsbändigen Flora der Antarktis, Tasmaniens und Neuseelands. Weitere Forschungsreisen führten Hooker nach Indien, Europa, Libanon, Nordafrika und Nordamerika. 1855 wurde er stellvertretender Direktor und 1865, nach dem Tod seines Vaters, Direktor von Kew Gardens. Für seine wissenschaftlichen Verdienste erhielt er den Adelstitel und zahlreiche hohe Auszeichnungen.

Hooker war der erste Wissenschaftler, den Darwin in seine evolutionstheoretischen Pläne einweihte und dem er seinen → *Essay von 1844* sofort nach der Entstehung zu lesen gab. Die vertrauensvolle freundschaftliche Zusammenarbeit mit Hooker erwies sich für Darwin als höchst fruchtbar und vorteilhaft. In den nächsten eineinhalb Jahrzehnten, bis zum Abschluß von *Origin of Species*, korrespondierten die beiden gleichgesinnten

Forscher ständig miteinander und erörterten dabei unzählige Einzelfragen, auf deren zuverlässige Beantwortung Darwin für die Absicherung seiner Theorie nicht verzichten konnte. Wie sehr Darwin auf das Urteil seines Freundes angewiesen war, geht aus einem Brief hervor, den er ihm 1862 schrieb: »*Seit Jahren betrachte ich Sie als den Mann, dessen Meinung zu jedem beliebigen wissenschaftlichen Problem ich mehr schätze als die Meinung aller Menschen auf der Welt.*«

Hooker war es auch, der zusammen mit → *Charles Lyell* dafür sorgte, daß Darwin 1858 einen Abriß seiner Evolutionstheorie im Rahmen der Linnean Society veröffentlichte und unverzüglich sein Hauptwerk fertigstellte, das dann ein Jahr später erschien.

Die Freundschaft und der wissenschaftliche Gedankenaustausch zwischen den beiden Männern endeten erst mit Darwins Tod, und Hooker gehörte zu den zehn hochgestellten Persönlichkeiten, die bei Darwins → *Beisetzung* in der Westminster Abbey das Leichentuch hielten.

Alexander von Humboldt

* 14. September 1769 Berlin; † 6. Mai 1859 Berlin

Der große deutsche Naturforscher und Polyhistor, der auf fast allen Gebieten der Naturgeschichte Hervorragendes geleistet hat und spätestens nach seiner überaus ertragreichen Südamerikaexpedition (1799–1804) zu einer europäischen Berühmtheit geworden war, hat auch in Darwins Leben deutliche Spuren hinterlassen. Schon als Student in → *Cambridge* las Darwin mit Begeisterung Humboldts *Personal Narrative of Travels*, einen 1818/19 in London erschienenen dreibändigen Auszug aus dessen insgesamt dreißig Bände umfassenden Expeditionsbericht. Diese Lektüre erweckte in Darwin das unwiderstehliche Verlangen, sich wie Humboldt als Entdeckungsreisender und Naturforscher zu betätigen. Er schrieb lange Passagen aus dem Werk ab, die er seinen Freunden vorlas, und plante ernsthaft eine Reise nach Teneriffa, weil es ihm Humboldts Schilderung dieser Insel besonders angetan hatte. Er erkundigte sich sogar schon in London nach Schiffspassagen; »*doch das Vorhaben wurde natürlich durch die Reise der ›Beagle‹ über den Haufen geworfen*« (*Autobiographie*). Humboldts *Personal Narrative* gehörte dann auch zu den wenigen Büchern, die Darwin auf seine Weltreise mitnahm und unterwegs immer wieder studierte.

Wie sehr sich Darwin dem Reisebericht Humboldts verpflichtet fühlte, erhellt eine kurze Passage auf den letzten Seiten seines eigenen Reiseberichts *A Naturalist's Voyage*: »*Da die Kraft der Eindrücke allgemein von vorgefaßten Ideen abhängt, möchte ich hinzufügen, daß die meinen den lebendigen Schilderungen in Humboldts*

In einem seiner letzten Briefe an Joseph Dalton Hooker (vom 6. August 1881) schreibt Darwin über Humboldt:
»Ich glaube, Sie haben völlig recht, wenn Sie Humboldt den größten wissenschaftlichen Forschungsreisenden nennen, der je gelebt hat. Ich habe kürzlich wieder einmal zwei oder drei Bände von ihm gelesen. Seine Geologie ist wunderliches Zeug; aber das zeigt nur, daß er nicht seiner Zeit voraus war. Ich möchte sagen, er war wunderbar, mehr wegen seines Strebens nach Allwissenheit als wegen seiner Originalität. Ob nun seine Stellung als Wissenschaftler so hervorragend ist oder nicht, wie wir meinen, Sie können ihn zu Recht den Vater einer großartigen Nachkommenschaft von Forschungsreisenden nennen, die zusammengenommen viel für die Wissenschaft getan haben.«

Alexander von Humboldt, den Darwin zeitlebens aus einer gewissen kritischen Distanz bewunderte, in seinem Arbeitszimmer in Berlin. Aquarell von Eduard Hildebrandt, 1856.

Personal Narrative *entnommen wurden, das an Verdienst bei weitem alles übertrifft, was ich gelesen habe.«* Es läßt sich in der Tat nachweisen, daß der Reiseschriftsteller Darwin seinen großen Lehrmeister Humboldt als stilprägendes Vorbild empfand.

Nach seiner Rückkehr hatte Darwin Gelegenheit, den betagten Humboldt in London auch persönlich kennenzulernen. Die Begegnung muß allerdings etwas enttäuschend verlaufen sein, denn in der *Autobiographie* wird sie mit drei kargen Sätzen abgetan: »*Einmal traf ich beim Frühstück in Sir R. Murchisons Haus den berühmten Humboldt, der mir die Ehre erwies, den Wunsch zu äußern, mich zu sehen. Ich war ein wenig enttäuscht von dem großen Mann, aber wahrscheinlich waren meine Erwartungen zu hoch gewesen. Was unsere Unterhaltung angeht, so kann ich mich an nichts mehr deutlich erinnern, außer daß Humboldt sehr aufgeräumt war und viel redete.*« Aus dieser Bemerkung geht indirekt hervor, daß Humboldt bereits Darwins Reisetagebuch gelesen und positiv aufgenommen hatte, was sich im übrigen durch einen Brief vom 7. Juni 1844 belegen läßt, in dem er einer englischen Bekannten versichert, Darwin habe die Aufgabe, die er, Humboldt, begonnen habe, weit erfolgreicher bewältigt als er selber und sein Tagebuch enthalte »*bewundernswerte Beschreibungen der tropischen Natur*«.

»Die Schlammvulkane bei Turbaco in Kolumbien«, aus Humboldts Werk Vues des Cordillières.

In einem Brief vom 10. Februar 1845 an seinen Freund Hooker, der damals in Deutschland weilte, kam Darwin noch einmal auf die wenig ersprießliche Begegnung mit Humboldt zurück: *»Es tut mir leid zu hören, daß Humboldt altersschwach wird; man kann sich des Gefühls nicht erwehren, wenn auch zu Unrecht, daß ein solches Ende demütigend ist: selbst als ich ihn sah, redete er ganz unvernünftig drauflos. Wenn Sie ihn wiedersehen, bestellen Sie ihm meine ehrerbietigsten und freundlichsten Grüße, und sagen Sie ihm, ich würde nie vergessen, daß der Verlauf meines ganzen Lebens dadurch bestimmt wurde, daß ich als junger Mann sein* Personal Narrative *gelesen und immer wieder gelesen habe.«*

Bis zum Schluß empfand Darwin eine fast uneingeschränkte Hochachtung für Humboldt, obwohl sich dieser nie zur Evolutionslehre bekehrte.

Thomas Henry Huxley

* 4. Mai 1825 Ealing bei London; † 29. Juni 1895 Eastbourne

In Darwins Lebensgeschichte wie in der Geschichte des Darwinismus nimmt T. H. Huxley eine Schlüsselstellung ein. Er zählte zu den engsten Freunden Darwins und begleitete dessen wissenschaftliche Arbeit als getreuer, wenngleich stets kritischer Weggefährte.

Thomas Henry Huxley, der wegen seines unerschrockenen Eintretens für die Evolutionslehre als »Darwins Bulldogge« bezeichnet wurde. Gemälde von John Collier, 1883.

Huxley entstammte einfachen Verhältnissen – sein Vater war zunächst Lehrer in Ealing, dann Sparkassenangestellter in Coventry – und verdankte seine glänzende wissenschaftliche Karriere allein seiner Zielstrebigkeit und überragenden Intelligenz. So wurde er zum Begründer der intellektuellen Familientradition: Der Schriftsteller Aldous Huxley (1894–1963) und der bedeutende Biologe Sir Julian Huxley (1887–1975) waren seine Enkel.

Huxley studierte Medizin, wurde Arzt in der englischen Marine und machte von 1846 bis 1850 als Schiffsarzt die Weltreise des Forschungsschiffs »Rattlesnake« mit, das vor allem in australischen Gewässern operierte. Während dieser Expedition wurde er – eine frappierende Parallele zu Darwins Jugendentwicklung – zum Naturforscher, der sich intensiv mit den niederen Tieren des Meeres (Nesseltiere, Seescheiden, Würmer usw.) befaßte. Seine stilistisch wie inhaltlich bedeutenden Arbeiten zur vergleichenden Anatomie und Morphologie der Tiere erregten großes Aufsehen in der wissenschaftlichen Welt und trugen ihm 1854 die Berufung an die Royal School of Mines in London ein. Huxley war ein hervorragender akademischer Lehrer, der nicht nur seine Studenten, sondern auch das Laienpublikum, das er in seine Vorlesungsprogramme einbezog, durch seine anschauliche und geistreiche Darstellung biologischer Probleme faszinierte. Daneben schrieb er eine Fülle von fachwissenschaftlichen Abhandlungen und Büchern, die fast alle sehr bald auch ins Deutsche übersetzt wurden und verfaßte außerdem zahlreiche Essays zu allgemeinen naturkundlichen, philosophischen, religiösen, pädagogischen und sozialen Themen.

Die Freundschaft zwischen Huxley und Darwin geht auf das Jahr 1854 zurück. Nach der Veröffentlichung von *Origin of Species* (1859) sah Huxley jahrelang seine Hauptaufgabe darin, die neue Lehre seines Freundes, zu der er sich als einer der ersten bekannte, öffentlich zu verteidigen und durch eigene wissenschaftliche Beiträge zu untermauern und zu ergänzen. Letzteres geschah insbesondere durch sein Buch *Zoological Evidences as to Man's Place in Nature* (Zoologische Beweise für die Stellung des Menschen in der Natur), das 1863 erschien und lange vor Darwins → *The Descent of Man* den Menschen in das Evolutionsgeschehen einbettete. An der Frage der menschlichen Evolution entzündete sich auch die einzige größere Meinungsverschiedenheit zwischen den beiden Forschern: Huxley vertrat hier radikalere Ansichten als der eher zögernde Darwin.

Daß Darwin in dem 16 Jahre jüngeren Huxley einen so brillanten Anwalt seiner Ideen fand, ist ein Glücksfall der Wissenschaftsgeschichte, die sonst wahrscheinlich anders verlaufen wäre. Seitdem Huxley auf der → *Oxforder Sitzung der British Association* am 30. Juni 1860 den ersten großen Sieg für seinen Freund erfochten hatte, kämpfte er an allen wissenschaftlichen Fronten mit solcher Sachkunde, Ironie und Schärfe für das neue biologische Weltbild, daß er schon bald als »Darwins Bulldogge« bezeichnet wurde. Dabei ist ein größerer Gegensatz als der zwischen den beiden Freunden kaum denkbar, nicht nur bezüglich des Alters, sondern auch im Charakter und Temperament: Während sich der verschlossene, selbstzweiflerische und öffentlichkeitsscheue Darwin im Down House einigelte, liebte der wortgewandte und angriffslustige Huxley die öffentliche Auseinandersetzung und die schneidende Polemik, mit der er seine Gegner bekämpfte.

Darwin wußte, was er an seinem Freund hatte und was dieser ihm voraushatte. In seiner *Autobiographie* äußert er sich über Huxley: »*Sein Verstand ist so schnell wie ein Blitz und so scharf wie ein Rasiermesser. Er ist der beste Redner, den ich kennengelernt habe. Er schreibt und sagt nie etwas Banales. Aufgrund seiner Gespräche würde niemand vermuten, daß er seine Gegner so gründlich in Stücke schneiden könnte, wie er es vermag und auch tut. Er ist mir ein höchst liebenswerter Freund und würde für mich jederzeit jede Unannehmlichkeit auf sich nehmen. Er ist in England der Hauptverfechter des Prinzips der allmählichen Evolution der organischen Wesen.*«

Diese Karikatur von Thomas Henry Huxley erschien am 28. Januar 1871 in der Zeitschrift »Vanity Fair«. Rechts unten ist das Wort »Ape« (Affe) zu erkennen, das allerdings nur die Signatur des Zeichners ist.

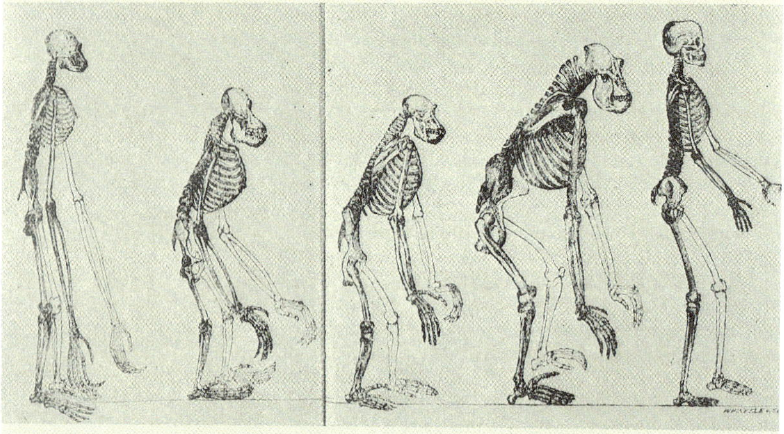

Die Skelettentwicklung vom Affen zum Menschen. Illustration aus Huxleys Werk Zoological Evidences as to Man's Place in Nature *(1863).*

Huxley hat wie kein anderer, ja im Grunde mehr als Darwin selbst, der Evolutionslehre zum Durchbruch verholfen. Das konnte er nach dem Tod seines Freundes befriedigt feststellen, am eindrucksvollsten in einem längeren Aufsatz über die Rezeption von *Origin of Species*, den er 1887 für → *Francis Darwins* Dokumentation *Life and Letters of Charles Darwin* verfaßte. Die einleitenden Abschnitte dieses Beitrags, der zugleich ein zutreffendes Fazit einer wissenschaftshistorisch bedeutsamen Epoche und eine Hommage an den Menschen und Forscher Charles Darwin darstellt, lauten wie folgt:

»Für die jetzige Generation, das will sagen für die Leute von einigen Jahren über oder unter dreißig, steht der Name Charles Darwin in einer Reihe mit denen von Isaac Newton und Michael Faraday und ruft gleich diesen das großartige Ideal eines Erforschers der Wahrheit und Deuters der Natur vor die Seele. Sie gedenken dessen, der ihn trug, als eines Mannes mit einer seltenen Kombination von Genie, Fleiß und unbeugsamer Wahrhaftigkeit, welcher sich seinen Platz unter den berühmtesten Männern seiner Zeit ganz und gar durch seine angeborne Kraft, und zwar in einem Sturm populärer Vorurteile und nicht ermuntert durch ein Zeichen der Gunst oder Anerkennung seitens der offiziellen Quellen der Ehre, errang, als eines Mannes, welcher trotz eines

hohen Grades von Empfänglichkeit für Lob und Tadel und ungeachtet der Provokationen, die jeden Ausbruch entschuldigt haben würde, sich doch frei von allem Neid, allem Haß und aller Bosheit hielt und die Unbilligkeit und Ungerechtigkeit, welche sich über ihn ergoß, nicht anders als billig und gerecht behandelte, während er bis an das Ende seiner Tage bereit war, mit Geduld und Achtung den unbedeutendsten von denen, welche verständige Einwendungen machten, zuzuhören.

Und was die Theorie des Ursprungs der Lebensformen, welche unseren Erdball bevölkern, betrifft, mit welcher der Name Darwins so eng verbunden ist wie der Name Newtons mit der Theorie der Gravitation, so scheint der Denkungsart der gegenwärtigen Generation nichts ferner zu liegen als irgendein Versuch, sie durch Lächerlichmachen zu unterdrücken oder durch Heftigkeit der Denunziationen zu vernichten. ›Kampf ums Dasein‹ und ›Natürliche Zuchtwahl‹ sind überall geläufige Worte und alltägliche Begriffe geworden. Die Wirklichkeit und die Bedeutung der natürlichen Vorgänge, auf welche Darwin seine Deduktionen gründet, werden nicht mehr bezweifelt als diejenigen des Wachstums und der Vermehrung; und mag auch die ihnen zugeschriebene Wirksamkeit vollständig anerkannt werden oder nicht, niemand bezweifelt ihre umfassende und weitreichende Bedeutung. Wo nur immer die biologischen Wissenschaften studiert werden, die ›Entstehung der Arten‹ erleuchtet den Pfad des Forschers; wo sie nur immer gelehrt werden, sie durchdringt den Gang des Unterrichts. Und nicht weniger tiefgreifend ist der Einfluß der Darwinschen Ideen auch jenseits der Gebiete der Biologie gewesen. Die älteste aller Philosophien, die der Entwicklung, war während des Jahrtausends theologischer Scholastik an Händen und Füßen gebunden und in die tiefste Dunkelheit verstoßen worden. Darwin goß aber neues Lebensblut in die alte Form; die Ketten zersprangen, und der wiederbelebte Gedanke des alten Griechenlands hat sich als ein angemessenerer Ausdruck der universalen Ordnung der Dinge herausgestellt als alle Systeme, welche siebzig spätere Generationen von Menschen mit Leichtgläubigkeit angenommen und im Aberglauben willkommen geheißen hatten.«

Thomas Henry Huxley war nicht nur der wortmächtigste Propagandist des öffentlichkeitsscheuen Darwin, sondern auch ein durchaus eigenständiger Naturwissenschaftler, der wesentliche Beiträge zur Evolutionsforschung leistete. Sein Hauptverdienst besteht darin, daß er die Entwicklungslehre auch auf den Menschen ausdehnte. Die Einbeziehung des Menschen in das Evolutionsgeschehen wurde für ihn zur wichtigsten Ausgabe, wie sein nachfolgender Ausspruch bezeugt:
»Die Frage aller Fragen für die Menschheit, das Problem, das allen anderen zugrunde liegt und das tiefer interessiert als irgendein anderes, ist die Bestimmung der Stellung, die der Mensch in der Natur einnimmt, und seine Beziehungen zu der Gesamtheit der Dinge.«

Leonard Jenyns

* 25. Mai 1800 London; † 1. September 1893 Bath

Jenyns, der 1871 den Namen Blomefield annahm, lebte seit 1828 als anglikanischer Geistlicher in der Nähe von Cambridge und zog sich 1860 endgültig nach Bath zurück, wo er zu einer stadtbekannten Persönlichkeit wurde. Sein Hauptinteresse neben seinem geistlichen Beruf galt der Zoologie und der Botanik, zwei Gebiete, auf denen er Hervorragendes leistete, wie seine zahlreichen wissenschaftlichen Veröffentlichungen bezeugen. Als junger Mann wohnte er häufig bei seinem Schwager → *John S. Henslow* in Cambridge, und auf diese Weise wurde er auch mit Darwin bekannt, für den er den 4. Teil (Fische) von → *Zoology of the Voyage of H. M. S. »Beagle«* bearbeitete. Jenyns war übrigens zuerst als Naturforscher für die *Beagle*-Expedition vorgesehen, schlug jedoch, weil er seine seelsorgerischen Pflichten nicht vernachlässigen wollte – im Einklang mit Henslow –, Darwin für diesen Posten vor.

Jenyns blieb Darwin bis zuletzt freundschaftlich verbunden und akzeptierte auch, trotz seiner theologischen Grundhaltung und ausgeprägten Religiosität, grundsätzlich dessen Evolutionstheorie, was für Darwin gerade deshalb besonders wichtig war: *»Daß Sie eine Strecke weit mit mir gehen, gibt mir großes Vertrauen, daß ich nicht ganz im Unrecht bin«* (Brief vom 7. Januar 1860).

Journal and Remarks, 1832–1836

Titel des »Reisetagebuches« von Charles Darwin, das als dritter und letzter Band des von → *Robert Fitzroy* herausgegebenen Expeditionsberichts *Narrative of the Surveying Voyages of Her Majesty's Ships »Adventure« and »Beagle« between the Years 1826 and 1836* in Lon-

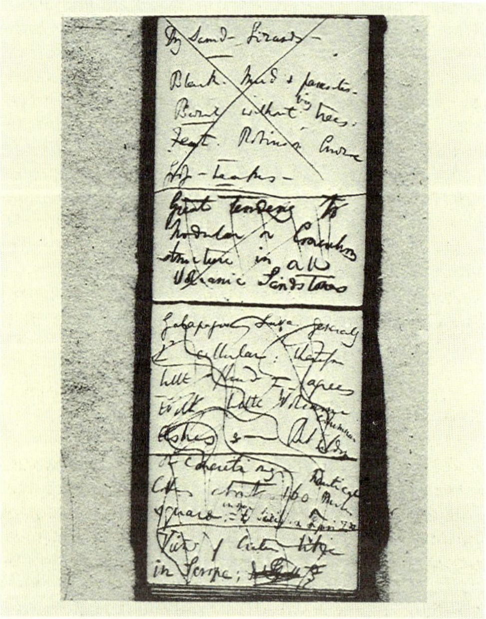

Eine Seite aus einem der Notizbücher, in denen sich Darwin während der Weltreise Aufzeichnungen machte, die er später als Gedächtnisstütze für sein erstes Buch, den Reisebericht Journal and Remarks, *benutzte. Die abgebildeten Notizen betreffen die Tiere der Galapagos-Inseln.*

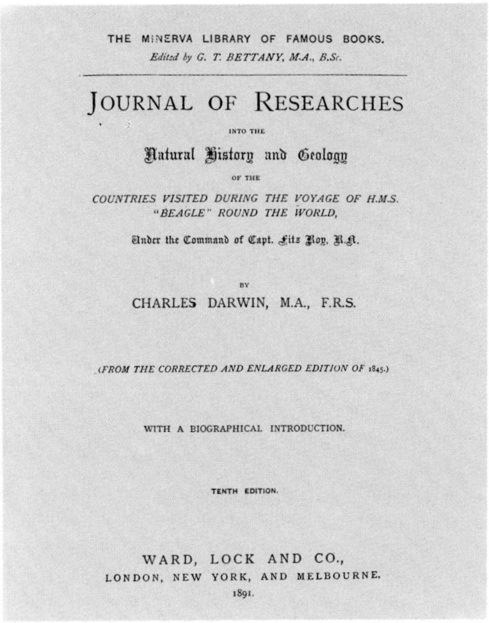
THE MINERVA LIBRARY OF FAMOUS BOOKS.
Edited by G. T. BETTANY, M.A., B.Sc.

JOURNAL OF RESEARCHES

INTO THE

Natural History and Geology

OF THE

COUNTRIES VISITED DURING THE VOYAGE OF H.M.S. "BEAGLE" ROUND THE WORLD,

Under the Command of Capt. Fitz Roy, R.N.

BY

CHARLES DARWIN, M.A., F.R.S.

(FROM THE CORRECTED AND ENLARGED EDITION OF 1845.)

WITH A BIOGRAPHICAL INTRODUCTION.

TENTH EDITION.

WARD, LOCK AND CO.,
LONDON, NEW YORK, AND MELBOURNE.
1891.

Titelblatt einer 1891 erschienenen Ausgabe von Darwins Reisebericht Journal of Researches, *der erstmals 1845 als Neufassung von* Journal and Remarks *veröffentlicht worden war.*

don 1839 erschien. Eine deutsche Ausgabe kam 1844 in Braunschweig in zwei Teilen heraus, unter dem blumigen Titel: *Charles Darwin's Naturwissenschaftliche Reise nach den Inseln des grünen Vorgebirges, Südamerica, dem Feuerlande, den Falkland-Inseln, Chiloe-Inseln, Galapagos-Inseln. ... Deutsch mit Anmerkungen von Ernst Dieffenbach.* Die deutsche Übersetzung kam, wie sich Darwin »*mit unverzeihlicher Eitelkeit*« rühmte, »*auf Betreiben Liebigs und Humboldts*« zustande.

Das Journal war Darwins erste Buchveröffentlichung, an der er mit besonderer Hingabe arbeitete. Im März 1837 schrieb er über sein Vorhaben an seinen Vetter und Jugendfreund → *William Darwin Fox*: »*Ich bin jetzt tüchtig an der Arbeit und gebe alles andere ihretwegen auf. Unser Plan ist der folgende: Kapitän Fitz-Roy schreibt zwei Bände nach dem Material, das während der letzten Reise unter Kapitän King nach Feuerland und während unserer Erdumsegelung gesammelt worden ist. Ich soll den dritten Band bestreiten, in dem ich eine Art Tagebuch eines Naturforschers zu geben gedenke, dabei jedoch nicht immer der zeitlichen Ordnung, sondern vielmehr den jeweiligen Stationen folgend. Die Lebensgewohnheiten der Tiere werden einen großen Raum einnehmen, Skizzen über die Geologie, das Erscheinungsbild des Landes und persönliche Details werden das Sammelsurium vervollständigen. ...*

Ich habe daher für das nächste oder die nächsten zwei Jahre genug Arbeit und werde, bis sie beendet ist, keine Ferien machen.«

Die zweite, überarbeitete Ausgabe des Buches erschien 1845 als → *Journal of Researches*, die dritte und endgültige 1860 als → *A Naturalist's Voyage*.

Der bedeutende Londoner Verleger John Murray, der die Publikumswirkung von Darwins Reisebuch erkannte und 1845 eine neue Ausgabe unter dem Titel Journal of Researches *herausbrachte.*

Journal of Researches into the Natural History and Geology of the Countries visited during the Voyage of H. M. S. »Beagle« round the World

Diesen Titel gab Darwin der zweiten Ausgabe seines ersten Buches, die 1845 in London erschien und eine korrigierte und komprimierte Fassung des Bandes → *Journal and Remarks* von 1839 darstellt. In dieser verbesserten Neuausgabe, die zudem im angesehenen Verlag von John Murray herauskam, der auch die meisten späteren Veröffentlichungen Darwins betreute, fand das Buch eine allgemeinere Verbreitung.

Eine deutsche Übersetzung der zweiten Ausgabe des *Journal* ist nie erschienen, wohl aber von der dritten und endgültigen Ausgabe, die den Titel → *A Naturalist's Voyage* trägt.

Kampf ums Dasein

Die Vorstellung, daß im Menschenleben und in der belebten Natur insgesamt ein unaufhörlicher Kampf um Nahrung, Lebensraum, Fortpflanzungsmöglichkeiten usw. herrsche, war zu Darwins Zeiten und schon lange vorher weit verbreitet. Sie findet sich z. B. bei Denis Diderot (1713–1784), bei → *Jean Baptiste de Lamarck*, bei Goethe, bei → *Erasmus Darwin*, vor allem aber bei → *Thomas Robert Malthus*, → *Alfred Russel Wallace* und → *Charles Lyell*, der übrigens offenbar als erster die formelhafte Wendung »struggle for existence (life)« in seinem Werk *Principles of Geology* (1830–33) benutzte. Daraus vermutlich übernahm Darwin sie in sein Hauptwerk → *Origin of Species*, und zwar als Bestandteil des Titels (. . . *struggle for life*) und als Überschrift des 3. Kapitels (»Struggle for Existence«). In diesem Kapitel umschreibt Darwin den Begriff mit folgenden Worten:

»Ich will vorausschicken, daß ich diesen Ausdruck in einem weiten und metaphorischen Sinne gebrauche, unter dem sowohl die Abhängigkeit der Lebewesen voneinander als auch, was wichtiger ist, nicht allein das Leben des Individuums, sondern auch Erfolg in bezug auf das Hinterlassen von Nachkommenschaft einbegriffen wird. Man kann mit Recht sagen, daß zwei hundeartige Raubtiere in Zeiten des Mangels um Nahrung und Leben miteinander kämpfen. Aber man kann auch sagen, eine

Kampf ums Dasein in der Natur: Wölfe versuchen einem Grislybären dessen Beute, einen Hirsch, streitig zu machen.

Pflanze kämpfe am Rande der Wüste um ihr Dasein gegen die Dürre, obwohl es angemessener wäre zu sagen, sie hänge von der Feuchtigkeit ab. Von einer Pflanze, welche alljährlich tausend Samen erzeugt, von denen im Durchschnitt nur einer zur Reife kommt, kann man noch richtiger sagen, sie kämpfe ums Dasein mit anderen Pflanzen derselben oder anderer Arten, welche bereits den Boden bekleiden. Die Mistel ist abhängig vom Apfelbaum und einigen wenigen anderen Baumarten, doch kann man nur in einem weit hergeholten Sinne sagen, sie kämpfe mit diesen Bäumen; denn wenn zu viele dieser Schmarotzer auf demselben Baum wachsen, so wird er verkümmern und sterben. Wachsen aber mehrere Sämlinge derselben dicht auf einem Ast beisammen, so kann man zutreffender sagen, sie kämpfen miteinander. Da die Samen der Mistel von Vögeln ausgestreut werden, so hängt ihr Dasein von diesen ab, und man kann metaphorisch sagen, sie kämpfen mit anderen beerentragenden Pflanzen, um die Vögel zu veranlassen, eher ihre Früchte zu verzehren und ihre Samen auszustreuen als die der anderen. In diesen mehrfachen Bedeutungen, welche ineinander übergehen, gebrauche ich der Bequemlichkeit halber den allgemeinen Ausdruck ›Kampf ums Dasein‹.

Ein Kampf ums Dasein tritt unvermeidlich ein infolge des starken Verhältnisses, in welchen sich alle Organis-

Das »Tal des Todes« in Kalifornien, wo die spärliche Vegetation unter Wüstenbedingungen ums Überleben kämpfen muß.

men zu vermehren streben. Jedes Wesen, das während seiner natürlichen Lebenszeit mehrere Eier oder Samen hervorbringt, muß während einer Periode seines Lebens oder zu einer gewissen Jahreszeit oder gelegentlich einmal in einem Jahre eine Zerstörung erfahren, sonst würde seine Zahl infolge der geometrischen Zunahme rasch zu so außerordentlicher Größe anwachsen, daß kein Land das Erzeugte zu ernähren imstande wäre. Da aber mehr Individuen erzeugt werden, als möglicherweise überleben können, muß in jedem Fall ein Kampf um die Existenz eintreten, entweder zwischen den Individuen einer Art oder zwischen denen verschiedener Arten, oder zwischen ihnen und den äußeren Lebensbedingungen. Es ist die Lehre von Malthus in verstärkter Kraft auf das gesamte Tier- und Pflanzenreich übertragen; denn in diesem Falle ist keine künstliche Vermehrung der Nahrungsmittel und keine vorsichtige Enthaltung von der Eheschließung möglich. Obwohl daher einige Arten jetzt in mehr oder weniger rascher Zahlenzunahme begriffen sein mögen: alle können es nicht zugleich, denn die Welt würde sie nicht fassen.«

Die Gefahr lag nahe, daß die griffige Formel vom Kampf ums Dasein, die Darwin stets nur in einem ganz und gar unkriegerischen Sinne zur Beschreibung natürlicher biologischer Vorgänge gebrauchte, zu einem politischen Schlagwort verkam. Tatsächlich wurde sie dann auch im → *Sozialdarwinismus* zur Begründung einer vermeintlichen Naturgesetzlichkeit im menschlichen Gesellschaftsleben mißbraucht, genauso wie das → *Überleben des Passendsten* (oder des Tüchtigsten, was noch wesentlich schlagkräftiger klang), in dem Darwin das Resultat des Daseinskampfes erkannt hatte.

Karikaturen

Das Thema »Darwin in der Karikatur« ist offenbar noch nie in einem größeren Zusammenhang behandelt worden, obwohl das vorliegende einschlägige Material sehr ergiebig ist und ein durchaus aussagekräftiges Zeitdokument darstellt. Es veranschaulicht nämlich in typischer Überzeichnung die öffentliche Meinung in der zweiten Hälfte des 19. Jh.s, als die Auseinandersetzung um die Evolutionslehre teils boshaft-verbissen, teils mit nachsichtiger Ironie geführt wurde.

Soweit feststellbar, haben sich die Karikaturisten des »Punch« und anderer Zeitungen mit Darwin erst nach dem Erscheinen von *Origin of Species* beschäftigt, obzwar er wegen seiner zurückgezogenen, skandalfreien Lebensweise eigentlich kein geeignetes Objekt für spitze Federn abgab. Das Skandalon erblickte man auch nicht in seiner unangreifbaren Person, sondern in dem

Eine vergleichsweise harmlose Darwin-Karikatur, die am 30. September 1871 in der Zeitschrift »Vanity Fair« erschien, und zwar unter dem Titel »Man of the Day« (Mann des Tages) – ein Hinweis auf die Tatsache, daß Darwins umstrittene Evolutionstheorie damals Tagesgespräch war.

Links: *»Darwin und der Affe«, eine Karikatur aus* The London Sketch Book, *um 1880.*

Rechts: *»Darwin und der Regenwurm«, eine beinahe liebenswerte Karikatur, die am 22. Oktober 1881 im »Punch« veröffentlicht wurde und auf Darwins soeben erschienenes letztes Buch* The Formation of Vegetable Mould, through the Action of Worms (Die Bildung der Ackererde durch die Tätigkeit der Würmer) *anspielt.*

von ihm angeblich vorgetragenen Frontalangriff auf die Würde des Menschen, den er nach Meinung des breiten Publikums zum Affenabkömmling degradiert hatte – eine plumpe, aber stets wirksame Entstellung von Darwins Aussagen und Intentionen, die sich weidlich ausschlachten ließ, weil sie in hohem Maße an die unterbewußten Ängste der (religiös geborgenen) Menschen rührte.

Die Kombination Darwin-Affe wurde so zu einem Standardmotiv der Karikaturisten, das in vielen Variationen wiederkehrt und sich auch modernen Zeichnern am ehesten anbietet, wenn es darum geht, Darwin nicht mehr abwertend, sondern witzig oder humor- und verständnisvoll zu charakterisieren.

Katastrophentheorie

Diese Lehrmeinung, manchmal auch als Kataklysmentheorie bezeichnet, war in den ersten Jahrzehnten des vorigen Jh.s allgemein verbreitet und löste im Zusammenhang mit der aufkeimenden Evolutionsidee heftige Diskussionen in der Fachwelt aus. Sie geht im wesentlichen auf den französischen Zoologen und Paläontologen Georges Baron de Cuvier (1769–1832) zurück, der den durch die immer zahlreicher auftauchenden Fossilien belegten Formenwechsel in der erdgeschichtlichen

Georges Baron de Cuvier, der Begründer der Katastrophentheorie, hält eine paläontologische Vorlesung im Pariser Jardin des Plantes. Zeitgenössische Lithographie.

Vergangenheit zu erklären versuchte. Bei seinen Untersuchungen der Gesteine des Pariser Beckens stieß er auf das seltsame Phänomen, daß manche Schichten versteinerte Meerestiere, andere dagegen Fossilien von Süßwasserbewohnern und wieder andere überhaupt keine Lebensspuren enthielten. Dieser Sachverhalt veranlaßte ihn zu der Schlußfolgerung, daß *»keine der Wirkkräfte, deren sich die Natur heute bedient, ausgereicht haben würde, solche großen Veränderungen hervorzubringen«*. Aus dem scheinbar abrupten Auftreten und Verschwinden vergangener Lebensformen leitete er deshalb die These ab, periodisch wiederkehrende Katastrophen oder Kataklysmen, ähnlich der biblischen Sintflut, hätten jeweils das Leben vollständig oder zum größten Teil ausgelöscht; die Lebewesen seien nach jeder Katastrophe vom Schöpfer neu geschaffen worden oder hätten sich von verschont gebliebenen kleinen Erhaltungsgebieten aus wieder ausgebreitet. Wiederholtes Aussterben und neues Erschaffen entsprechen nach Cuvier einem Schöpfungsplan, den Gott schrittweise verwirklicht habe. Nach dieser Theorie hat also keine allmähliche Entwicklung vom Niederen zum Höheren stattgefunden, sondern eine übergangslose Neuschöpfung von immer vollkommeneren Formen, wie es die geologische Schichtenfolge zu beweisen schien.

Versteinerte Fische, die vor rund 200 Jahrmillionen lebten. Aus dem plötzlichen Verschwinden solcher fossilen Formen zog Cuvier den (falschen) Schluß, nach großen Katastrophen, welche die Erde immer wieder heimgesucht hätten, seien jeweils neue Lebensformen erschaffen worden.

Die Katastrophentheorie, die ein ständiges, wunderbares Eingreifen des Schöpfergottes in die Erdgeschichte postulierte, geriet gerade wegen dieses metaphysischen Aspekts schon bald ins Kreuzfeuer der Kritik. In einer Sitzung der Akademie der Wissenschaften (dem sogen. »Akademiestreit«), die am 22. Februar 1830 in Paris stattfand und von Goethe als weltgeschichtliches Ereignis gewertet wurde, verteidigte Cuvier seine Vorstellung von der Neuschöpfung und Konstanz der Arten, während sein Gegenspieler Etienne Geoffroy St. Hilaire (1772–1844) die Möglichkeit einer Umbildung der tierischen Baupläne und somit einer Weiterentwicklung der Arten betonte.

Ungefähr gleichzeitig brachten die Geologen Karl Ernst Adolf von Hoff (1771–1837) in Deutschland und → *Charles Lyell* in England der Katastrophentheorie endgültig zu Fall, indem sie den »Aktualismus« in die Wissenschaft einführten, also den »*Versuch, die früheren Veränderungen der Erdoberfläche durch noch heute wirksame Ursachen zu erklären*« (Lyell).

Diese neue und im wesentlichen bis heute gültige Lehre geht von einer natürlichen, gleichförmigen Weiterentwicklung des Erdbildes und indirekt auch des organischen Lebens aus und schuf damit die geologischen und paläontologischen Voraussetzungen für Darwins Evolutionstheorie.

Luftaufnahme eines ringförmigen Korallenriffs im Gebiet von Neukaledonien (Südsee). Darwin war der erste, der die Entstehung solcher »Naturbauten« schlüssig zu erklären vermochte.

Korallenriffe

Diese faszinierenden »Naturbauten« und Lebensräume tropischer und subtropischer Meere, bestehend aus den Kalkskeletten zahlloser winziger Korallenpolypen, waren den Seefahrern und auch den Wissenschaftlern schon lange vor Darwin bekannt, doch ihre Entstehung lag noch im dunkeln. Zu Beginn des 19. Jh.s herrschte die von → *Charles Lyell* vertretene Auffassung vor, daß die mehr oder weniger kreisförmigen Riffe, die Atolle, Aufwüchse auf abgesunkenen Kraterrändern seien. Der jugendliche Weltumsegler Darwin konnte dann aber aufgrund exakter Beobachtungen und sorgfältiger Deduktionen eine neue Theorie der Riffbildung vorlegen, die eine größere Wahrscheinlichkeit für sich hatte und in den letzten Jahrzehnten durch in pazifischen Atollen niedergebrachte Tiefbohrungen im wesentlichen bestätigt werden konnte.

Darwin trug seine Erkenntnisse erstmals am 31. Mai 1837 in einer Sitzung der Londoner Geological Society vor (im Sitzungsbericht findet sich übrigens der erste im Druck erschienene Hinweis Darwins auf die Möglichkeit der Entstehung neuer Arten). Er erörterte sie dann im 20. Kapitel seines Reisetagebuchs (1839 und 1845) und widmete ihnen außerdem 1842 eine eigene Monographie: *The Structure and Distribution of Coral Reefs* (erste deutsche Übersetzung erst 1876).

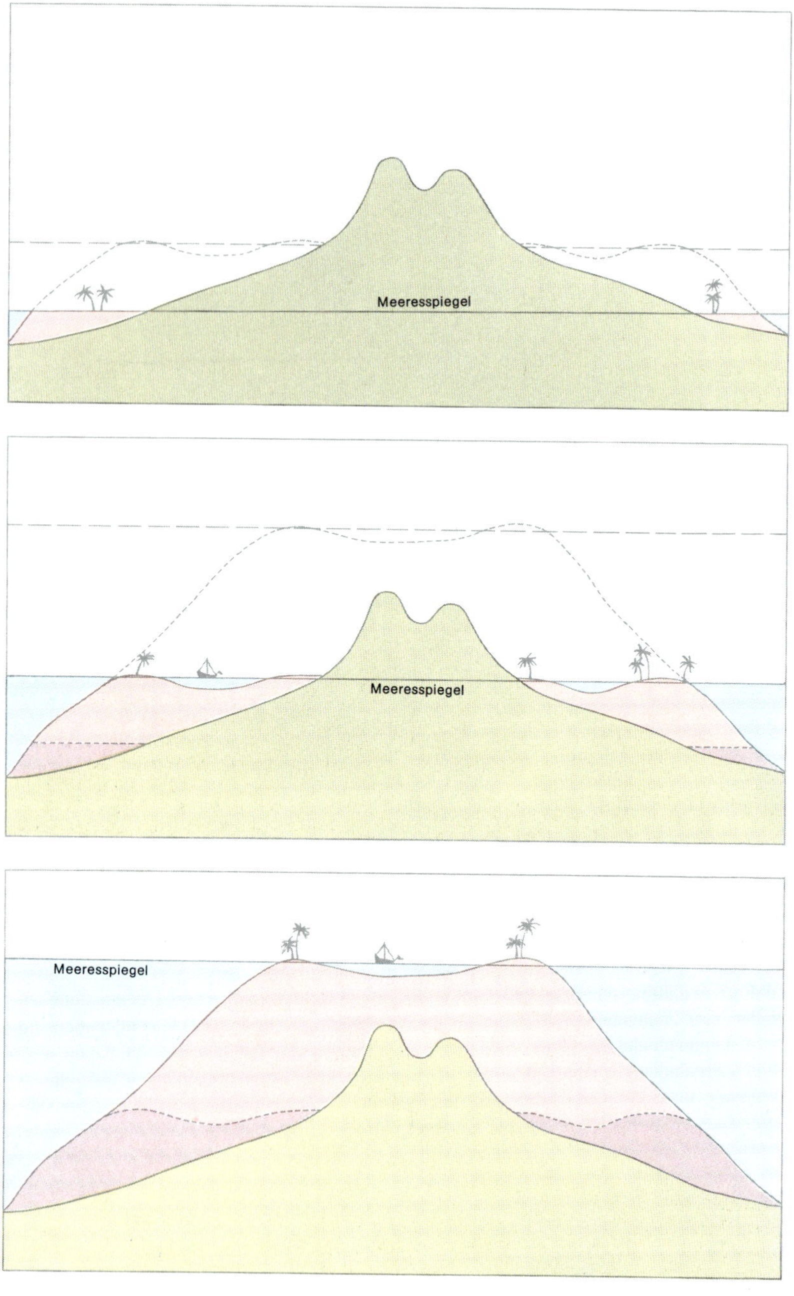
Meeresspiegel
Meeresspiegel
Meeresspiegel

Die faszinierende Unterwasserwelt eines Korallenriffs blieb Darwin verschlossen, denn er verfügte noch nicht über die technischen Hilfsmittel der modernen Gerätetaucher.

Die Riffentstehung, die sich am Beispiel des Atolls besonders gut demonstrieren läßt, geht nach Darwin wie folgt vor sich: Zuerst bilden die Korallen ein Saumriff um eine aus dem Meer aufragende Insel. Wenn die Insel allmählich absinkt bzw. der Meeresspiegel steigt, sind die Korallentiere gezwungen, im gleichen »Tempo« nach oben zu bauen, denn sie benötigen zum Gedeihen Licht und sterben in Wassertiefen von mehr als 40 m ab. So wächst auf der Unterlage der toten Korallenbänke ganz langsam ein Wallriff empor, das schließlich, nach dem vollständigen Untertauchen der Insel, zu einem Atoll wird, in dessen Ring sich eine flache Lagune ausbreitet.

Der große Lyell bekehrte sich auf der Stelle zu Darwins Entdeckung, wie aus seinem Brief an Sir John Herschel vom 24. Mai 1837 hervorgeht: »*Ich bin ganz angetan von Darwins neuer Theorie derKoralleninseln. ... Ich muß meine Vulkankrater-Theorie endgültig aufgeben, obwohl es mich zuerst eine schmerzhafte Überwindung kostete, denn sie erklärte so vieles. ...*«

Gegenüberliegende Seite:

Die Entstehung eines Korallenriffs (Atoll), wie sie Darwin erstmals in seinem Reisebericht und dann ausführlicher in der Monographie The Structure and Distribution of Coral Reefs *(1842) beschrieb: Mit dem allmählichen Absinken der Insel wächst das sie umgebende Wallriff höher. Wenn die Insel völlig untergetaucht ist, bleibt an der Meeresoberfläche nur noch ein ringförmiges Riff sichtbar, das eine flache Lagune umschließt. Darwins Erkenntnisse sind durch moderne Untersuchungen weitgehend bestätigt worden.*

Krankheit und Tod

Über Darwins labile Gesundheit ist sehr viel geschrieben worden, ohne daß sein Krankheitsbild bislang eindeutig geklärt werden konnte. Fest steht jedenfalls, daß Darwin seit der Rückkehr von seiner Weltreise fast ständig kränkelte und unter Erschöpfungszuständen litt. Die postumen Diagnosen – die zeitgenössischen Quellen sind medizinisch ziemlich unergiebig – lauten von Blinddarmentzündung, Zwölffingerdarmgeschwür, Pyorrhö (Eiterfluß), Chagas-Krankheit (eine Infektionskrankheit, die er sich 1834 in Südamerika zugezogen haben könnte), bis zu Vergiftungserscheinungen infolge falscher Medikation usw. Neuerdings neigt man wohl zu Recht dazu, Darwins schlechte Gesundheit vor allem auf neurotische oder psychotische Ursachen zurückzuführen (unterbewußte Abwehr der übermächtigen Vatergestalt → *Robert Waring Darwin*, früher Verlust der Mutter, Übererregbarkeit, religiöse Skrupel, Gewissenbelastung durch die brisante Evolutionstheorie usw.).

Am Ende seines Lebens litt Darwin zweifellos unter Anfällen von Angina pectoris, die Anfang 1882 immer häufiger auftraten und schließlich zum Tode führten. Die letzten Tage seines Vaters beschreibt Francis Darwin in *Life and Letters of Charles Darwin* folgendermaßen: »*In den ersten Apriltagen traten keine besonderen Veränderungen ein, doch am Samstag, dem 15., hatte er einen Schwindelanfall während des Abendessens, und bei dem Versuch, sein Sofa zu erreichen, wurde er ohnmächtig. Am 17. ging es ihm wieder besser, und*

Eine Seite aus Darwins Aufzeichnungen über seinen Gesundheitszustand. Die abgebildeten Eintragungen aus dem Jahr 1849, die mit privaten Geheimkürzeln durchsetzt sind, bezeugen eindrücklich, wie sehr schon der Vierzigjährige unter Schlaflosigkeit, Schwindelanfällen und Darmstörungen zu leiden hatte.

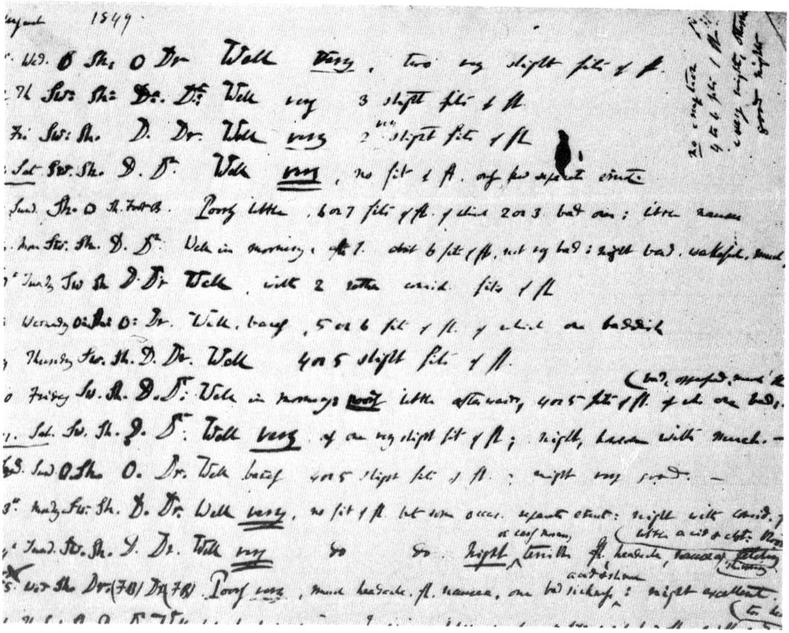

Die letzte Aufnahme von Charles Darwin, die wahrscheinlich kurz vor seinem Tod entstand. Im Juli 1881, als er nur noch wenige Monate zu leben hatte, schrieb er an seinen Freund Alfred Russel Wallace: »Ich habe alles, was mich glücklich und zufrieden macht, doch das Leben ist für mich sehr beschwerlich geworden . . .«

während ich vorübergehend abwesend war, machte er Aufzeichnungen über den Fortgang eines Experiments, mit dem ich mich gerade befaßte. In der Nacht des 18. April, ungefähr ein Viertel vor zwölf, hatte er einen schweren Anfall und fiel in Ohnmacht, aus der er nur mit großer Mühe geweckt werden konnte. Er schien die Nähe des Todes zu spüren und sagte: ›Ich fürchte mich nicht im geringsten vor dem Sterben.‹ Den ganzen folgenden Morgen litt er unter schrecklicher Übelkeit und Erschöpfung und konnte sich kaum noch einmal aufraffen, bis das Ende kam. Er starb ungefähr um vierUhr am Mittwoch, dem 19. April 1882, im vierundsiebzigsten Lebensjahr.«

Kreationisten

So bezeichnet man Menschen, die an die »Erschaffung« (lat. *creatio*) des Weltalls und des Lebens, speziell an die wortwörtliche Richtigkeit der biblischen Schöpfungsgeschichte (1. Moses, 1–2) glauben und von daher die naturwissenschaftlich fundierte Evolutionslehre pauschal ablehnen. Zu Darwins Zeiten war der religiös motivierte Kreationismus (er selbst benutzte dieses Wort gelegentlich mit einem ironischen Unterton) mangels besserer Einsicht noch allgemein verbreitet, auch wenn die Doktrin des hochangesehenen englischen

Die Erschaffung Adams, *Deckenfresko von Michelangelo (1475–1564) in der Sixtinischen Kapelle, entstanden nach 1508. Dieses Bild ist ein eindrucksvolles Zeugnis für den Glauben an eine unmittelbare göttliche Schöpfung, wie er das gesamte Abendland bis zum Auftreten Darwins beherrschte. Seither gilt es als gesicherte wissenschaftliche Erkenntnis, daß der Mensch nicht in der Gestalt Adams von einem Schöpfergott in die Welt gesetzt wurde, sondern das Endprodukt einer langen natürlichen Entwicklung ist. Nur eine verschwindende Minderheit von Kreationisten glaubt auch heute noch an die buchstäbliche Wahrheit des biblischen Schöpfungsberichts, den fortschrittliche Theologen schon längst nicht mehr so eng interpretieren.*

Theologen Ussher, der die Welterschaffung auf das Jahr 4004 v. Chr. datiert hatte, von der Wissenschaft längst nicht mehr ernstgenommen werden konnte.

Fromme Gemüter, auch in höchsten wissenschaftlichen Kreisen, mußten natürlich Anstoß nehmen an Darwins Ideen, die den Schöpfergott aus dem Universum vertrieben. Sie stießen sich vor allem an der Einbeziehung des Menschen in das Tierreich (die übrigens bereits im 18. Jh. Carl von Linné (1707–1778) vorgenommen hatte, indem er den *Homo sapiens* in die Ordnung der Primaten oder Herrentiere stellte) und an seiner vermeintlichen »Affenabstammung«. Das war ein Angriff auf die Sonderstellung der »Krone der Schöpfung«, der allerdings für die meisten Menschen schwer zu verkraften war. Doch im Laufe der Zeit wurde der strikte Schöpfungsglaube mehr und mehr zurückgedrängt bzw. auf der Basis der Evolutionstheorie modifiziert, die dadurch auch Theologen und religiösen Menschen akzeptabel erschien.

Es hat sich jedoch bis heute eine religiöse Minderheit erhalten, die nach wie vor an ihrem Buchstabenglauben festhält und den Darwinismus und damit alle biologischen Erkenntnisfortschritte erbittert bekämpft. Diese Spielart des Fundamentalismus ist besonders in den USA virulent geblieben. 1925 fand im Bundesstaat Tennessee ein Musterprozeß gegen den Lehrer John

T. Scopes statt, der es gewagt hatte, in seiner Highschool evolutionistisches Gedankengut zu verbreiten, obwohl dies nach einem kurz zuvor eingeführten Gesetz, das auf Betreiben der Kreationisten-Lobby zustande kam, strafbar war. Scopes wurde zu einer symbolischen Strafe von 100 Dollar verurteilt, vor allem deshalb, weil der Verteidigung die Anhörung von wissenschaftlichen Experten verwehrt worden war.

Das fragliche Gesetz und ähnliche Gesetze in anderen Bundesstaaten wurden erst 1968 vom Obersten Gerichtshof der USA aufgehoben. Doch die Kreationisten gaben nicht klein bei und befinden sich neuerdings offensichtlich wieder auf dem Vormarsch. Sie geben sich seit einiger Zeit einen wissenschaftlichen Anstrich, um die Gleichberechtigung ihrer Anschauungen in den Lehrplänen der Schulen durchzusetzen – nicht im Religions-, sondern im Biologieunterricht! »*In seiner neuen ›wissenschaftlichen‹ Form ist der Kreationismus ein Geisteskind der christlichen Fundamentalisten überall in den USA. In den letzten 15 Monaten haben fundamentalistische Gruppen die Gesetzgeber in 14 Staaten gedrängt, Gesetze zu erlassen, welche die Zulassung kreationistischer Ansichten im naturwissenschaftlichen Unterricht gewährleisten sollen; doch bisher ist keines verabschiedet worden*« (»Time«, 16. 3. 81).

Gleichwohl hält der aus der Sicht der modernen Theologie wie Biologie rückwärtsgewandte Trend des Kreationismus an, nicht nur in Amerika, sondern auch anderswo.

Der führende amerikanische Kreationist Henry Morris – kein Biologe, sondern Hydraulikingenieur – schreibt in seinem Buch *Scientific Creationism:* »Die Evolution ist unvermeidbar mit der Persönlichkeit Gottes. ... Wenn die Bibel wirklich das Wort Gottes ist, dann müssen die Evolution und das System geologischer Zeitalter völlig falsch sein. Da die Bibel nicht neu interpretiert werden kann, um mit der Evolution übereinzustimmen, müssen Christen die wissenschaftlichen Fakten sorgfältig der Bibel anpassen.«

Dagegen heißt es in der neuen deutschen Einheitsübersetzung zum Buch Genesis: »Die Erzählungen der Urgeschichte sind weder als naturwissenschaftliche Aussage noch als Geschichtsdarstellung, sondern als Glaubensaussagen über das Wesen der Welt und des Menschen und über deren Beziehung zu Gott zu verstehen.«

Jean Baptiste de Lamarck

* 1. August 1744 Bezentin; † 18. Dezember 1829 Paris

Lamarck, der zunächst Soldat war, sich dann vorwiegend als systematisch-beschreibender Botaniker betätigte und seit 1793 als Professor am Pariser Jardin des Plantes, dem späteren Muséum d'Histoire naturelle arbeitete (wo er – neben regelmäßigen Vorlesungen – auch mit der Bestimmung und Ordnung wirbelloser Tiere befaßt war), gilt neben bzw. vor Darwin als Begründer der wissenschaftlichen Abstammungslehre – nicht ganz zu Recht, wie die nachfolgende Entwicklung der biologischen Wissenschaft erwiesen hat. Daß sich seine Lehre, der Lamarckismus, den er in seinem Hauptwerk *Philosophie zoologique* (1809) zusammenfassend darstellte, auf die Dauer nicht durchzusetzen vermochte, liegt vor allem daran, daß er sie nicht anschaulich und experimentell, sondern mit kühnen Gedankenkonstruktionen zu begründen versuchte. Sein Ansatz war allerdings konkret: Bei der Bearbeitung der bis dahin kaum beachteten niederen Tiere des Museums entdeckte er zwischen vielen Arten und Varietäten so minimale Unterschiede, daß er exakte Abgren-

Jean Baptiste de Lamarck, dessen frühes Evolutionskonzept durch Darwins Forschungsarbeit überholt wurde.

Gegenüberliegende Seite:

Diese Zeichnungen veranschaulichen das Grundprinzip des Lamarckismus und der Darwinschen Evolutionstheorie am Beispiel der Giraffe, die Lamarck in seiner Zoologie philosophique *(1809) als Musterfall einer »Höherentwicklung« heranzog. Nach Lamarck (linke Bildreihe) hatten die Giraffen das »Bedürfnis«, an das höhere Laub der Akazien heranzukommen, und entwickelten deshalb durch »vermehrten Gebrauch« des betreffenden Organs (Hals) eine immer höhere Gestalt. Darwin (rechte Bildreihe) verwarf diesen »Lamarckschen Unsinn« und erklärte die Verlängerung des Giraffenhalses mit einem natürlichen Ausleseprozeß: Bei den frühesten Giraffen muß es einzelne Tiere mit einem etwas längeren Hals gegeben haben, die deshalb gegenüber ihren Artgenossen im Vorteil waren, weil sie auch die hohen Akazienblätter erreichen konnten, die ihnen keine andere Huftierart streitig machte. Unter dem Druck der Umweltbedingungen (Zeiten des Nahrungsmangels) konnten sich die langhalsigen Formen dank dieser Fähigkeit behaupten und weitervermehren, während die kurzhalsigen Giraffen in einem solchen »Kampf ums Dasein« unterlagen und ausstarben.*

zungen für unmöglich hielt und daraus eine Veränderlichkeit der Lebensformen ableitete. Aus dieser Einsicht ergaben sich seine Grundthese, »*daß die lebenden Tiere . . . eine verzweigte, unregelmäßig abgestufte Reihe bilden, die in ihren einzelnen Teilen keine Unterbrechung zeigt*«, und die Schlußfolgerungen:

»*1. Daß alle Organismen unseres Erdkörpers wahre Naturerzeugnisse sind, welche die Natur in langer Zeit allmählich hervorgebracht hat;*

2. daß die Natur in ihrem Gange – wie sie es noch heute tut – mit der Schöpfung der einfachsten Organismen begonnen hat, und daß sie unmittelbar nur diese, d. h. diese ersten Anfänge der Organisation erzeugt, was man mit dem Namen Urzeugung bezeichnet;

3. daß die ersten, an günstigen Orten und unter günstigen Umständen gebildeten tierischen und pflanzlichen Anfänge, ausgestattet mit der Fähigkeit des beginnenden Lebens und der organischen Bewegung, mit Notwendigkeit allmählich Organe entwickelt und mit der Zeit dieselben sowie ihre Teile vervielfältigt haben;

4. daß das von den ersten Wirkungen des Lebens unzertrennliche Wachstumsvermögen in jedem Teile des Organismus die verschiedenen Arten der Vermehrung und Fortpflanzung der Individuen verursacht hat, und daß dadurch die in dem Baue der Organisation und in der Gestalt und Verschiedenheit der Teile erworbenen Fortschritte erhalten wurden;

5. daß mit Hilfe genügender Zeiträume, notwendig günstiger Umstände, und der Veränderungen, welche alle Punkte der Erdoberfläche ununterbrochen erlitten haben, mit einem Wort: daß durch die umändernde Wirkung neuer Standorte und neuer Gewohnheiten alle jetzt existierenden Organismen unmerklich so gebildet worden sind, wie wir sie wahrnehmen;

6. daß endlich – da ja alle Organismen in ihrer Organisation und in ihren Teilen mehr oder weniger große Veränderungen erlitten haben – das, was man bei ihnen Art nennt, nach einer ähnlichen Ordnung der Dinge unmerklich und ununterbrochen so gebildet wurde, eine nur relative Konstanz hat und nicht so alt wie die Natur sein kann. . . .« (aus: *Zoologische Philosophie*, übers. v. H. Schmidt, Leipzig o. J.)

Nach Lamarck soll die hier angedeutete Aufwärtsentwicklung in der belebten Natur durch drei Hauptfaktoren bewirkt werden: 1. durch einen »inneren Vervollkommnungstrieb« der Lebewesen, der die Entwicklungsreihe von den primitivsten Organismen bis zum Menschen ermöglicht habe; 2. durch die »funktionelle Anpassung«, also die stärkere Ausbildung bzw. Rückbildung von Organen als Reaktion auf veränderte Umweltbedingungen (Standort, Nahrungsangebot, Klima usw.); 3. durch die direkte Vererbung einmal erworbener Eigenschaften.

Links: *Die Theorie von Jean Baptiste de Lamarck.*

Rechts: *Die Theorie von Charles Darwin.*

Lamarcks fragwürdige Thesen, die sich übrigens zum Teil mit den Anschauungen von Darwins Großvater → *Erasmus Darwin* deckten, stießen damals (wie auch heute noch) weitgehend auf Ablehnung, zunächst bei seinen eigenen Landsleuten: Étienne Geoffroy St.-Hilaire, der selbst an die Veränderlichkeit der Arten glaubte, sah in Lamarcks Spekulationen eine Kompro-

Darwin, der Lamarcks Thesen aus wissenschaftlichen Gründen ablehnte, äußerte sich darüber in einem Brief an Charles Lyell vom 12. März 1863:
»Schließlich bezeichnen Sie meine Auffassung wiederholt als eine Modifikation von Lamarcks Entwicklungs- und Fortschrittslehre. Wenn das Ihre wohlerwogene Meinung ist, so ist dazu nichts zu sagen, doch ich habe diesen Eindruck nicht. Plato, Buffon, mein Großvater vor Lamarck und andere haben die *offensichtliche* Ansicht vertreten, daß die Arten, wenn sie nicht einzeln geschaffen worden sind, von anderen Arten abstammen müssen, und darüber hinaus kann ich nichts Gemeinsames zwischen der ›Entstehung der Arten‹ und Lamarck erkennen. Ich glaube, diese Darstellung der Sache ist ihrer Akzeptierung sehr abträglich, da sie die Notwendigkeit des Fortschritts einschließt und Wallaces und meine Ansichten in enge Verbindung mit einem Buch bringt, das ich nach zweimaliger gründlicher Lektüre für ein erbärmliches Buch halte, für eines, aus dem ich (ich erinnere mich sehr wohl meiner Verwunderung) nichts gewonnen habe.«

mittierung der neuen Ideen, und Cuvier als Begründer der → *Katastrophentheorie* lehnte sie sowieso ab. In England sprach sich Darwins Freund → *Charles Lyell* entschieden gegen Lamarck aus, und auch Darwin war zeitlebens ein Gegner des Lamarckismus – nicht aus Eifersucht auf einen möglichen Prioritätsanspruch des Älteren, sondern aus wissenschaftlichen Gründen. Bereits am 11. Januar 1844 schrieb er in einem Brief an Hooker: »*Der Himmel bewahre mich vor dem Lamarckschen Unsinn einer ›Tendenz zum Fortschritt‹, der ›Anpassungen infolge des allmählich wirksamen Willens der Tiere‹ usw.!*«

Leben und Briefe von Charles Darwin

Titel der von Carus geschaffenen deutschen Übersetzung von → *Life and Letters of Charles Darwin.* Sie erschien 1887 und ist, soweit feststellbar, seither nicht mehr nachgedruckt worden.

Lektüre

Seit der Zeit, da sein Interesse für die Wissenschaft erwachte, war Darwin ein unermüdlicher Leser. Er muß, wie schon die zahllosen Zitate in seinen Werken bezeugen, eine Unmenge von »Fachliteratur« gründlich studiert haben; nicht nur solche, die sich unmittelbar auf seine jeweilige Arbeit bezog, sondern auch Zeitschriften, Abhandlungen und Bücher allgemein naturwissenschaftlichen Inhalts. Wie er dabei vorging, hat sein Sohn Francis in *Life and Letters of Charles Darwin* anschaulich geschildert:

»*Vor Büchern hatte er keinen Respekt, er betrachtete sie nur als Werkzeuge, mit denen man arbeitete. So ließ er sie nicht einbinden, und selbst wenn ein Pappband durch den Gebrauch in Stücke zerfiel, ... schützte er ihn durch eine über den Rücken geklappte Metallklammer vor dem völligen Auseinanderfallen. In gleicher Weise zerschnitt er des öfteren ein dickes Buch in zwei Hälften, damit er es bequemer halten konnte. ... Broschüren wurden oft noch gewaltsamer behandelt als Bücher, denn er riß manchmal, um Platz zu sparen, sämtliche Seiten heraus mit Ausnahme der einen, die ihn interessierte. All dies hatte zur Folge, daß seine Bibliothek nicht gerade eine Zierde war, sondern unverkennbar eine offensichtlich ständig benutzte Anhäufung von Büchern darstellte.*

Bei der Lektüre von Büchern und Broschüren, die auf seine eigene Arbeit Bezug hatten, ging er methodisch vor. Er hatte ein Regal, auf dem die noch nicht gelesenen Bücher aufgeschichtet waren, und ein zweites, auf das sie überführt wurden, wenn sie gelesen, aber noch nicht katalogisiert waren. Er seufzte oft über seine ungelesenen

Bücher, weil darunter so viele waren, von denen er wußte, daß er sie nie lesen würde. Manche Bücher wurden sogleich auf den zweiten Haufen gepackt, entweder am Ende mit einer Chiffre markiert, zum Zeichen, daß sie keine angestrichenen Stellen enthielten, oder mit Aufschriften wie ›ungelesen‹ oder ›nur überflogen‹ versehen. ... In jedem Buch strich er sich während des Lesens Passagen an, die sich auf seine Arbeit bezogen. Bei der Lektüre eines Buches oder einer Broschüre usw. machte er am Rande der Seite Bleistiftstriche und fügte häufig kurze Bemerkungen hinzu, und am Ende stellte er eine Liste der angestrichenen Passagen zusammen.«

Fast umgekehrt proportional zu dem geradezu fanatischen Eifer, mit dem sich Darwin fachlich interessanten Lesestoff zu eigen machte, verlief seine Beschäftigung mit schöngeistiger Literatur. Als junger Mensch war er offenbar noch sehr aufgeschlossen für sprachliche Kunstwerke. Er befaßte sich nicht nur mit antiken Autoren wie Homer, Vergil, Horaz und Ovid, die zwar zum Schulpensum gehörten, ihn aber gleichwohl stark beeindruckt zu haben scheinen, sondern las auch aus freien Stücken die großen englischen Dichter, wie aus seiner *Autobiographie* hervorgeht: »*Was meine von der Naturwissenschaft unabhängigen Neigungen betrifft, so las ich sehr gern alle möglichen Bücher, und ich saß oft stundenlang da und vertiefte mich in die historischen Stücke von Shakespeare, meist in einer tiefen Fensternische in den dicken Mauern der Schule. Ich las auch noch andere Dichtungen, so etwa die kürzlich erschienenen Gedichte von Byron, Scott und Thomsons* Jahreszeiten.« Doch gleich anschließend fügt er hinzu: »*Ich erwähne dies deshalb, weil ich später im Leben zu meinem großen Bedauern alle Freude an Poesie, Shakespeare mit eingeschlossen, verloren habe.*«

Darwin genierte sich fast zu gestehen, daß er die berufsbedingte »Atrophie« seines Gemütslebens, die man auch als konstitutionelle Einseitigkeit des Genies bezeichnen könnte, durch leichte, ja seichte Lektüre auszugleichen gezwungen war. Der selbstironische Ton ist dabei unüberhörbar: »*Andererseits sind für mich Romane, die Werke der Phantasie, wenn auch nicht allerersten Ranges sind, seit Jahren eine wunderbare Entspannung und Freude, und ich segne oft alle Romanschreiber. Eine erstaunlich große Zahl ist mir laut vorgelesen worden, und sie gefallen mir allesamt, sofern sie einigermaßen gut sind und sofern sie nicht unglücklich enden – wogegen ein Gesetz erlassen werden sollte. Ein Roman ist für meinen Geschmack nicht erstklassig, wenn er nicht irgendeine Person enthält, die man so richtig lieben kann, und falls es eine hübsche Frau ist, um so besser!*«

Francis Darwin berichtet, daß die Mutter seinem Vater über viele Jahre hinweg regelmäßig zweimal am

Auf die bedauerliche Verkümmerung seiner musisch-literarischen Interessen, die sich nur mit der völligen Absorption durch seine auf Faktenerkenntnis ausgerichtete wissenschaftliche Betätigung erklären läßt, kommt Darwin am Ende seiner *Autobiographie* noch einmal zurück: »Ich habe erwähnt, daß sich mein Geist in den letzten zwanzig oder dreißig Jahren in einer Hinsicht verändert hat. Bis zum Alter von dreißig Jahren oder noch darüber hinaus bereitete mir Dichtung vielerlei Art, etwa die Werke von Milton, Gray, Byron, Wordsworth, Coleridge und Shelley, großes Vergnügen, und schon als Schüler erfreute ich mich nachhaltig an Shakespeare, zumal an den historischen Stükken. ... Doch seit vielen Jahren kann ich keine Verszeile mehr lesen: Ich habe kürzlich wieder versucht, Shakespeare zu lesen, und fand ihn so unerträglich langweilig, daß mir übel wurde. ... Dieser seltsame und beklagenswerte Verlust der höheren ästhetischen Neigungen ist um so merkwürdiger, als Bücher über Geschichte, Biographien und Reiseberichte (unabhängig von irgendwelchen wissenschaftlichen Fakten, die sie enthalten mögen) sowie Essays über alle möglichen Themen mich nach wie vor interessieren. Mein Geist scheint eine Art Maschine zum Ausmahlen von allgemeinen Gesetzen aus großen Faktensammlungen geworden zu sein, aber wieso dies die Atrophie nur jenes Gehirnteils bewirkt hat, von dem die höheren Neigungen abhängen, kann ich nicht begreifen. ... Der Verlust dieser Neigungen ist ein Verlust an Glück und kann möglicherweise dem Intellekt und noch wahrscheinlicher dem moralischen Charakter schädlich sein, da er den emotionalen Teil unserer Natur schwächt.«

Tage Romane aus der Leihbibliothek vorlas. Aber: *»Beim lauten Vorlesen schlief er häufig ein, und dann bedauerte er, daß ihm Teile eines Romans entgangen waren; denn meine Mutter las ruhig immer weiter, damit ihn nicht die Unterbrechung des Sprechgeräusches aufweckte.«*

Life and Letters of Charles Darwin

Unter diesem Titel veröffentlichte Darwins Sohn → *Francis Darwin* 1887 in London eine biographische Dokumentation in drei stattlichen Bänden. Die vollständige, ebenfalls dreibändige Übersetzung von → *Julius Victor Carus* erschien noch im selben Jahr in Stuttgart als *Leben und Briefe von Charles Darwin*.

Dieses sehr gründliche Werk, das sich durch intime Detailkenntnis, wissenschaftliche Objektivität und humane Gesinnung gleichermaßen auszeichnet und schon von zeitgenössischen Kennern als *»eine der besten Biographien überhaupt«* gerühmt wurde, ist bis heute die grundlegende Quellensammlung zu Darwins Lebensgeschichte geblieben. Es enthält neben ausführlichen Kommentaren und Erinnerungen des Herausgebers eine reiche Auswahl von Darwins Korrespondenz – viele Briefe sind allerdings nur in gekürzter Fassung in die Begleittexte eingearbeitet – so wie die → *Autobiogra-*

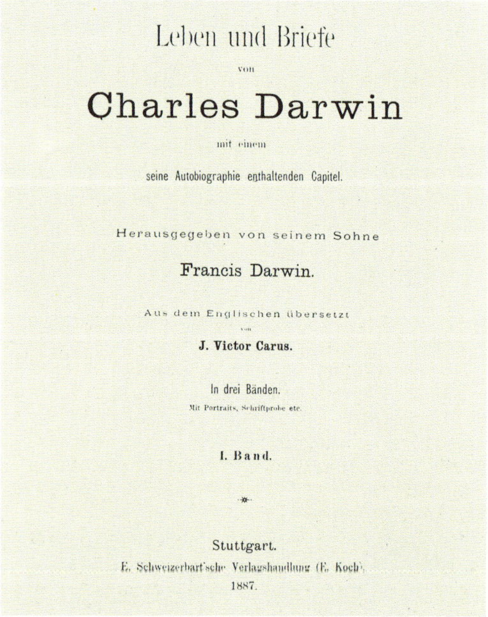

Leben und Briefe
von
Charles Darwin
mit einem
seine Autobiographie enthaltenden Capitel.
Herausgegeben von seinem Sohne
Francis Darwin.
Aus dem Englischen übersetzt
von
J. Victor Carus.
In drei Bänden.
Mit Portraits, Schriftprobe etc.
I. Band.
Stuttgart.
E. Schweizerbart'sche Verlagshandlung (E. Koch).
1887.

Titelseite des ersten Bandes der deutschen Ausgabe von Francis Darwins biographischer Dokumentation Life and Letters of Charles Darwin. *Die Übersetzung von Julius Victor Carus erschien noch im selben Jahr (1887) wie das englische Original – ein Zeichen für das große Interesse, das man am Ende des vorigen Jh.s in Deutschland der Persönlichkeit Darwins entgegenbrachte.*

Das Haus Upper Gower Street Nr. 12 (später umbenannt in Gower Street Nr. 110), das Darwin mit seiner Frau Emma vom 29. Januar 1839 bis zum 14. September 1842 bewohnte. Die geräumige Wohnung, zu der auch ein schmaler Garten gehörte, wurde möbliert gemietet.

phie Darwins, die gleichfalls leicht gekürzt erscheint; ferner verschiedene Selbstzeugnisse von Freunden und Bekannten, mehrere wichtige Bilddokumente und eine sehr sorgfältige Bibliographie.

Das etwa 25 Seiten umfassende 5. Kapitel des 2. Bandes, das den Titel »Über die Aufnahme der ›Entstehung der Arten‹« trägt, stammt nicht vom Herausgeber, sondern von → *Thomas Henry Huxley* und ist bis heute grundlegend für die frühe Rezeptionsgeschichte von Darwins Hauptwerk.

London

Nach einem kurzen Zwischenspiel in → *Cambridge* zog Darwin am 7. März 1837 nach London um, wo er bis zu seiner Vermählung (1839) im Hause seines Bruders → *Erasmus Alvey Darwin*, Great Marlborough Street Nr. 36, wohnte. Nach der Verheiratung ließ sich das junge Ehepaar dann in der Upper Gower Street Nr. 12 (das Haus wurde im Zweiten Weltkrieg zerstört) nieder und blieb dort bis zur Übersiedlung in das → *Down House* am 14. September 1842.

Die Londoner Jahre markieren die entscheidende Wende in Darwins Leben. Aus dem verkrachten Theologiestudenten, der während der mehrjährigen → *Weltreise* seine wahre Berufung erkannt hatte, war ein ge-

So sah es in London aus – das Bild zeigt die Themse und den Tower –, als Darwin in der Stadt lebte. Kolorierter Kupferstich von Hessen, 1821.

reifter Mann und ein ernstzunehmender Naturforscher geworden. Mit bislang unbekannter Disziplin und Zielstrebigkeit widmete er sich jetzt der Aufarbeitung der praktischen und theoretischen Erkenntnisse, die er auf seiner Reise gesammelt hatte. Er verfaßte den Band → *Journal and Remarks* (1839) für den dreibändigen Expeditionsbericht seines Kapitäns → *Robert Fitzroy* (daraus wurde in der 2. Ausgabe das → *Journal of Researches* und in der 3. → *A Naturalist's Voyage*), organisierte die Herausgabe seines eigenen fünfteiligen Expeditionsberichts → *Zoology of the Voyage of H.M.S. »Beagle«* (1839–1843), für dessen Bearbeitung er hervorragende Sachkenner gewann, schrieb sein wegweisendes Werk über die → *Korallenriffe*, *The Structure and Distribution of Coral Reefs* (1842), das den 1. Teil des geologischen Pendants zur *Zoology* bildete, und mehrere kleinere wissenschaftliche Arbeiten.

Wie ernsthaft Darwin, ein noch junger Mann um die Dreißig, der keine einschlägige akademische Ausbildung besaß, in den wissenschaftlichen Kreisen Londons anerkannt wurde, zeigt sich schon darin, daß er mit vielen führenden Fachgelehrten in der Hauptstadt als Gleicher unter Gleichen verkehrte. Besonders wichtig war für ihn die Bekanntschaft mit dem damaligen »Geologenpapst« → *Charles Lyell*. Ein weiterer Beweis ist seine Berufung als Sekretär der Geological Society im

Diese lebensgroße Statue von Charles Darwin, geschaffen von Sir Joseph Boehm, wurde am 9. Juni 1885 von Thomas Henry Huxley und in Anwesenheit des Prince of Wales auf der Treppe der Haupthalle des Londoner Natural History Museum enthüllt.

Februar 1838 – ein überaus ehrenvolles Amt, das er zwei Jahre lang innehatte, obwohl er als Geologe mehr oder weniger Autodidakt war.

Der wissenschaftsgeschichtlich und biographisch bedeutsamste Vorgang jener Jahre, der sich freilich unter Ausschluß der Öffentlichkeit vollzog, wird in Darwins *Autobiographie* nur mit zwei Sätzen gestreift. Der erste lautet: »*Im Juli* [1837] *begann ich mein erstes Notizbuch mit Fakten, die sich auf die ›Entstehung der Arten‹ bezogen, über die ich lange nachgedacht hatte und an der zu arbeiten ich in den nächsten zwanzig Jahren niemals aufhörte.*« Und der zweite: »*Im Juni 1842 gestattete ich mir zum erstenmal die Genugtuung, einen ganz kurzen Abriß meiner Theorie mit Bleistift auf 35 Seiten niederzuschreiben ...*«

In der geistig anregenden Atmosphäre Londons wurde somit bereits der Keim zu Darwins Hauptwerk gelegt, bis zu dessen Vollendung tatsächlich noch rund zwanzig Jahre vergehen sollten.

Charles Lyell

* 14. November 1797 Kinnordy; † 22. Februar 1875 London

Charles Lyell, der 1848 das Adelsprädikat Sir und 1864 den Titel Baronet erhielt, war ein vielseitig begab-

Oben: *Sir Charles Lyell, Darwins »geologischer Lehrmeister« und treuer Freund. Zeichnung von T. H. Maguire.*

ter Mann: Er interessierte sich für Kunst und Geschichte, betätigte sich vorübergehend als Jurist, unternahm zahlreiche Reisen in Europa und Amerika, befaßte sich mit Entomologie und Ornithologie und wurde schließlich einer der bedeutendsten Geologen des vorigen Jh.s. 1831 wurde er als Professor der Geologie an das Londoner Christ's College berufen, kümmerte sich jedoch nur wenig um seinen Lehrauftrag. Als Sohn eines reichen Großgrundbesitzers (und bekannten Botanikers) führte er lieber das Leben eines unabhängigen Privatgelehrten und Gentleman, der in der feinen Gesellschaft – einschließlich des Königshauses – verkehrte, aber zugleich ein ungemein fleißiger und zielstrebiger Wissenschaftler war. Seine größte Leistung bestand darin, daß er unermüdlich konkrete Forschung vor Ort betrieb und dadurch manche geologische und paläontologische Spekulationen, wie sie in seiner Zeit gang und gäbe waren, aus der Welt schaffte.

Lyells dreibändiges Hauptwerk *Principles of Geology* (1830–1833) erfaßte die Erdgeschichte als ein raumzeitliches Kontiunuum und räumte endgültig auf mit der sogenannten → *Katastrophentheorie*, die den Formwandel der fossilen Organismen auf mehrere große Katastrophen zurückführte, die über die Erde hinweggegangen seien, und auf die Wiederbesiedlung der Erdoberfläche von kleinen Erhaltungsgebieten aus. Dage-

Rechts: *Frontispiz des ersten Bandes von Lyells Hauptwerk* Principles of Geology *(1830), das durch die neue, bis heute gültige Deutung der erdgeschichtlichen Vorgänge einen nachhaltigen Einfluß auf den jungen Naturforscher Charles Darwin ausübte.*

Darwin liest seinen Freunden Charles Lyell (Mitte) und Joseph Dalton Hooker in seinem Arbeitszimmer den berühmten Brief vor, den er am 18. Juni 1858 von Alfred Russel Wallace erhalten hatte und der ihn veranlaßte, endlich mit seiner eigenen Evolutionstheorie an die Öffentlichkeit zu treten. Diesen dramatischen Augenblick der Wissenschaftsgeschichte hat der russische Maler Victor Eustaphieff in seinem Bild zu rekonstruieren versucht.

gen setzte Lyell die Lehre des »Aktualismus«, die besagt, daß die in der Gegenwart wirksamen Kräfte durch ihre Summierung im Laufe riesiger Zeiträume die Veränderungen des Erdbildes hervorgebracht haben. Eine echte Evolution der Lebewesen hat nach Lyell nicht stattgefunden, wohl aber ein allmähliches Aussterben und eine ständige Neuerschaffung von Arten.

Den ersten Band von Lyells *Principles* nahm Darwin 1831 mit an Bord der Beagle. Als alter Mann erinnert er sich in seiner *Autobiographie: »Als ich mich auf die Reise mit der ›Beagle‹ vorbereitete, empfahl mir der kluge Henslow, der wie alle Geologen in jener Zeit an aufeinanderfolgende Kataklysmen* [Katastrophen] *glaubte, den ersten Band der* Principles *zu erstehen und zu studieren, der soeben erschienen war, aber auf keinen Fall die darin vertretenen Ansichten zu übernehmen. Wie anders würde heute jedermann von den* Principles *sprechen!«* Für den jungen Darwin war das Buch eine Offenbarung, denn es eröffnete ihm die gewaltige erdgeschichtliche Kulisse, vor der das langwährende Drama der Evolution sich entfalten konnte.

Schon bald nach seiner Rückkehr, am 2. Januar 1837, wurde Darwin von Lyell eingeladen, und von diesem Tag an verband die beiden eine aufrichtige Freundschaft, trotz ihrer gegensätzlichen Charaktere und ihrer zunächst unterschiedlichen wissenschaftlichen Auffas-

sungen. Lyell sorgte 1858 zusammen mit → *Joseph D. Hooker* dafür, daß Darwins Evolutionskonzept gleichzeitig mit dem Entwurf von → *Alfred Russel Wallace* bekanntgemacht wurde, und er drängte ihn, das Buch über die Entstehung der Arten endlich fertigzuschreiben. Unter dem Eindruck von *Origin of Species* revidierte Lyell seine früheren Ansichten und bekannte sich, wenn auch mit einigem Widerstreben, zur Darwinschen Evolutionslehre; das Selektionsprinzip lehnte er jedoch bis zum Schluß ab, weil er dadurch die Sonderstellung des Menschen bedroht sah.

Diese Fähigkeit zum Gesinnungswandel bei einem alten, hochangesehenen Gelehrten – Lyell war damals immerhin schon in den Siebzigern – nötigte Darwin größten Respekt ab: *»Seine Redlichkeit war höchst bemerkenswert. Er bewies dies dadurch, daß er sich zur Deszendenztheorie bekehrte, obgleich er großen Ruhm erworben hatte, weil er die Ansichten von* [→ Jean Baptiste de] *Lamarck bekämpft hatte.«*

Maer

Darwins Lieblingsonkel und späterer Schwiegervater, der jüngere → *Josiah Wedgwood*, hatte diesen Landsitz in der Grafschaft Staffordshire erworben. Maer lag etwa 30 km von → *Shrewsbury* und rund 10 km von der

Die St. Peter's Church in Maer, in der Darwin am 29. Januar 1839 Emma Wedgwood heiratete. Im Hintergrund erkennt man das Dach und die Kamine von Maer Hall, dem Wohnsitz der Familie Wedgwood.

berühmten Porzellanmanufaktur entfernt, die der ältere Josiah Wedgwood um die Mitte des 18. Jh.s als »Etruria Works« gegründet hatte. Das Wohnhaus, Maer Hall, ein etwa 200 Jahre alter schlichter Steinbau, stand an einem kleinen See oder »mere« (daher der Name) und war umgeben von prächtigen Gartenanlagen, Gehölzen und sanft abfallenden Hängen.

In dieser idyllischen Umgebung und im Kreise der großzügigen, liberalen Familie Wedgwood fühlte sich der junge Charles Darwin besonders wohl. Er empfand das Leben in Maer als erfreulichen Kontrast zu seinem gestrengen Elternhaus in Shrewsbury und »flüchtete« so oft wie möglich zu seinem Onkel Josiah, mit dem er in der umliegenden Landschaft regelmäßig auf die Jagd ging. *»Das Leben war dort vollkommen frei; die Gegend war sehr angenehm zum Wandern und Reiten, und an den Abenden gab es vielfach sehr erfreuliche Gespräche ... zusammen mit Musik. Im Sommer saß die gesamte Familie oft auf den Stufen der alten Säulenhalle beisammen, mit dem Blick auf den Blumengarten und die steile bewaldete Erhebung gegenüber dem Hause, die sich im See spiegelte, aus dem hin und wieder ein Fisch hervorschnellte oder auf dem ein Wasservogel umherruderte. Nichts hat ein lebhafteres Abbild in meiner Seele hinterlassen als diese Abende in Maer.« (Autobiographie)*

Thomas Robert Malthus

* 17. Februar 1766 The Rookery; † 23. Dezember 1834 Bath

T. R. Malthus, dessen Einsichten und Erkenntnisse einen nicht zu unterschätzenden Eindruck bei Darwin hinterließen, war von Hause aus Theologe, erlangte aber internationale Berühmtheit als einer der einflußreichsten Nationalökonomen seiner Zeit. 1805 wurde er als Professor für Geschichte und »politische Ökonomie« an das neugegründete College von Haileybury berufen. Er verfaßte eine Vielzahl von politischen und soziologischen Schriften, doch sein Name ist aus heutiger Sicht fast ausschließlich mit seinem bereits 1798 anonym veröffentlichten Hauptwerk *An Essay on the Principle of Population* (Ein Essay über das Bevölkerungsprinzip) verbunden, das eine heftige kontroverse Diskussion auslöste und, mehrfach in verbesserter Fassung neu aufgelegt, in den folgenden Jahrzehnten eine ungeheure Wirkung auf das sozialpolitische Denken in England und Europa ausübte.

In seinem *Essay* entwarf Malthus, ausgehend vom Massenelend im anbrechenden Zeitalter der Industriellen Revolution, ein pessimistisches Bild der künftigen Menschheitsentwicklung. Seine Erkenntnisse brachte er auf eine griffige, wenngleich wissenschaftlich unhaltbare Formel, die er in den Kernsätzen seines Buches

Auch für Alfred Russel Wallace wurde die Malthus-Lektüre zu einem Schlüsselerlebnis, wie aus einer Passage in seinen Lebenserinnerungen hervorgeht:
»In jener Zeit [1858] hatte ich starkes Fieber und mußte täglich einige Stunden liegen. Irgend etwas brachte mir eines Tages den Essay von Malthus in Erinnerung. Da kam mir wie ein Blitz der Gedanke, daß jener Naturprozeß notwendig die Rasse verbessern müßte, weil die Schlechten getötet und die Bestangepaßten überleben würden. Indem ich die Variationen betrachtete, die fortwährend bei Tieren und Pflanzen vorkommen, wurde mir die ganze Methode der Artenabänderung klar, und in zwei Stunden meines Anfalls hatte ich die Hauptpunkte der Theorie durchdacht.«

Thomas Robert Malthus, der berühmte englische Nationalökonom und Bevölkerungswissenschaftler, der die Evolutionstheorie Darwins sowie auch die von Wallace maßgeblich beeinflußte. Stich von Linnell.

wie folgt formulierte: *»Die Bevölkerung nimmt, wenn sie sich ungehemmt entfaltet, in einer geometrischen Reihe zu* [also 2, 4, 8, 16 usw.]. *Die Nahrungsmittelmenge nimmt dagegen nur in einer arithmetischen Reihe zu* [2, 4, 6, 8 usw.]. *Ich sehe keine Möglichkeit, wie der Mensch dem Gewicht dieses Gesetzes, das die gesamte belebte Natur durchdringt, entkommen könnte.«* Eine »Hemmung« der drohenden Übervermehrung der Menschheit ist nach Malthus nur möglich durch »preventive checks« oder Vorbeugung (Spätheirat, Enthaltsamkeit; an eine gezielte Geburtenkontrolle dachte man damals noch nicht) und durch »positive checks« oder die Vernichtung menschlichen Lebens (Kriege, Seuchen, Naturkatastrophen, hohe Kindersterblichkeit in den unteren Schichten).

In dieser Theorie, die sich ausschließlich auf menschliche Zustände bezog, sind unausgesprochen bereits Ansätze der umfassenderen Formeln vom → *Kampf ums Dasein* und → *Überleben des Passendsten* enthalten, an die Darwin anknüpfen konnte. *»Das Konzept des Lebenskampfes war für Darwin die ideale Analogie, die er benötigte, um den wichtigen Schritt von der künstlichen zur natürlichen Auswahl* [Selektion] *zu vollziehen«* (H. W. Koch).

Darwin lernte Malthus' Hauptwerk erst verhältnismäßig spät kennen, erkannte aber sofort dessen große

Bedeutung für seine eigenen evolutionstheoretischen Überlegungen. In seiner *Autobiographie* heißt es: »*Im Oktober 1838, das heißt fünfzehn Monate nach dem Beginn meiner systematischen Untersuchungen, las ich zufällig zur Unterhaltung Malthus' Buch ›Über die Bevölkerung‹, und da ich dank einer langwährenden Beobachtung der Lebensgewohnheiten von Tieren und Pflanzen wohl vorbereitet war, den Kampf ums Dasein zu würdigen, der überall stattfindet, kam mir sofort der Gedanke, daß unter solchen Umständen günstige Abänderungen dazu neigen, erhalten zu bleiben, und ungünstige dazu, vernichtet zu werden. Das Ergebnis davon würde die Bildung neuer Arten sein. Hier hatte ich also endlich eine Theorie, mit der ich arbeiten konnte.*«

In einem Brief an Ernst Haeckel vom 8. Oktober 1864 bekräftigte Darwin noch einmal den Einfluß von Malthus auf seine Selektionstheorie: »*Aber einige Jahre lang konnte ich nicht begreifen, wie eine jede Form so ausgezeichnet ihren besonderen Lebensverhältnissen angepaßt werden konnte. Ich begann darauf systematisch die Haustiere und die Gartenpflanzen zu studieren und sah nach einiger Zeit deutlich ein, daß die wichtigste umbildende Kraft im Zuchtwahlvermögen des Menschen lag, in seiner Benutzung auserlesener Individuen zur Nachzucht. Dadurch, daß ich vielfach die Lebensweisen und Gewohnheiten der Tiere studiert hatte, war ich darauf vorbereitet, den Kampf ums Dasein richtig zu erfassen; und meine geologischen Arbeiten gaben mir eine Vorstellung von der ungeheuren Länge der verflossenen Zeiträume. Als ich dann durch einen glücklichen Zufall das Buch von Malthus ›Über die Bevölkerung‹ las, tauchte der Gedanke der natürlichen Zuchtwahl in mir auf.*«

Der »glückliche Zufall« wiederholte sich, und zwar bei → *Alfred Russel Wallace*, der ungefähr gleichzeitig mit Darwin das Selektionsprinzip entdeckte.

Karl Marx im hohen Alter. Photo um 1880. Marx betrachtete die Evolutionstheorie Darwins als eine wesentliche geistige Grundlage seiner sozialistischen Gesellschaftslehre, lernte aber seinen großen Zeitgenossen nie persönlich kennen, obwohl er nur wenige Kilometer von ihm entfernt in London lebte. Am Grabe von Karl Marx sagte sein Mitstreiter Friedrich Engels: »Wie Darwin das Gesetz der Entwicklung der organischen Natur entdeckte, so entdeckte Marx das Entwicklungsgesetz der menschlichen Geschichte.«

Karl Marx

* 5. Mai 1818 Trier; † 14. März 1883 London

Es ist erwiesen, daß Marx und sein Mitstreiter Friedrich Engels (1820–1895) Darwins Hauptwerk *Origin of Species* schon bald nach dem Erscheinen mit Begeisterung studierten. Bereits am 11. oder 12. Dezember 1859 schrieb Engels an Marx: »*Übrigens ist der Darwin, den ich jetzt lese, ganz famos. Die Teleologie* [Zielgerichtetheit der Schöpfung] *war nach einer Seite hin noch nicht kaputt gemacht, das ist jetzt geschehen. Dazu ist bisher noch nie ein so großartiger Versuch gemacht worden, historische Entwicklung in der Natur nachzuweisen und am wenigsten mit solchem Glück. ...*«

Ein Jahr später, am 19. Dezember 1860, meinte Marx in einem Brief an Engels: »*In meiner Prüfungszeit wäh-*

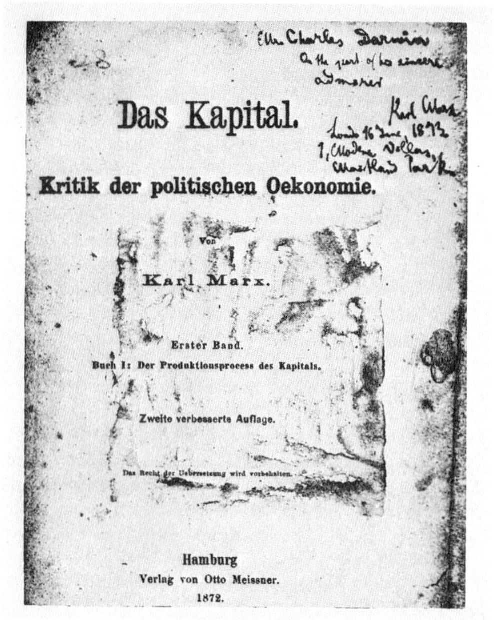

Die handschriftliche Widmung von Karl Marx auf dem Titelblatt der zweiten Auflage seines Kapital.

In seinem Antwortbrief an Karl Marx, der ihm die offizielle Widmung der englischen Ausgabe des *Kapitals* angeboten hatte, schreibt Darwin am 13. Oktober 1880 u. a.:
»Obwohl ich in allen Fragen ein entschiedener Verfechter der Gedankenfreiheit bin, glaube ich dennoch (ob richtig oder falsch, ist völlig gleich), daß direkte Beweisgründe gegen Christentum und Theismus kaum irgendeinen Eindruck auf das Publikum machen werden und daß die allmähliche Aufklärung der Geister, die im Ergebnis des wissenschaftlichen Fortschritts einsetzt, der Gedankenfreiheit den größten Nutzen bringt. ... Es ist übrigens möglich, daß der Gedanke an den Schmerz, den ich einigen Angehörigen meiner Familie bereiten würde, wenn ich begänne, – direkte Angriffe auf die Religion so oder anders zu unterstützen, mich hier über Gebühr beeinflußt hat.«

rend der letzten vier Wochen habe ich allerlei gelesen, unter anderem Darwins Buch von der ›Natural Selection‹. Obgleich grob englisch entwickelt, ist dies das Buch, das die naturhistorische Grundlage für unsere Arbeit enthält.« In einem Brief vom 16. Januar 1861 an Ferdinand Lassalle (1825–1864) pries Marx Darwins Buch als *»sehr bedeutend«* und als naturwissenschaftliche Basis seiner eigenen Auffassungen, denn hier werde *»der Teleologie in der Naturwissenschaft nicht nur der Todesstoß gegeben, sondern der rationelle Sinn derselben auseinandergelegt«.*

Für den Marxismus und das in diesem Zusammenhang auftauchende Problem des → *Sozialdarwinismus* hat sich Darwin offensichtlich nicht interessiert, und er ist auch dem in London lebenden Marx nie persönlich begegnet. Er erhielt jedoch im Juni 1873 von Marx ein Exemplar der 2. Auflage von dessen Werk *Das Kapital* mit einer handschriftlichen Widmung des Verfassers: *»Mr. Charles Darwin / Von seinem aufrichtigen Bewunderer / Karl Marx.«*

1880 bot Marx Darwin sogar an, ihm die englische Ausgabe des *Kapital* offiziell zu widmen, doch Darwin lehnte höflich, aber bestimmt ab, weil er befürchtete, eine solche Identifizierung mit dem materialistischen Atheismus würde ihm in seinen Kreisen unnötigen Ärger einbringen.

The Mount, das Geburtshaus von Charles Darwin am Rande der Stadt Shrewsbury. Neueres Photo.

The Mount

Darwins Geburtshaus in → *Shrewsbury*, The Mount genannt, hatte sein Vater → *Robert Waring Darwin* um 1800 erbauen lassen. »*Es ist ein großes, einfaches, viereckiges Haus aus rotem Backstein, dessen anziehendste Eigentümlichkeit das schöne, sich in das Wohnzimmer öffnende Gewächshaus bildet. Das Haus ist reizvoll gelegen, auf der Höhe eines steilen, zum Severn abfallenden Hanges. Der terrassierte Hang wird von einem langen, von einem Ende zum andern führenden Weg quer durchzogen, der noch heute der ›Doktorweg‹ heißt. An einer Stelle dieses Weges steht ein Kastanienbaum, dessen Zweige sich in einer merkwürdigen Weise parallel zueinander zurückbiegen. Das war der Lieblingsbaum des Knaben Charles Darwin, wo er und seine Schwester Catherine jeweils einen besonderen Sitz hatten.*«

So beschreibt Francis Darwin das Geburtshaus seines Vaters im Jahre 1887.

Fritz Müller

* 31. März 1821 Windischholzhausen bei Erfurt; † 21. Mai 1897 Blumenau/Brasilien

Fritz Müller, der in seiner Wahlheimat Brasilien zunächst als Farmer, dann als Zoologieprofessor in Desterro lebte, war neben → *Ernst Haeckel* der erste

deutsche Wissenschaftler von Rang, der sich uneingeschränkt zu Darwin bekannte. Bereits 1864 veröffentlichte er ein Buch mit dem programmatischen Titel *Für Darwin*, das auf Veranlassung Darwins 1869 auch in englischer Übersetzung *(Facts and Arguments for Darwin)* erschien. Darwin hatte das Buch freilich schon lange vorher im Original kennengelernt und sich in einem Brief vom 10. August 1865 sehr herzlich bei dem Verfasser bedankt. Dazu bemerkt Francis Darwin in *Life and Letters of Charles Darwin: »Er ist von Interesse als der erste der langen Reihe von Briefen, die mein Vater an diesen hervorragenden Naturforscher schrieb. Die beiden sind einander nie begegnet, aber die Korrespondenz mit Müller, die bis an das Lebensende meines Vaters fortbestand, war für ihn eine Quelle sehr großen Vergnügens. Mein Eindruck ist, daß von allen seinen nicht persönlich bekannten Freunden Fritz Müller derjenige war, dem er die größte Hochachtung entgegenbrachte.«*

Müller war in der Tat ein Naturforscher von Rang. Er entwickelte mit Haeckel das »biogenetische Grundgesetz«, beschrieb als erster das Phänomen der »Müllerschen Mimikry« (gemeinsame Warntracht ungenießbarer Arten) und arbeitete über Rankenfüßer, Schmetterlinge, Termiten usw. Zweifellos konnte ein so vielseitiger Wissenschaftler, der zudem noch in exotischen Regionen tätig war, Darwin vielerlei Anregungen geben, die dieser in die späteren Auflagen von *Origin of Species* und in andere Werke einarbeitete.

Gegenüberliegende Seite:

Beispiele der Müllerschen und Batesschen Mimikry bei afrikanischen und südamerikanischen Schmetterlingen. Oberhalb der grauen Querstriche stehen jeweils die »Vorbilder« oder »Modelle«, darunter die täuschend ähnlichen »Nachahmer«, die dank ihrer Schutztracht von Freßfeinden gemieden werden. Für Darwin – wie für seine wissenschaftlichen Korrespondenten Fritz Müller und Henry Walter Bates (1825–1892) – war die Mimikry ein besonders sinnfälliges Beispiel für Anpassungsmechanismen im Tierreich, die unter Selektionsdruck entstehen.

Musik

Zur Musik hatte Darwin ein merkwürdiges Verhältnis: Er war, paradox ausgedrückt, musikalisch, ohne musikalisch zu sein. Aus verschiedenen Zeugnissen geht hervor, daß er zeit seines Lebens für gute Musik überaus empfänglich war, obgleich er sich nie praktisch oder theoretisch mit musikalischen Dingen beschäftigte. In seinem nüchternen, amusischen Elternhaus spielte die Musik – wie Kunst überhaupt – keine Rolle; seine ersten musikalischen Eindrücke, über die er in seiner *Autobiographie* ausführlich und mit einem Hauch von Selbstironie berichtet, scheint er erst als Student in → *Cambridge* gewonnen zu haben: *»Ich geriet auch in eine musikalische Gesellschaft, ich glaube durch meinen warmherzigen Freund Herbert. ... Durch den Umgang mit diesen Leuten und dadurch, daß ich sie spielen hörte, entwickelte ich eine große Neigung zur Musik, und ich richtete meine Spaziergänge sehr oft so ein, daß ich an den Werktagen den Choral in der Kapelle des King's College hören konnte. Das verschaffte mir ein so intensives Vergnügen, daß mein Rückgrat manchmal erschauerte. Ich bin überzeugt, daß es sich bei dieser Vorliebe*

Oben: *Emma Darwin war eine begabte Pianistin (sie soll in ihrer Jugend sogar einige Stunden bei Chopin genommen haben) und spielte ihrem Mann regelmäßig dessen Lieblingsstücke vor. Gemälde eines unbekannten Künstlers.*

Gegenüberliegende Seite oben:

Die Kapelle des King's College in Cambridge, ein Meisterwerk des Perpendicular Style (englische Spätgotik). Dort fand sich der Student Darwin des öfteren ein, um dem Choralgesang zu lauschen.

um keine Affektation oder bloße Nachahmung handelte, denn ich ging gewöhnlich ganz allein zum King's College und zuweilen engagierte ich die Chorknaben, in meiner Wohnung zu singen. Gleichwohl mangelt es mir so gänzlich an Gehör, daß ich eine Dissonanz nicht bemerke und weder Takt halten noch eine Melodie summen kann; und es ist ein Geheimnis, wieso mir die Musik überhaupt hat Freude machen können.«

Der vorhin erwähnte Studienfreund John Maurice Herbert, der später Grafschaftsrichter in Südwales wurde, erinnerte sich nach Darwins Tod noch sehr lebhaft an dessen musikalische Neigungen und Empfindungen. Francis Darwin referiert darüber in *Life and Letters of Charles Darwin: »Mr. Herbert spricht nachdrücklich von seiner* [Darwins] *Liebe zur Musik und fügt hinzu: ›Das größte Entzücken bereitete ihm eine großartige Symphonie oder Ouvertüre von Mozart oder Beethoven mit ihren vollen Harmonien.‹ Einmal, erinnert sich Herbert, habe er ›ihn zum Nachmittagsgottesdienst im King's begleitet, wo wir einen wunderbaren Choral hörten. Am Ende eines Teils, der ungewöhnlich eindrucksvoll war, drehte er sich zu mir um und sagte mit einem tiefen Seufzer: ‚Was macht dein Rückgrat?'‹ Mein Vater sprach oft davon, daß er beim Anhören schöner Musik ein Gefühl der Kälte oder des Erschauerns im Rücken verspürt habe.«*

Ein außergewöhnliches musikalisches Erlebnis für den alten Darwin war der Besuch des berühmten deutschen Dirigenten Hans Richter (1843–1916).

Richter, der im August 1876 mit der ersten Gesamtaufführung von Wagners *Ring des Nibelungen* die Bayreuther Festspiele eröffnet hatte und fortan als ständiger Dirigent in Bayreuth wirkte, hielt sich Pfingsten 1881 als Gast bei der Familie Darwin im Down House auf. Der ungewöhnliche Besuch war durch einen Freund Richters, der eine Nichte von Darwins Frau Emma geheiratet hatte, zustande gekommen.

Nach Darwins Tod veröffentlichte Richter im Wiener »Neuen Tagblatt« einen begeisterten Bericht über diese Begegnung, der von Emil Otto Zacharias in seinem Buch *Charles Darwin* (Berlin 1882) wiederabgedruckt wurde. Diese Schilderung ist nicht nur deshalb aufschlußreich, weil sie Darwins Verhältnis zur → *Musik* erhellt, sondern auch, weil sie ein zutreffendes Porträt des greisen Forschers zeichnet. Das wird jedenfalls von Darwins Sohn Francis bestätigt: *»Die Skizze ist einfach und einfühlsam geschrieben, und dem Verfasser ist es gelungen, ein wahres Bild meines Vaters, wie er in Down lebte, zu geben.«*

Vor allem aus diesem Grund sei nachstehend wenigstens ein Auszug aus Richters Augenzeugenbericht mitgeteilt:

Unten: *Der Dirigent Hans Richter, der 1881 im Down House zu Gast war, verfaßte über diesen Besuch bei Darwin einen aufschlußreichen Bericht.*

Seine musikalisch gebildete Frau Emma bot Darwin im Down House regelmäßig Musikgenuß, worüber sein Sohn Francis berichtet:

»Am Abend, das heißt, nachdem er so viel gelesen hatte, wie ihm seine Kräfte erlaubten, und ehe das laute Vorlesen begann, streckte er sich häufig auf dem Sofa aus und lauschte dem Klavierspiel meiner Mutter. Er hatte kein gutes Gehör, doch trotzdem empfand er eine wahre Liebe zu guter Musik. Er beklagte es immer wieder, daß seine Freude an der Musik mit dem Alter abgestumpft sei, aber soweit ich mich erinnern kann, war seine Liebe zu einer guten Melodie stark ausgeprägt. ... Wegen seines schlechten Gehörs vermochte er eine Melodie nicht wiederzuerkennen, wenn er sie wieder hörte, aber dem, was er gern hatte, blieb er treu, und er sagte oft, wenn ein altes Lieblingsstück gespielt wurde: ›Das ist schön; was ist es?‹ Besonders liebte er Auszüge aus Beethovens Symphonien und Kostproben von Händel. Er hatte sich eine kleine Liste von all den Stücken angelegt, die ihm von denen, welche meine Mutter spielte, am besten gefielen – er vermerkte in wenigen Worten den Eindruck, den jedes einzelne auf ihn machte –, doch diese Aufzeichnungen sind leider verlorengegangen. ... Er war hinsichtlich seines eigenen Geschmacks äußerst bescheiden und infolgedessen angenehm berührt, wenn er entdeckte, daß andere mit ihm übereinstimmten.«

»Ich stand vor Darwin, der neben dem Kamin, in dem ein kleines Feuer brannte, in einem Fauteuil saß. Er stand bei unserm Eintritt auf, mir die Hand reichend und mich herzlich begrüßend. Wie ist der erste Eindruck gewesen? Unbeschreiblich. Ich habe so viele Bilder von Darwin gesehen, so gut sie sein mögen, eines geben sie doch nicht wieder, die Schönheit des Auges, dieses germanisch [!] *schönen Auges mit dem unendlichen Wohlwollen darin, voller Güte und Milde. Ich war furchtbar ergriffen. Ich habe ihn dann nach und nach beobachtet und habe gesehen, daß die Bilder ihn allzu finster im Gesichtsausdruck darstellen. Es ist ein feines Gesicht und der Kopf nicht übermäßig groß, wie man sich denkt. Dafür war er in der Statur größer, als man sich ihn gewöhnlich vorstellt, und als er jünger gewesen, muß er weit über das gewöhnliche Maß groß gewesen sein. Die Stirne überaus mächtig und prachtvoll herausgearbeitet, Haar und Bart ganz weiß, nicht so lang und struppig wie auf den Bildern. In der Kleidung der vollendete Gentleman. Die ganze Erscheinung ungemein ehrwürdig und dabei behaglich, als hätte man einen reichen Lord vor sich, der, um seinen Passionen zu leben, sich auf das Land zurückgezogen hat. An der Wand des Parlours stand ein famoser Erard und davor ein Pult mit aufgeschlagenen Noten. Es war die Cellosonate in A-Dur von Beethoven. ›Wer spielt hier Cello?‹ fragte ich. ›Bei uns niemand, aber Fagott, und zwar mein Sohn.‹ Frau Darwin, eine immer noch schöne und stattliche Frau, ersuchte mich, etwas vorzuspielen und gab selbst die Themen an, zuerst Mozart, dann Haydn, Beethoven und zuletzt Wagner. Ich spielte Stücke aus den Meistersingern, aus Tristan und Lohengrin. Nach dem Dinner gingen wir in den Garten. Während der Mahlzeit war Darwin sehr heiter und gesprächig und betonte immer den tiefen Respekt, den er vor Deutschland und deutscher Arbeit hege. ... Im Arbeitszimmer Darwins und draußen auf dem Gange hängen lauter Bilder aus der Lebensgeschichte Christi, sowohl der ganze Kreuzweg als auch andere Themen aus dem Neuen Testament, so die Bergpredigt, Fischzug, ich glaube, es sind Aquarelle. ... Während Darwin schlummerte, gingen wir im Garten spazieren. ... Als wir zurückgekehrt waren, trafen wir Darwin im Eßzimmer, und auf sein Ersuchen spielte ich wieder Klavier. Er klagte, daß er gezwungen sei, seine Arbeit zu unterbrechen, die Ärzte ließen ihm keine Ruhe, er müsse ans Meer, und er war ganz untröstlich darüber, daß er dort nicht werde arbeiten dürfen. Beim Abschied versprach er, im kommenden Jahre im Juni* [1882], *wenn die Meistersinger aufgeführt würden, nach London zu kommen. Wer von uns hätte gedacht, als er, der damals noch recht Rüstige, Heitere, dies Versprechen gab, daß es ihm nicht mehr vergönnt sein würde, es auszuführen.«*

Drei südamerikanische Palmenarten. Illustration aus A. d'Orbignys Voyage dans l'Amérique méridionale *(1847). Die exotische Flora Südamerikas, vor allem die bizarr gestalteten Bäume, übte auf den jungen Weltreisenden Charles Darwin eine besondere Faszination aus, wie zahlreiche Passagen in* A Naturalist's Voyage *bezeugen.*

A Naturalist's Voyage

Unter diesem neuen und zugkräftigen Titel erschienen 1860 die dritte und endgültige Fassung von Darwins Reisetagebuch, das in der 2. Ausgabe von 1845 noch → *Journal of Researches* hieß; dieser damalige Haupttitel wird 1860 zum Untertitel des Werks. Die bis heute maßgebliche deutsche Übersetzung, *Reise eines Naturforschers um die Welt*, von Julius Victor Carus kam erst 1875 heraus, wahrscheinlich deshalb, weil bereits seit 1844 Dieffenbachs Eindeutschung der Erstfassung → *Journal and Remarks* (1839) vorlag. Das Neue an *A Naturalist's Voyage* besteht hauptsächlich in der Titeländerung, daneben aber auch in einigen inhaltlichen Verbesserungen, über die ein vorangestelltes kurzes »Postscript«, datiert vom 1. Februar 1860, Auskunft gibt.

Darwins Buch, in dem er auf rund 500 Druckseiten die einzelnen Etappen seiner → *Weltreise* in chronologischer Folge beschreibt, ist zu einem Klassiker der Reise- und Expeditionsliteratur geworden. Es besticht noch heute durch die genauen, oft poetisch angehauchten Schilderungen exotischer Landschaften, Pflanzen, Tiere und Menschen, durch die Schärfe der Beobachtung, die zuweilen überhandnehmende Detailfülle und die intuitive Erfassung größerer Naturzusammenhänge. Zugleich ist es Darwins persönlichstes (und lesbar-

Zwei Barscharten aus dem King George's Sound an der Südküste Australiens. Illustration aus J. D. d'Urvilles Voyage de la corvette l'Astrolabe *(1830–1835). Der King George's Sound, wo Darwin wie immer naturkundliche Studien trieb, war die letzte Station der »Beagle« auf dem australischen Kontinent vor der Weiterfahrt durch den Indischen Ozean. »Lebe wohl, Australien«, schreibt Darwin in seinem Reisebuch, »du bist ein aufblühendes Kind und wirst zweifellos einmal eine große Fürstin des Südens sein. . . . Ich verlasse deine Ufer ohne Kummer und ohne Bedauern.«*

stes) Buch geblieben, das, im Gegensatz zu seinen rein wissenschaftlichen Veröffentlichungen, auch den Ausdruck der Begeisterung und des Ergriffenseins angesichts überwältigender Natureindrücke nicht scheut – kein Wunder, wenn man bedenkt, daß es im wesentlichen das Werk eines Achtundzwanzigjährigen ist, der mit unverstelltem Blick und ohne theoretische Vorbelastung eine Welt voller Wunder in sich aufnahm. Die Unmittelbarkeit und Frische der Darstellung ergeben sich nicht zuletzt daraus, daß Darwin sich bei der Abfassung des Textes weitgehend auf die Briefe und Aufzeichnungen stützte, die während der Reise vor Ort entstanden waren.

Die Bedeutung des Buches liegt freilich nicht nur in der Deskription, sondern auch in der Interpretation der beobachteten Naturgegenstände. Der Evolutionsgedanke wird zwar noch nirgendwo expressis verbis ausgesprochen, ist aber schon an manchen Stellen zwischen den Zeilen herauszulesen. Vielerorts, vor allem auf ozeanischen Inseln und an fossilen Fundstätten, stieß Darwin auf Belege für die Veränderlichkeit der Lebensformen innerhalb großer Zeiträume, Belege, die ihn zunächst irritierten, aber sehr bald, schon beim Schreiben des Buches, zum Nachdenken über das Evolutionsproblem zwangen. Ein typisches Beispiel ist das Phänomen der → *Darwin-Finken*, das bereits im Reise-

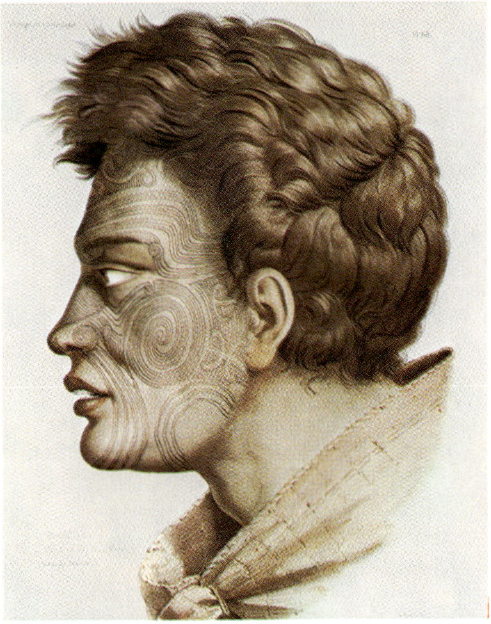

Oben: *Das Quokka oder Kurzschwanzkänguruh* (Setonix brachyurus) *Westaustraliens. Illustration aus d'Urvilles* Voyage . . .

Links: *Tätowierter Kopf eines neuseeländischen Eingeborenen. Illustration aus d'Urvilles* Voyage. . . *Im 18. Kapitel von* A Naturalist's Voyage *bemerkt Darwin über die Sitte des Tätowierens auf Neuseeland: »Es wird heute bei weitem nicht mehr soviel tätowiert wie früher; aber da die Tätowierung ein Unterscheidungszeichen zwischen Häuptling und Sklave darstellt, wird sie wahrscheinlich noch lange praktiziert. Eine jede Vorstellungsweise wird so bald zur Gewohnheit, daß mir die Missionare sagten, selbst in ihren Augen wirke ein unverziertes Gesicht niedrig und nicht wie das eines neuseeländischen Gentleman.«*

tagebuch beschrieben und durch Abbildungen veranschaulicht wird, ohne daß daraus evolutionäre Schlußfolgerungen gezogen werden.

On the Origin of Species by Means of Natural Selection, or the Preservation of Favoured Races in the Struggle for Life

Das ist der vollständige Originaltitel von Darwins Hauptwerk, das die allmähliche Entwicklung oder Evolution des Lebens auf unserer Erde erstmals in schlüssiger Form darlegte und neben dem *Kommunistischen Manifest* und dem *Kapital* von Karl Marx zu den wahrhaft weltverändernden geistigen Hervorbringungen des 19. Jh.s zählt. Bereits am Tag der Erstveröffentlichung (24. November 1859), an dem die Auflage von 1250 Exemplaren restlos vergriffen war, wurde es in England heftig diskutiert und löste bald darauf in der ganzen zivilisierten Welt große Aufregung und zunächst bescheidene Zustimmung aus. Die erste, noch unzureichende deutsche Übersetzung von → *Heinrich Georg Bronn* erschien 1860; sie wurde 1867 durch die bis heute maßgebende Eindeutschung von → *Julius Victor Carus* ersetzt, die den Titel trägt: *Über die Entstehung der Arten durch natürliche Zuchtwahl oder die Erhaltung der begünstigten Rassen im Kampfe um's Dasein.*

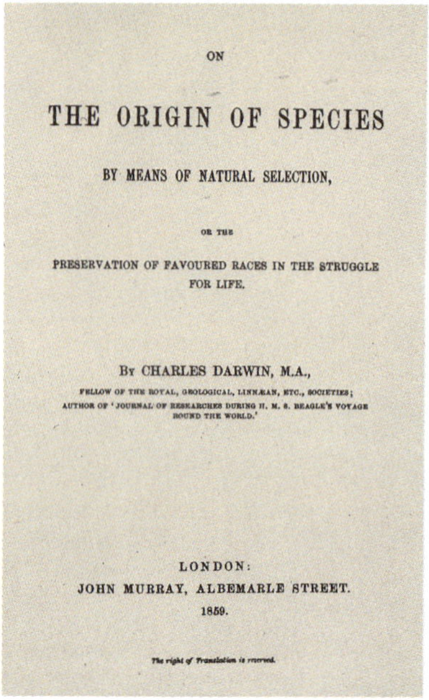
ON

THE ORIGIN OF SPECIES

BY MEANS OF NATURAL SELECTION,

OR THE

PRESERVATION OF FAVOURED RACES IN THE STRUGGLE FOR LIFE.

BY CHARLES DARWIN, M.A.,

FELLOW OF THE ROYAL, GEOLOGICAL, LINNÆAN, ETC., SOCIETIES;
AUTHOR OF 'JOURNAL OF RESEARCHES DURING H. M. S. BEAGLE'S VOYAGE ROUND THE WORLD.'

LONDON:
JOHN MURRAY, ALBEMARLE STREET.
1859.

The right of Translation is reserved.

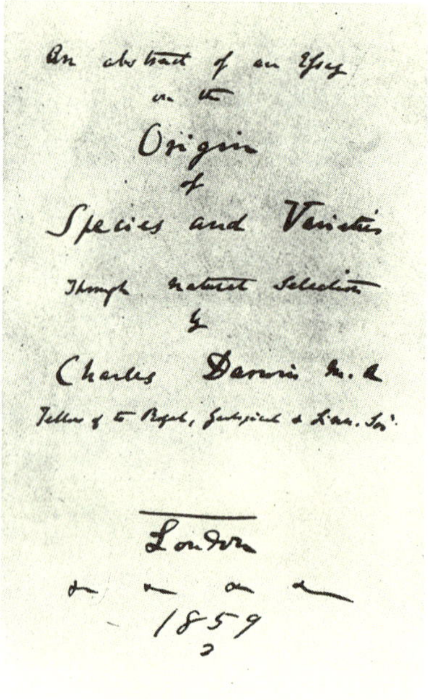

Links: On the Origin of Species. *Titelseite der ersten Ausgabe, die am 24. November 1859 erschien.*

Rechts: *Darwins eigenhändiger Entwurf für den Titel seines Hauptwerks, den er am 28. März 1859 seinem Freund Charles Lyell zur Begutachtung zusandte. Bemerkenswert ist, daß Darwin damals noch immer daran dachte, das Buch als »abstract« (Auszug) zu bezeichnen. Die Übersetzung des Titelentwurfs lautet:*

»Ein Auszug aus einer Abhandlung über die Entstehung der Arten und Varietäten durch natürliche Auslese«.

Selten ist ein wissenschaftliches Werk, das bei seiner Veröffentlichung jäh wie eine Bombe einschlug, so langwierig und sorgfältig vorbereitet worden wie *Origin of Species*. Für den Verfasser war es wohl eher eine gefährliche Zeitbombe, die unendlich lange tickte und deren Detonation er aus Angst vor der Erschütterung im persönlichen Bereich und vor den vorhersehbaren Schäden in der wissenschaftlichen Welt immer wieder zu verzögern trachtete – bis er schließlich durch äußere Umstände gezwungen wurde, das explosive Gemisch vorzeitig zu zünden. Er selbst ging daraufhin sofort wieder »in Deckung«, aber von der Splitterwirkung blieb er trotzdem nicht ganz verschont.

Entstehungsgeschichte des Werkes

Die mühsame, oft durch andere ablenkende wissenschaftliche Arbeit und auch durch Krankheit unterbrochene Entstehung von *Origin of Species* zog sich über mehr als zwei Jahrzehnte hin. Zahlreiche Einzelerkenntnisse, Beobachtungen, Experimente, Anregungen und Einflüsse gingen in das Buch ein, das deshalb vom Autor nur mit großer Anstrengung zu einem leidlich geschlossenen Ganzen geformt werden konnte. Die einzelnen Etappen der Entstehung dieses Werkes lassen sich wie folgt in einer summarischen Übersicht zusammenfassen:

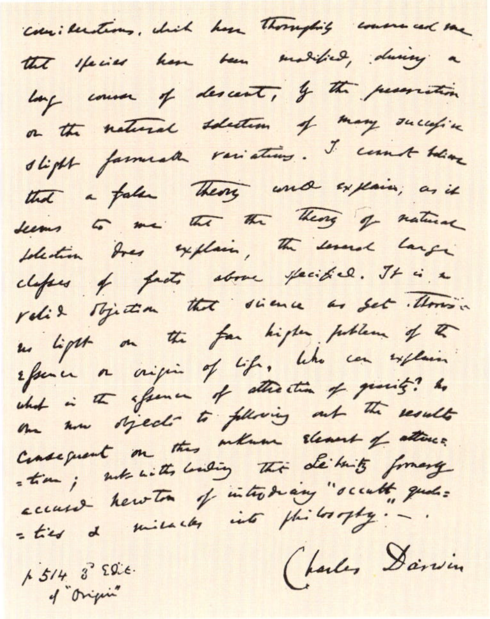
considerations, which have thoroughly convinced me that species have been modified, during a long course of descent, by the preservation or the natural selection of many successive slight favourable variations. I cannot believe that a false theory would explain, as it seems to me that the theory of natural selection does explain, the several large classes of facts above specified. It is a valid objection that science as yet throws no light on the far higher problem of the essence or origin of life. Who can explain what is the essence of attraction of gravity? No one now objects to following out the results consequent on this unknown element of attraction; notwithstanding that Leibnitz formerly accused Newton of introducing "occult qualities & miracles into philosophy." —

p 514 3d Edit. of "Origin"

Charles Darwin

Handschriftliche Auszüge Darwins aus dem Schlußkapitel von Origin of Species.

1. Der Keim zum Werk wurde bereits während der → *Weltreise* mit der Beagle (1831–1836) gelegt. Die Variationsbreite der exotischen Fauna und Flora und die unterschiedlichen Menschenrassen, die Darwin unterwegs kennenlernte, die Fossilien von Vorläufern rezenter Tiere, die er in Südamerika ausgrub, und die eigentümliche Spezialisierung räumlich isolierter Arten, die er auf ozeanischen Inseln erlebte, lösten in ihm das beharrliche Nachdenken über das Problem der Artentstehung aus. Es waren vor allem die → *Darwin-Finken* des Galapagos-Archipels, *»die mich hauptsächlich auf das Studium des Ursprungs der Arten brachten«,* wie er am 13. Oktober 1876 in einem Brief an den deutschen Zoologen Moritz Wagner bekannte.

2. Laut eigener Aussage begann Darwin im Juli 1837 damit, in *Notebooks* (»Notizbücher«, in der neueren Literatur durchweg als *Transmutation Notebooks* bezeichnet) einschlägige Fakten und Einsichten zu diesem Problemkreis zu sammeln. Schon im ersten *Notebook* finden sich Zeichnungen von Evolutionsschemata in Form eines reichverzweigten Stammbaums und eines Korallenstocks. 1842 faßte Darwin seine bisherigen Erkenntnisfortschritte in einer 35seitigen Bleistiftskizze zusammen, die er zwei Jahre später zum 231 Seiten starken → *Essay von 1844* ausweitete, der wichtigsten Vorstufe zu seinem großen Werk. Aber auch die ande-

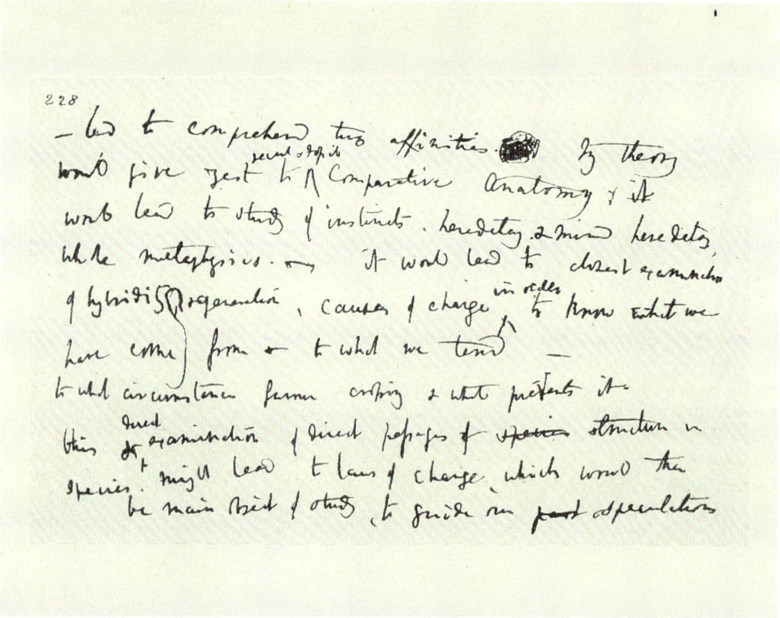

Faksimile einer Seite aus einem Notebook *von 1837. In diesen rasch hingeworfenen Aufzeichnungen versuchte sich der junge Darwin, mehr als 20 Jahre vor der Veröffentlichung seines Hauptwerks, über die Mechanismen und Gesetzmäßigkeiten der Evolution Klarheit zu verschaffen. Der englische Text der schwer entzifferbaren Handschrift ist rechts, die Übersetzung (von Carus) auf der gegenüberliegenden Seite abgedruckt.*

Aus einem Notizbuch von 1837

– led to comprehend true affinities. My theory would give zest to recent & Fossil Comparative Anatomy: it would lead to study of instincts, heredity, & mind heredity, whole metaphysics, it would lead to closest examination of hybridity & generation, causes of change in order to know what we have come from & to what we tend, to what circumstances favour crossing & what prevents it, this and direct examination of direct passages of structure in species, might lead to laws of change, which would then be main object of study, to guide our speculations.

ren Arbeiten der vierziger und frühen fünfziger Jahre (über → *Korallenriffe*, Vulkaninseln, südamerikanische Geologie und → *Rankenfüßer*) sind im weiteren Sinne als Vorstufen zum Hauptwerk anzusehen.

3. Darwin bearbeitete das Artenproblem jedoch nicht nur theoretisch, sondern auch praktisch; in seinem Wohnsitz in Down führte er zahlreiche botanische und andere Experimente durch: z. B. züchtete und präparierte er alle erreichbaren Taubenrassen, deren er habhaft werden konnte; er kreuzte und untersuchte alle möglichen Pflanzen; er stellte Versuche mit Samen an, die er in Salzwasser einlegte, um festzustellen, wie lange sie keimfähig blieben (dieses Experiment war wichtig für die – positive – Beantwortung der Frage, ob im Meer treibende Pflanzen ferne Inseln kolonisiert haben konnten, und somit für die Widerlegung der gängigen Lehrmeinung, es habe auf solchen Inseln eigene »Schöpfungszentren« gegeben). Darüber hinaus nahm er Kontakt auf zu Botanikern, Zoologen, Gärtnern und Landwirten und speziell zu Pflanzen- und Tierzüchtern, um Detailfragen der künstlichen Zuchtwahl und somit der → *Selektion* allgemein zu klären. Bereits 1840, als er noch in London wohnte, verschickte Darwin seinen vermutlich ersten »Fragebogen« mit dem Titel *Questions about the Breeding of Animals* (Fragen zur Tierzucht).

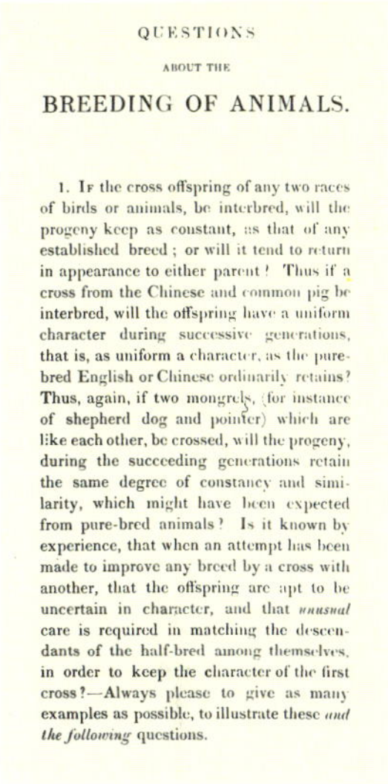

QUESTIONS

ABOUT THE

BREEDING OF ANIMALS.

1. If the cross offspring of any two races of birds or animals, be interbred, will the progeny keep as constant, as that of any established breed; or will it tend to return in appearance to either parent? Thus if a cross from the Chinese and common pig be interbred, will the offspring have a uniform character during successive generations, that is, as uniform a character, as the pure-bred English or Chinese ordinarily retains? Thus, again, if two mongrels, (for instance of shepherd dog and pointer) which are like each other, be crossed, will the progeny, during the succeeding generations retain the same degree of constancy and similarity, which might have been expected from pure-bred animals? Is it known by experience, that when an attempt has been made to improve any breed by a cross with another, that the offspring are apt to be uncertain in character, and that *unusual* care is required in matching the descendants of the half-bred among themselves, in order to keep the character of the first cross?—Always please to give as many examples as possible, to illustrate these *and the following* questions.

Faksimilie der ersten Seite des »Fragebogens« zur Tierzucht, den Darwin 1840 verschickte.

Übersetzung

– führte zum Verständnis wahrer Verwandtschaften. Meine Theorie würde der vergleichenden Anatomie rezenter und fossiler Form neuen Reiz geben; sie würde zum Studium der Instinkte, Erblichkeit, geistigen Vererbung, zum Ganzen der Metaphysik führen. Sie würde zur eingehendsten Untersuchung der Verbastardierung und Generation, der Ursache der Veränderung führen, damit wir erkennen, von woher wir kommen und wohin wir streben, welche Umstände die Kreuzung begünstigen und welche sie verhindern, dies und direkte Untersuchung direkter Übergänge der Struktur in Spezies könnte auf Gesetze der Abänderung führen, welche dann der hauptsächliche Gegenstand unserer Studien sein würde, um unsere Spekulationen zu leiten.

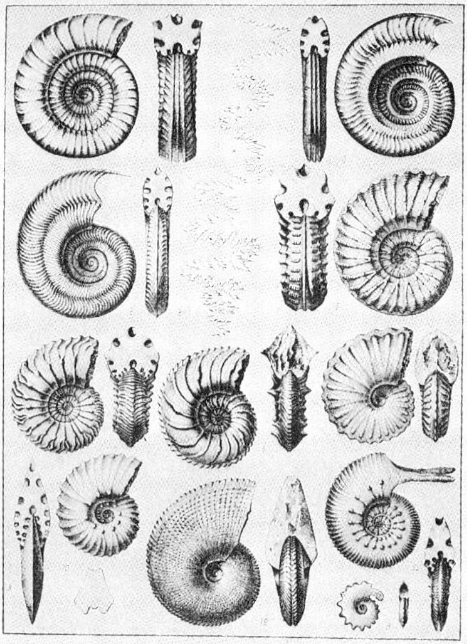

Versteinerte Ammoniten oder Ammonshörner, meeresbewohnende Kopffüßer, die am Ende der Kreidezeit vor rund 70 Jahrmillionen ausstarben. Darwin war sehr empfänglich für die Schönheit solcher Naturgegenstände, über die er sich im 6. Kapitel von Origin of Species *Gedanken macht: »Hinsichtlich der Ansicht, daß die Organismen zum Entzücken des Menschen schön erschaffen worden seien – eine Ansicht, von der behauptet wurde, sie sei meiner Theorie verderblich –, will ich zunächst bemerken, daß der Schönheitssinn im Geist des Menschen verankert ist, ohne jede Rücksicht auf irgendwelche Eigenschaften des bewunderten Gegenstandes. . . . Wären schöne Objekte allein zur Befriedigung des Menschen erschaffen worden, so müßte nachgewiesen werden, daß es vor dem Auftreten des Menschen weniger Schönheit auf der Erde gab als seitdem. Wurden die schönen Voluten- und Conusgehäuse [tropische Meeresschnecken] der Eozänperiode und die so anmutig skulpturierten Ammoniten der Sekundärzeit [Mesozoikum oder Erdmittelalter] deshalb erschaffen, daß sie der Mensch Äonen später in seinen Sammlungen bewundern solle?«*

4. Darwin nahm begierig, aber stets kritisch Anregungen und Einflüsse von → *Vorläufern* und sachkundigen Zeitgenossen auf; stellvertretend sei hier nur → *Thomas Robert Malthus* genannt, aus dessen bevölkerungspolitischer Abhandlung er Ende 1838 das entscheidend wichtige Grundprinzip des Daseinskampfes und der Selektion ableitete. Daneben pflegte er einen regen wissenschaftlichen Gedankenaustausch mit seinen vertrauten Freunden → *Asa Gray*, → *Charles Lyell*, → *Joseph D. Hooker* u. a.

Im übrigen war Darwin erstaunlich gut informiert über die einschlägige ältere und neuere Fachliteratur des In- und Auslandes, was nicht zuletzt die zahllosen Zitate und Belege in *Origin of Species* bezeugen. Über die Entfaltung der Evolutionsidee vor 1859 und die unterschiedlichen Beiträge seiner Vordenker hat Darwin in *An Historical Sketch* (Historische Skizze), die er der 2. Auflage seines Buches (1860) voranstellte, erschöpfend Auskunft gegeben.

5. Die Vorarbeiten zum Werk waren 1854 im wesentlichen abgeschlossen. *»Vom September 1854 an widmete ich meine ganze Zeit dem Ordnen des riesigen Haufens meiner Aufzeichnungen, dem Beobachten und dem Experimentieren im Hinblick auf die Umwandlung der Arten« (Autobiographie).* Wenig später trat die Arbeit dann in die entscheidende Phase: *»Anfang 1856 riet mir*

Ein Paradebeispiel der natürlichen Auslese: eine kleine Auswahl von sehr unterschiedlich gestalteten und gefärbten Taubenrassen, die der Mensch allesamt aus einer einzigen Stammform herausgezüchtet hat. Das erkannte schon Darwin, dessen Aussage im 1. Kapitel von Origin of Species *bis heute Gültigkeit hat:*
»Wie groß auch die Verschiedenheit der Taubenrassen sein mag, ich bin überzeugt, daß die gewöhnliche Meinung der Naturforscher, daß alle von der Felsentaube (Columba livia) *abstammen, richtig ist.«*

Lyell, meine Ansichten einigermaßen vollständig niederzuschreiben, und ich begann damit sofort in einem Maßstab, der drei- oder viermal so groß war wie das, was hinterher in meiner ›Entstehung der Arten‹ herausgekommen ist; dennoch war dies nur ein Auszug aus den Materialien, die ich gesammelt hatte, und ich schaffte ungefähr die Hälfte der Arbeit in diesem Maßstab. Doch meine Pläne wurden über den Haufen geworfen, denn im Frühsommer 1858 schickte mir Mr. Wallace, der sich damals auf dem Malaiischen Archipel aufhielt, eine Abhandlung ›Über die Neigung der Varietäten, unbegrenzt vom ursprünglichen Typus abzuweichen‹; und diese Abhandlung enthielt genau dieselbe Theorie wie meine eigene.«

Dieser Passus aus Darwins *Autobiographie* ist für das Erscheinungsbild und Erscheinungsdatum von *Origin of Species* in doppelter Hinsicht von Bedeutung: Erstens zeigt er, daß Darwin für die Darstellung seiner Evolutionslehre ein weit umfassenderes, mehrbändiges Werk geplant hatte, das womöglich nie fertig geworden wäre; das dann tatsächlich veröffentlichte Buch, das immerhin auch noch rund 500 Druckseiten umfaßte, ist demnach nicht mehr als ein »Auszug« aus dem gesamten Material. Zum zweiten wird angedeutet, daß Darwin erst durch das, mit seiner Darstellung fast identische Evolutionskonzept von → *Alfred Russel Wallace* –

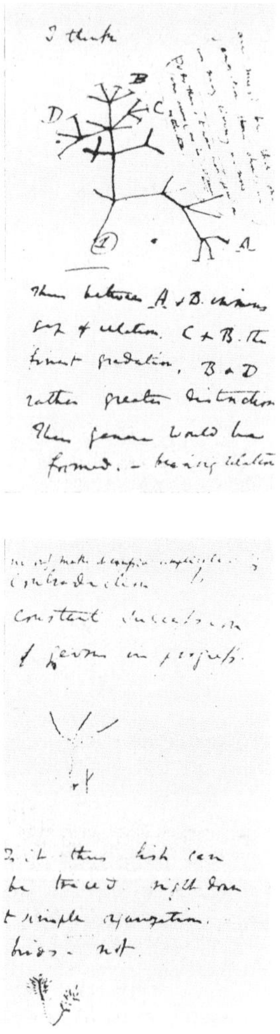

Diese Skizzen Darwins, welche die gemeinsame Abkunft und Verzweigung der Arten veranschaulichen sollen, finden sich bereits im ersten Notebook *von 1837. Der »Korallenstock« (Mitte) deutet die lückenhafte Überlieferung der fossilen Belege an.*

und unter dem verstärkten Druck seiner Freunde Hooker und Lyell – dazu gebracht werden konnte, die »Kurzfassung« seines Hauptwerkes zügig zu Ende zu schreiben und so bald wie möglich zu publizieren, wenn nicht die Arbeit von 20 Jahren umsonst gewesen sein sollte.

Inhalt des Werkes

Den besten Einblick in den Kapitelaufbau und die verschiedenen Themenbereiche von *Origin of Species* vermittelt die kommentierte Inhaltsübersicht, die Darwin selbst am Schluß der Einleitung zu seinem Buch (hier noch immer als »Auszug« bezeichnet) gegeben hat:

»Aus diesem Grunde widme ich das erste Kapitel dieses Auszugs der Abänderung im Zustand der Domestikation. Wir werden daraus ersehen, daß ein hoher Grad erblicher Abänderung wenigstens möglich ist und, was nicht minder wichtig oder noch wichtiger ist, daß das Vermögen des Menschen, geringe Abänderungen durch deren ausschließliche Auswahl zur Nachzucht, d. h. durch Zuchtwahl, zu häufen, sehr beträchtlich ist. Ich werde dann zur Veränderlichkeit der Arten im Naturzustand übergehen; doch bin ich unglücklicherweise genötigt, diesen Gegenstand viel zu kurz abzutun, da er eingehend eigentlich nur durch Mitteilung langer Listen von Tatsachen behandelt werden kann. Wir werden demungeachtet imstande sein zu erörtern, was für Umstände die Abänderung am meisten begünstigen. Im nächsten Abschnitt soll der Kampf ums Dasein unter den organischen Wesen der ganzen Welt abgehandelt werden, welcher unvermeidlich aus dem hohen geometrischen Verhältnisse ihrer Vermehrung hervorgeht. Es ist dies die Lehre von Malthus auf das ganze Tier- und Pflanzenreich angewendet. Da viel mehr Individuen jeder Art geboren werden, als möglicherweise überleben können, und demzufolge der Kampf ums Dasein beständig wiederkehren muß, so folgt daraus, daß ein Wesen, welches in irgendeiner für dasselbe vorteilhaften Weise von den übrigen, so wenig es auch sei, abweicht, unter den komplexen und zuweilen abändernden Lebensbedingungen eine bessere Überlebenschance hat und demnach von der Natur zur Nachzucht gewählt *werden wird. Eine solche zur Nachzucht ausgewählte Varietät ist dann nach dem strengen Erblichkeitsgesetz jeweils bestrebt, seine neue und abgeänderte Form fortzupflanzen.*

Diese natürliche Zuchtwahl ist ein Hauptpunkt, der im vierten Kapitel ausführlicher abgehandelt werden soll; und wir werden dann finden, wie die natürliche Zuchtwahl gewöhnlich die unvermeidliche Veranlassung zum Erlöschen minder geeigneter Lebensformen wird und das herbeiführt, was ich Divergenz des Charakters genannt habe. Im nächsten Abschnitt werden die verwik-

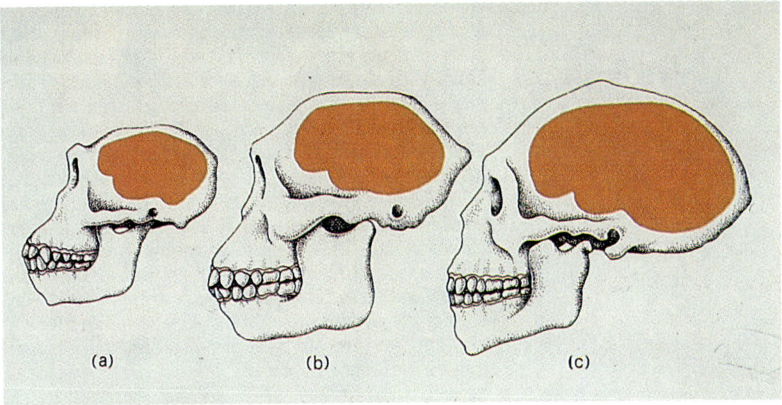

Die Vergrößerung des Hirnvolumens als wesentliche Voraussetzung der Humanevolution: Schimpanse (a), Australopithecus *(b) und* Homo erectus *(c).*

kelten und wenig bekannten Gesetze der Abänderung besprochen. In den fünf folgenden Kapiteln sollen die auffälligsten und bedeutendsten Schwierigkeiten, welche der Annahme der Theorie entgegenstehen, angegeben werden, und zwar erstens die Schwierigkeiten der Übergänge oder wie es zu begreifen ist, daß ein einfaches Wesen oder ein einfaches Organ umgeändert und in ein höher entwickeltes Wesen oder ein höher ausgebildetes Organ umgestaltet werden kann; zweitens der Instinkt oder die geistigen Fähigkeiten der Tiere; drittens die Bastardbildung oder die Unfruchtbarkeit der gekreuzten Arten und die Fruchtbarkeit der gekreuzten Varietäten; und viertens die Unvollkommenheit der geologischen Zeugnisse. Im nächsten Kapitel werde ich die geologische Aufeinanderfolge der Organismen in der Zeit betrachten; im zwölften und dreizehnten deren geographische Verbreitung im Raum; im vierzehnten ihre Klassifikation oder ihre gegenseitigen Verwandtschaften im reifen wie im embryonalen Zustand. Im letzten Abschnitt endlich werde ich eine kurze Zusammenfassung des Inhaltes des ganzen Werkes mit einigen Schlußbemerkungen geben.

Darüber, daß noch so vieles über den Ursprung der Arten und Varietäten unerklärt bleibt, wird sich niemand wundern, wenn er unsere tiefe Unwissenheit hinsichtlich der Wechselbeziehungen der vielen um uns her lebenden Wesen in Betracht zieht. Wer kann erklären, warum eine Art in großer Anzahl und weiter Verbreitung vorkommt, während eine andere, ihr nahe verwandte Art selten und auf engen Raum beschränkt ist? Und doch sind diese Beziehungen von der höchsten Wichtigkeit, insofern sie das gegenwärtige Wohlbefinden und, wie ich glaube, das künftige Gedeihen und die Modifikationen eines jeden Bewohners der Welt bedingen. Aber noch viel weniger wissen wir von den Wechselbeziehungen der unzähligen

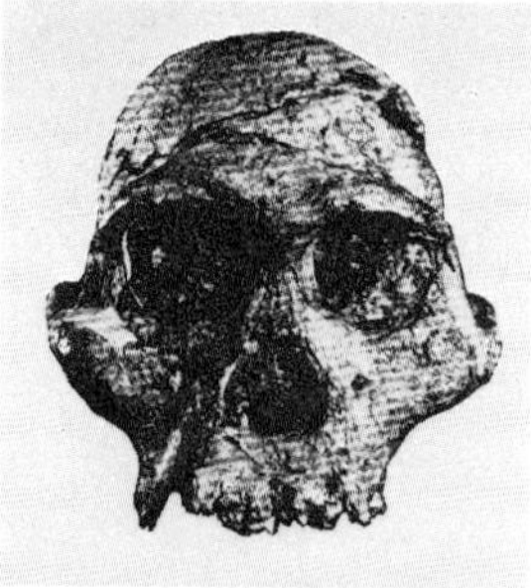

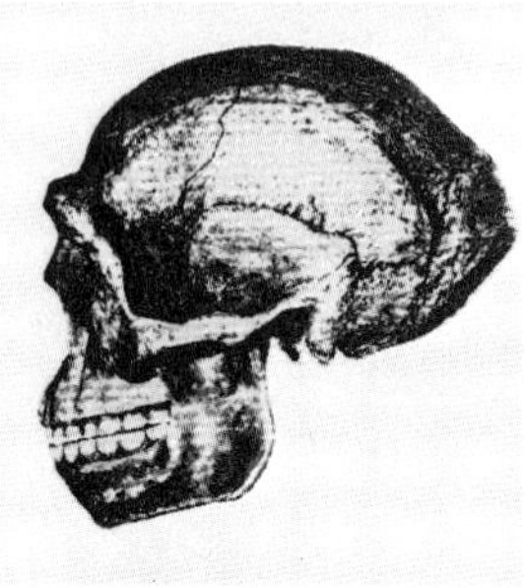

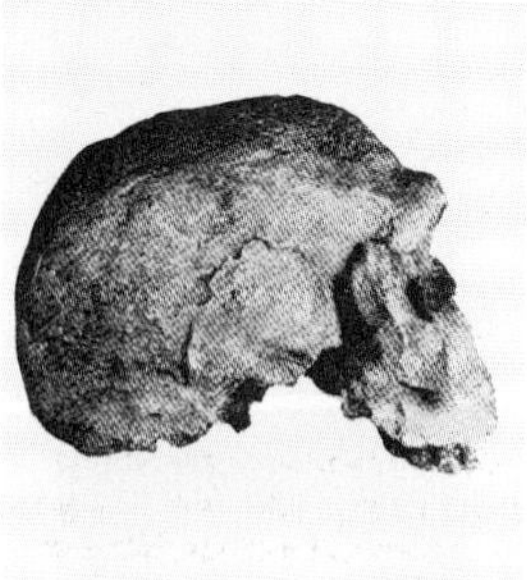

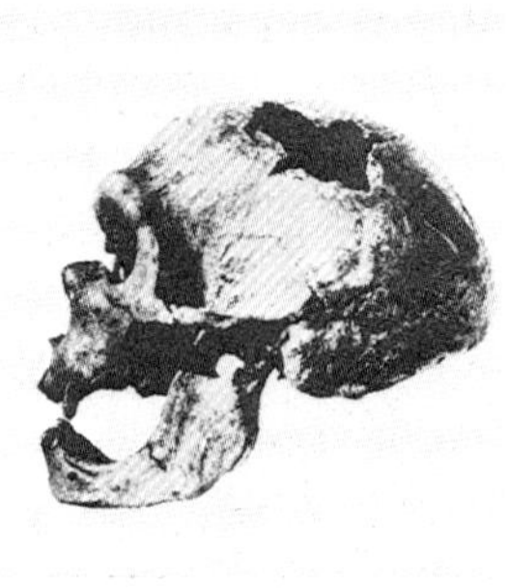

Bewohner dieser Erde während der vielen vergangenen geologischen Perioden ihrer Geschichte. Wenn daher auch noch so vieles dunkel ist und noch lange dunkel bleiben wird, so zweifle ich nach den sorgfältigsten Studien und dem unbefangensten Urteil, dessen ich fähig bin, doch nicht daran, daß die Meinung, welche die meisten Naturforscher hegen und auch ich lange gehegt habe, als wäre nämlich jede Art unabhängig von den übrigen erschaffen worden, eine irrtümliche ist. Ich bin vollkommen überzeugt, daß die Arten nicht unveränderlich sind; daß die zu einer sogenannten Gattung gehörigen Arten in direkter Linie von einer anderen, gewöhnlich erloschenen Art abstammen, in der nämlichen Weise, wie die anerkannten Varietäten irgendeiner Art Abkömmlinge dieser Art sind. Endlich bin ich überzeugt, daß die natürliche Zuchtwahl das wichtigste, wenn auch nicht das ausschließliche Mittel zur Abänderung der Lebensformen gewesen ist.«

Darwins Argumentationskette geht von der Grundthese aus, daß sich das Prinzip der künstlichen Zuchtwahl oder Auslese oder Selektion *(artificial selection)*, also der vom Menschen bewußt betriebenen Herauszüchtung immer brauchbarerer Rassen und Varietäten, auf die Gegebenheiten in der »unbewußten« Natur übertragen läßt; daraus ergibt sich für ihn der Schlüsselbegriff der natürlichen Zuchtwahl *(natural selection)*. In der Natur werden, wie leicht nachzuprüfen ist, von einem Elternpaar in der Regel mehr als die zwei Nachkommen hervorgebracht, die zur Konstanterhaltung der Individuenzahl erforderlich wären. Die derselben Art angehörenden Individuen weisen durchweg minimale Unterschiede hinsichtlich ihrer erblichen Eigenschaften (Körperbau, Instinkte usw.) auf, und im allgemeinen Konkurrenzkampf, im Kampf ums Dasein (*struggle for life* oder *existence*), haben diejenigen die größeren Überlebenschancen, welche ihren jeweiligen Umweltbedingungen (Lebensraum, geographische Lage, Klima, Nahrungsangebot, Fortpflanzungsmöglichkeiten) am besten angepaßt sind. Diesen Prozeß bezeichnet Darwin in den späteren Auflagen des Buches mit einer griffigen, aber nicht eindeutigen und eigentlich überflüssigen Formel, die er von → *Herbert Spencer* übernahm, als das → *Überleben des Passendsten* oder Bestangepaßten *(survival of the fittest)*. Die allmähliche Summierung der geringfügigen Erbänderungen (*modifications* oder *variations*) bewirkt somit eine stetige Weiter- oder Höherentwicklung *(evolution)* der Lebensformen, wie sie sich an der Aufeinanderfolge der Fossilfunde aus einer langen erdgeschichtlichen Vergangenheit ablesen läßt.

Diese »organische«, fast axiomatisch erscheinende Lehre (Evolutions-, Entwicklungs-, Selektions-, Abstammungs- oder Deszendenztheorie) ist im Prinzip bis heute gültig geblieben. Daß sie seit 1859 ständig weiterentwickelt und modifiziert wurde, ist bekannt und kein Grund zur Schadenfreude, sondern eher ein Zeichen dafür, daß Darwin seiner Zeit voraus und seine theoretischen Ansätze grundsätzlich richtig waren und erst nach und nach durch weiterführende Forschungsarbeit ergänzt werden konnten. Schon Darwin, der überaus gewissenhafte und vorsichtige Wissenschaftler, war sich mancher Schwachstellen in seinem Gedankengebäude bewußt, die er, zur Freude seiner Kritiker und zum Verdruß seiner gleichgesinnten Freunde, im Buch selbst bereitwillig eingestand.

Vieles von dem, was die Evolutionsforscher unserer Zeit wissen, wußte Darwin noch nicht und konnte er nicht wissen. Vor allem in zwei für die Evolutionstheorie wichtigen Bereichen klafften um die Mitte des vorigen Jh.s noch große Wissenslücken: in der Geologie bzw. Paläontologie und in der Vererbungslehre (Genetik).

Darwin war ebensowenig wie die zeitgenössischen Fachwissenschaftler in der Lage, die zeitliche Ausdehnung der Erdgeschichte und der einzelnen geologischen Perioden genauer zu bestimmen. Mangels exakter Detailforschungen war man auf grobe (und oft falsche) Schätzungen angewiesen. Außerdem war das fossile Belegmaterial damals noch so spärlich, daß sich die von

Gegenüberliegende Seite:

Vorstufen in der Entwicklung des modernen menschlichen Schädels. Von oben nach unten: Australopithecus, *Peking-Mensch, Steinheim-Mensch und Neandertaler.*

Ein Ammonit aus dem Solnhofener Plattenkalk. Den Untergang der Ammoniten und anderer ausgestorbener Organismen erklärt Darwin im 11. Kapitel von Origin of Species *mit einer Verdrängung durch neue und besser angepaßte Arten. »So scheint mit die Weise, wie einzelne Arten und ganze Artengruppen erlöschen, gut mit der Theorie der natürlichen Auslese übereinzustimmen. Das Erlöschen darf uns nicht wundernehmen; wenn uns etwas wundern müßte, so unsere ... Anmaßung, die vielen komplizierten Bedingungen zu begreifen, von denen das Dasein einer jeden Art abhängig ist.«*

Fossil eines Zehnfußkrebses aus dem Solnhofener Plattenkalk, der einst von einem Flachmeer bedeckt war. Die wahrscheinlichen Nachfahren dieser versteinerten Krebse leben heute in der Tiefsee, müssen also nicht nur eine gestaltliche Evolution, sondern auch eine erhebliche Lebensraumveränderung durchgemacht haben.

Der Augustinermönch Gregor Johann Mendel, der zu der Zeit, als Darwin an seinem Hauptwerk arbeitete, die ersten Kreuzungsversuche anstellte und dabei die Vererbungsgesetze entdeckte. Hätte Darwin diese »Mendelschen Gesetze« gekannt, wäre ihm viel Mühe und Kritik erspart geblieben!

Darwin postulierte »Aufeinanderfolge von Typen« nicht im einzelnen dokumentieren ließ. Der Urvogel *Archaeopteryx*, das berühmte Paradebeispiel einer Übergangsform zwischen zwei Tierklassen (Reptilien – Vögel), wurde erst 1861, also zwei Jahre nach der Erstveröffentlichung von *Origin of Species*, im Solnhofener Schiefer entdeckt und konnte von Darwin nur in den späteren Auflagen seines Buches berücksichtigt werden – seltsamerweise nur en passant mit dem kurzen Kommentar: *»Kaum eine andere Entdeckung zeigt eindringlicher als diese, wie wenig wir noch von den früheren Bewohnern der Erde wissen.«*

Noch dürftiger waren Darwins genetische Kenntnisse. Wie alle seine Zeitgenossen ging er von einer primitiven Vorstellung des Vererbungsvorgangs aus, von einer einfachen, gleichteiligen »Vermischung« des elterlichen Erbguts bei den Nachkommen. Von Genen, Chromosomen, DNS usw. hatte er noch keine Ahnung, ja nicht einmal von den wissenschaftlichen Grundlagen der Vererbungslehre, die 1865 von Gregor Johann Mendel (1822–1884) geschaffen wurden, aber bis um 1900 unbeachtet blieben. Kein Wunder, daß Darwins Aussagen zu genetischen Fragen durchweg überholungsbedürftig waren. Sein späterer Versuch, die Phänomene der Vererbung in seiner → *Pangenesis-Hypothese* zu erklären, erwies sich als Irrweg.

Die Rezeption des Werkes
Darwins Buch, das zu seinen Lebzeiten in sechs, jeweils verbesserten und ergänzten Auflagen erschien – in seinem Todesjahr 1882 kam noch ein größerer Nachdruck der 6. Auflage heraus – und einschließlich dieses Nachdrucks eine Auflagenhöhe von »nur« 24000 Exemplaren erreichte, war zweifellos das umstrittenste wissenschaftliche Werk des vorigen Jh.s. Die Aufnahme in England und im Ausland war sehr unterschiedlich. Zunächst bekannten sich nur wenige progressive Geister zu Darwins Ideen; die meisten Leser, Wissenschaftler wie Laien und insbesondere kirchliche Kreise, lehnten sie rigoros ab. Diese Ablehnung richtete sich meist weniger gegen die Theorie an sich, sondern gegen die in ihr implizierte Schlußfolgerung, daß auch der Mensch ein natürlicher Bestandteil des Evolutionsgeschehens sei, daß er, wie das drastische, aber irrige Schlagwort lautete, von den Affen abstamme.

Darwin wurde in zahllosen → *Karikaturen* als »Affen-Darwin« verspottet, und auf der berühmt-berüchtigten → *Oxforder Sitzung der British Association* stand die Affen-Frage im Mittelpunkt der Diskussion. Dabei hatte sich der übervorsichtige Darwin in seinem Buch gerade zu dieser heiklen Frage äußerste Zurückhaltung auferlegt. In der 1. Auflage wurde sie lediglich auf den letzten Seiten mit einem kurzen Satz angedeutet: »*Licht*

Der Urvogel Archaeopteryx lithographica, *das erste fast vollständig erhaltene Exemplar, das 1877 in Solnhofen entdeckt wurde (der früheste einschlägige Fund wurde bereits 1861 gemacht). Das etwa rabengroße Tier besitzt noch die Zähne, den langen eidechsenähnlichen Schwanz und die bekrallten Vordergliedmaßen eines Reptils und zugleich schon die Federn, die Beine und den Schnabel eines Vogels. Es stellt eine Übergangsform zwischen den Klassen der Reptilien und der Vögel dar und ist somit ein besonders eindrucksvoller Beweis dafür, daß sich – vor rund 150 Mio. Jahren – die Vögel aus den Reptilien entwickelt haben.*

Zu Darwins hundertstem Geburtstag

(Th. Th. Heine)

Professor Haeckel überbringt dem Jubilar einen Heiligenschein ins Jenseits.

wird auf den Ursprung des Menschen und seiner Geschichte fallen.« In späteren Auflagen wagte Darwin es sogar, dem Wort »Licht« den Zusatz »Viel« voranzustellen!

Sofortige und uneingeschränkte Zustimmung fand Darwins Buch bei seinen engsten Freunden → *Joseph D. Hooker* und → *Thomas Henry Huxley*, während sich → *Charles Lyell*, → *Asa Gray* und mehr noch → *John S. Henslow* zwar positiv, aber zunächst reserviert äußerten. Die meisten konservativen Wissenschaftler Englands, darunter auch Freunde und Mitarbeiter Darwins wie → *Adam Sedgwick*, → *Richard Owen* und → *Robert Fitzroy*, schlugen sich jedoch auf die Seite der großen Partei von Darwin-Gegnern.

Im Ausland, von Frankreich bis Rußland, war die Fachwelt ähnlich uneins. Am eifrigsten wurden Darwins Ideen in Deutschland aufgegriffen, das damals, was man ohne nationalistische Überheblichkeit behaupten darf, in der biologischen Wissenschaft führend war. Die erste Übersetzung von *Origin of Species* erschien nicht rein zufällig bereits 1860 in Stuttgart, doch der Übersetzer, der angesehene Zoologe → *Heinrich Georg Bronn*, fühlte sich noch bemüßigt, das Buch zu »verbessern«, indem er wichtige Stellen wegließ, eigene Zusätze einfügte und am Schluß einen Anhang mit kritischen Einwänden gegen die Theorie drucken ließ. Dann trat jedoch → *Ernst Haeckel* auf den Plan, der bedingungslos und mit aller Anstrengung für Darwin eintrat, ferner anerkannte Gelehrte wie → *Fritz Müller*, Emil Du Bois-Reymond, Ludwig Büchner, → *Anton Dohrn* und → *August Weismann*.

Um die Jahrhundertwende hatte sich die Abstammungslehre allenthalben weitgehend durchgesetzt, und sie gilt heute allgemein als ein solides Fundament der biologischen Forschung. Angriffe hat es indes bis in die Gegenwart hinein immer wieder gegeben, doch kamen und kommen sie nur sehr selten von seiten der naturwissenschaftlichen Fachwelt, sondern vorwiegend aus den verschiedenen weltanschaulichen Lagern, vor allem aus dem Dunstkreis der → *Kreationisten*. Doch selbst die fortschrittliche Theologie hat die Evolutionsidee inzwischen akzeptiert und sie als nicht mehr abweisbare wissenschaftliche Neuinterpretation der Schöpfungsgeschichte in ihr Lehrsystem integriert.

»Der Löwe der Saison«, lautet die Unterschrift dieser Karikatur, die am 18. Mai 1861 im »Punch« erschien. Damit ist der Affe, ein Gorilla, gemeint, der, wie man aus Darwins Origin of Species *kurzerhand (und irrtümlich) schloß, zum Vorfahren des entsetzten* Homo sapiens *aufgestiegen war.*

Richard Owen

* 20. Juli 1804 Lancaster; † 18. Dezember 1892 London

Als Wissenschaftler ebenso bedeutend wie als Mensch umstritten, stieg Richard Owen (später Sir Richard Owen) dank seines überragenden Intellekts und seiner bahnbrechenden Forschungsarbeiten zum prominentesten vergleichenden Anatomen und Paläontologen im

Gegenüberliegende Seite:

»Professor Haeckel überbringt dem Jubilar einen Heiligenschein ins Jenseits«, steht unter dieser eleganten und eher wohlwollenden Karikatur von Th. Th. Heine, die am 15. Februar 1909 zu Darwins 100. Geburtstag im Münchner Simplicissimus *erschien.*

Oben: *Sir Richard Owen, der bedeutende Paläontologe und Anatom, der zuerst Darwins Mitarbeiter und später sein erbittertster Gegner war. Altersphoto.*

Unten: *Rekonstruktion des ausgestorbenen neuseeländischen Riesenstraußes Moa, die Owen 1839 gelang.*

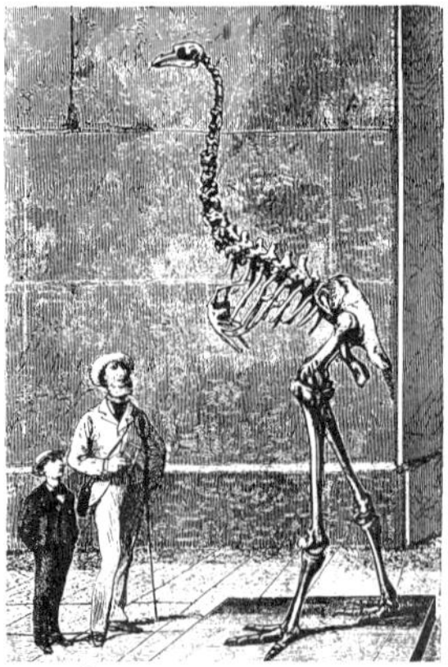

England des vorigen Jh.s auf. Jedoch trübten Charaktereigenschaften wie Neid, Eifersucht, Ehrgeiz und Falschheit das Bild seiner Persönlichkeit.

Owen wurde bereits 1836 Professor am Royal College of Surgeons und leitete von 1856 bis zu seiner Emeritierung im Jahr 1883 die naturhistorische Abteilung des Britischen Museums. 1839 gelang ihm eine paläontologische Meisterleistung: Anhand eines fossilen Oberschenkelfragments aus Neuseeland rekonstruierte er den ausgestorbenen Riesenstrauß Moa.

Darwin lernte Owen schon bald nach der Heimkehr von seiner Weltreise in London kennen und gewann ihn als Mitarbeiter für die → *Zoology of the Voyage of H. M. S. »Beagle«*; Owen bearbeitete die fossilen Säugetiere, nachdem Darwin ihm bzw. seinem Institut den größten Teil seiner einschlägigen Fossilfunde überlassen hatte. In seiner *Autobiographie* äußerte sich Darwin mit einer für ihn ganz untypischen Schärfe über seinen ehemaligen Mitarbeiter und späteren Widersacher: *»Ich kam häufig mit Owen zusammen, als ich in London lebte, und bewunderte ihn sehr, konnte aber seinen Charakter nie begreifen und wurde nie vertraut mit ihm. Nach der Veröffentlichung der ›Entstehung der Arten‹ wurde er mein erbitterter Feind, nicht wegen irgendeines Streits zwischen uns, sondern, soweit ich es beurteilen konnte, aus Eifersucht auf den Erfolg des Buches. Der gute alte Falconer* [mit Darwin befreundeter Paläontologe und Botaniker], *der ein reizender Mann war, hatte eine sehr schlechte Meinung von ihm; er war überzeugt, Owen sei nicht nur ehrsüchtig, sehr neidisch und arrogant, sondern auch unaufrichtig und unehrenhaft. Seine Fähigkeit zu hassen war zweifellos beispiellos. Wenn ich früher Owen verteidigte, sagte Falconer des öfteren: ›Eines Tages werden Sie ihn schon durchschauen‹, und so geschah es denn auch.«*

Einer der heftigsten Angriffe gegen die Evolutionstheorie stammte in der Tat von Owen; im April 1860 veröffentlichte er in der »Edinburgh Review« eine ausführliche und ausgesprochen böswillige anonyme Rezension von *Origin of Species*. *»Sie ist äußerst gehässig, gerissen und wird, fürchte ich, großen Schaden anrichten«*, beklagte sich Darwin am 10. April 1860 in einem Brief an Freund Lyell. *»Es erfordert ein gründliches Studium, all den bitteren Groll zu erkennen, der in vielen gegen mich gerichteten Bemerkungen steckt; ich habe ihn tatsächlich nicht allenthalben selbst entdeckt. Sie* [die Rezension] *entstellt viele Partien auf skandalöse Weise. Er zitiert einige Passagen falsch, indem er Wörter innerhalb der Anführungszeichen ändert.«*

Kurz darauf führte Owen einen zweiten Schlag gegen Darwin: Er stiftete den Oxforder Bischof Samuel Wilberforce zu einer vernichtenden, wenngleich wenig sachverständigen Kritik des Darwin-Buches an, die in

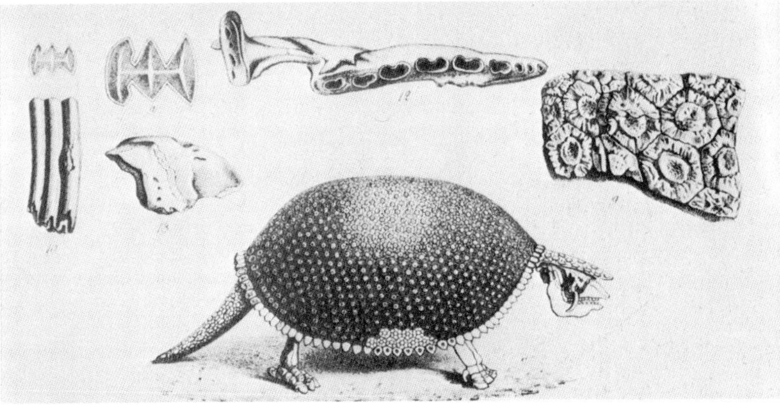

der »Quarterly Review« erschien, und agierte und agitierte hinter den Kulissen der denkwürdigen → *Oxforder Sitzung der British Association.*

Owen lehnte zwar den Evolutionsgedanken nicht grundsätzlich ab, obwohl er als »der englische Cuvier« ein Anhänger der → *Katastrophentheorie* war, aber seine Aussagen zu diesem Thema waren so widersprüchlich und verschwommen, daß Darwin ihnen in der »historischen Skizze«, die er 1860 seinem *Origin of Species* voranstellte, mit berechtigter Ironie entgegentreten konnte. Diese Ironie galt vor allem der Behauptung Owens, er habe schon vor Darwin das Prinzip der natürlichen Auslese entdeckt und formuliert.

Fossilien von Glyptodonten, die bis zum Ende des Eiszeitalters in Südamerika lebten und die – zum Teil riesenwüchsigen – Ahnen der modernen Gürteltiere waren. Unter Berufung auf Richard Owens Vorarbeit betrachtete Darwin diese Verwandtschaft zu Recht als einen Beweis für seine These von der »Aufeinanderfolge derselben Typen innerhalb gleicher Gebiete«.

Oxforder Sitzung der British Association for the Advancement of Science (1860)

Diese Sitzung der »Britischen Vereinigung zur Förderung der Wissenschaften«, die am 30. Juni 1860 in Oxford stattfand, zählt zu den denkwürdigsten Ereignissen der Wissenschaftsgeschichte und ist in gewisser Weise dem Galilei-Prozeß von 1633 vergleichbar. Sie war die erste öffentliche Auseinandersetzung über die Evolutionslehre Darwins und sollte unter der Regie des erzkonservativen Oxforder Bischofs Samuel Wilberforce und von Darwins ehemaligem Freund und Mitarbeiter → *Richard Owen* zu einem Tribunal werden, das dieser Lehre den Todesstoß versetzen würde.

Den Vorsitz in dem überfüllten Saal, in dem sich nach Augenzeugenberichten 700 bis 1 000 Zuhörer zusammendrängten, führte Darwins älterer Freund Professor → *John Stevens Henslow*, der trotz seiner religiös motivierten Vorbehalte gegen die Evolutionstheorie äußerst korrekt und fair seines Amtes waltete. Darwin selbst war nicht erschienen, weil er wieder einmal kränkelte

Zwei Karikaturen, die zur Zeit der Oxforder Sitzung in der Zeitschrift »Vanity Fair« erschienen.

Links: *Samuel Wilberforce, der selbstgerechte Bischof von Oxford, gezeichnet von Ape.*

Rechts: *Richard Owen, der hinter den Kulissen gegen Darwins Lehre agitierte und polemisierte.*

und weil er öffentliche Auftritte haßte. Für ihn sprang sein ebenso kluger wie redegewandter jüngerer Mitstreiter → *Thomas Henry Huxley* in die Bresche.

Bischof Wilberforce verlas zu Beginn einen polemischen Text, wofür ihm zweifellos Owen das Material geliefert hatte. *»In einem lässigen, spöttischen Ton und einem blumigen und leichtflüssigen Stil«*, so erinnert sich ein Zuhörer, *»versicherte er uns, daß an der Idee der Evolution nichts dran sei; Felsentauben seien das, was sie schon immer gewesen seien, nämlich Felsentauben. Dann wandte er sich an seinen Gegenspieler* [Huxley] *und wollte von ihm wissen, ob er großväterlicher- oder großmütterlicherseits von einem Affen abzustammen beliebe.«* Was dann folgte, schilderte Huxley in einem Brief an einen Freund so:

»Es war ein Heidenspaß – ich hatte gesagt, daß ich nicht erkennen könne, was es an meiner moralischen Verantwortung ändern würde, wenn ich tatsächlich einen Affen zum Großvater hätte, und das hielt der salbungsvolle Samuel für eine glänzende Gelegenheit, den Gelehrten zu spielen. Doch er ging dabei so vulgär vor, daß ich beschloß, ihn zu bestrafen – teils deswegen und teils deshalb, weil er anmaßenden Unsinn von sich gab, und als ich mich erhob, ging ich auf seine Rede ein: ich hätte der Rede des Herrn Bischofs mit großer Aufmerksamkeit gelauscht, aber weder eine neue Tatsache noch ein neues

Argument in ihr entdecken können – abgesehen allerdings von der Frage, die sich auf meine persönliche Vorliebe hinsichtlich meiner Ahnenreihe bezogen habe. ... Wenn mir also, sagte ich, die Frage gestellt wird, ›ob ich lieber einen elenden Affen zum Großvater hätte oder einen Mann, der von der Natur reich ausgestattet wurde und über große Macht und Einfluß verfügt, der aber diese Fähigkeiten und diesen Einfluß nur dazu benutzt, eine ernste wissenschaftliche Diskussion ins Lächerliche zu ziehen‹ – dann erkläre ich ohne Zögern, daß ich dem Affen den Vorzug gebe. Daraufhin entstand ein nicht enden wollendes Gelächter unter den Leuten – und sie hörten dem Rest meines Beitrags mit größter Aufmerksamkeit zu. ... Ich war zufällig in sehr guter Verfassung und sprach vollkommen wohlgelaunt und höflich – das versichere ich Ihnen deshalb, weil alle möglichen Gerüchte verbreitet wurden, z. B. daß ich gesagt hätte, ich möchte lieber ein Affe als ein Bischof sein.«

Die Aufregung war groß. Eine Dame fiel in Ohnmacht und mußte hinausgetragen werden, und Darwins alter Kapitän → *Robert Fitzroy*, der ebenfalls anwesend war, irrte völlig fassungslos umher und verwies auf seine Bibel, die er über dem Kopf hielt.

Zu einer wissenschaftlichen Stellungnahme wurde → *Joseph D. Hooker* aufgerufen, der seinem Freund Darwin die Schlußszene wie folgt beschrieb:

»Mein Blut kochte. ... Ich baute mich also neben Sam [Wilberforce] *auf, der zu meiner Rechten saß, und hier und jetzt zerschmetterte ich ihn inmitten von Beifallsstürmen. Ich traf ihn voll mit der ersten Salve von zehn Wörtern, die aus seinem eigenen häßlichen Mund stammten; und dann legte ich in ebenso wenigen weiteren Worten dar: (1) daß er niemals Ihr Buch gelesen haben könne und (2) daß er absolut keine Ahnung von der botanischen Wissenschaft habe. ... Sam schoß hoch – hatte kein einziges Wort zur Erwiderung zu sagen, und die Versammlung wurde damit aufgelöst, wobei Sie nach einer vierstündigen Schlacht als Sieger dastanden.«*

Darwin bedankte sich bei T. H. Huxley und J. D. Hooker brieflich sehr herzlich für ihr beherztes Eintreten in der Oxforder Sitzung zugunsten der gemeinsamen Sache. An Huxley schrieb er am 3. Juli 1860:
»Ich weiß Ihre Schlagfertigkeit zu schätzen; ich wäre eher gestorben, als daß ich versucht hätte, dem Bischof in einer solchen Versammlung zu antworten.«
»Nach allem, was ich von verschiedenen Seiten gehört habe, hat Oxford der Sache sehr genützt. Es ist von enormer Bedeutung, der Welt zu zeigen, daß einige wenige Männer ersten Ranges sich nicht scheuen, ihre Meinung auszusprechen.«

Pangenesis-Hypothese

Der umsichtige Denker und Forscher Darwin hat sich nur selten in seinem Leben auf spekulatives Glatteis begeben; doch einmal ließ er sich dazu verführen, freilich nicht aus Übermut oder Leichtsinn, sondern in dem ernsthaften Bestreben, biologische Phänomene, die ihm – und all seinen zeitgenössischen Kollegen – unerklärbar waren, in einem gewagten Entwurf zu erklären. Er nannte diesen Entwurf deshalb auch nicht Theorie (ein Wort, das im Englischen mehr als im Deutschen die Bedeutung »Lehre« hat), sondern Hypothese, ja sogar »vorläufige Hypothese« *(provisional hypothesis)*, betrachtete ihn also gleichsam nur als einen wissen-

Darwin in Schöpferpose – eine Karikatur aus der Zeit, in der er seine Lehre von der »All-Schöpfung«, die Pangenesis-Hypothese, entwickelte.

Eine englische Brieftaubenrasse. Darwin hielt und züchtete eine Vielzahl von Haustauben, um hinter das Geheimnis der Vererbung zu kommen, das er dann in seiner Pangenesis-Hypothese doch nicht zu entschleiern vermochte.

schaftlichen Versuchsballon. Er stellte ihn an das Ende seines 1868 erschienenen zweibändigen Werkes *The Variation of Animals and Plants under Domestication* (Das Variieren der Tiere und Pflanzen im Zustande der Domestikation), das in gewissem Sinne eine Fortsetzung von *Origin of Species* war.

Um sich abzusichern, führte Darwin seine Hypothese mit einem rechtfertigenden Zitat aus einem Buch des angesehenen Philosophen und Naturwissenschaftlers William Whewell ein: »›*Hypothesen können vielfach der Wissenschaft dienen, wenn sie ein gewisses Maß an Unvollständigkeit und sogar an Irrtum aufweisen.*‹ *Unter diesem Gesichtspunkt wage ich die Hypothese der Pangenesis vorzulegen, die besagt, daß die gesamte Organisationsform, im Sinne eines jeden einzelnen Atoms oder Teilchens, sich fortpflanzt. Danach umschließen und enthalten Ovula und Pollenkörner – die befruchteten Samen oder Eier sowie die Knospen – eine Unmenge von Keimen* [germs], *die von jedem einzelnen Atom des Organismus ausgestreut werden.*«

Die Pangenesis-Hypothese – der nicht sehr glücklich gewählte Begriff mit der Bedeutung »All-Schöpfung« ist eine Erfindung Darwins – war demnach ein Versuch, genetische Vorgänge, ja das gesamte Erbgeschehen mechanistisch zu deuten, was vor Bekanntwerden der Mendelschen Regeln und den Entdeckungen der modernen Zelltheorie und Biochemie von vorneherein zum Scheitern verurteilt war. Nach Darwin sollten die genannten »Keime«, die er als *Gemmulae* bezeichnete, von allen Teilen des Lebewesens abgegeben und – bei den Tieren – in der Blutbahn zu den Fortpflanzungszellen befördert werden. Die *Gemmulae* bewirken nicht nur die Ähnlichkeit zwischen Eltern und Nachkommen, sondern steuern auch die Entwicklung der letzteren, sind die Ursache für Mißbildungen, wenn sie dicht den richtigen »Bestimmungsort« erreichen, regenerieren verlorengegangene Körper- oder Gewebeteile usw.

Das alles klingt fast wie eine Vorwegnahme der modernen Vererbungslehre, doch der Eindruck täuscht. Zwischen Darwins *Gemmulae* und den Genen, den echten Trägern der Erbanlagen, besteht kein sachlicher Zusammenhang!

Die Entwicklung der Wissenschaft hat die Pangenesis-Hypothese übergangen, und auch Darwin selbst, den von Anfang an Zweifel beschlichen hatten, erkannte seinen kühnen Vorstoß in ein noch unerschlossenes Gebiet der Biologie schon bald als Irrweg. *»Ich fürchte, Pangenesis ist ein totgeborenes Kind«,* schrieb er am 23. Februar 1868 seinem Freund Hooker, der wie die meisten Fachleute mit der Hypothese nichts anzufangen wußte.

Politische Einstellung

Auf die Frage nach seiner politischen Einstellung gab Darwin 1873 die lakonische Antwort: *»Liberal oder radikal.«* Diese Begriffe hatten im damaligen England – und speziell für Darwin – eine andere Bedeutung als heute und dürfen nicht als Bekenntnis zu einer bestimmten politischen Richtung oder gar Partei mißverstanden werden. Nach dem wenigen zu urteilen, was wir

Die politische Streitfrage, in der sich Darwin am stärksten engagierte, war das weltweite Problem der Sklaverei. Er verübelte es der sonst so hochgeschätzten »Times«, daß sie in dieser Frage anderer Meinung war als er selbst. In einem Brief vom 6. März 1863 schrieb er an Asa Gray:
»Die Times wird immer abscheulicher (doch das ist ein noch zu schwaches Wort). Meine gute Frau möchte, daß wir sie abbestellen, aber ich sage ihr, das sei ein Gipfel des Heroismus, zu dem nur eine Frau fähig sei. Die ›verdammte alte Times‹ . . . aufzugeben, das wäre so, als wollte man Essen, Trinken und Luft aufgeben.«

Unten: *»The Times«, die einzige politische Tageszeitung, die Darwin regelmäßig las. Er hielt sie zwar für »die beste Zeitung der Welt«, ärgerte sich aber dennoch zuweilen über ihre allzu konservative Haltung.*

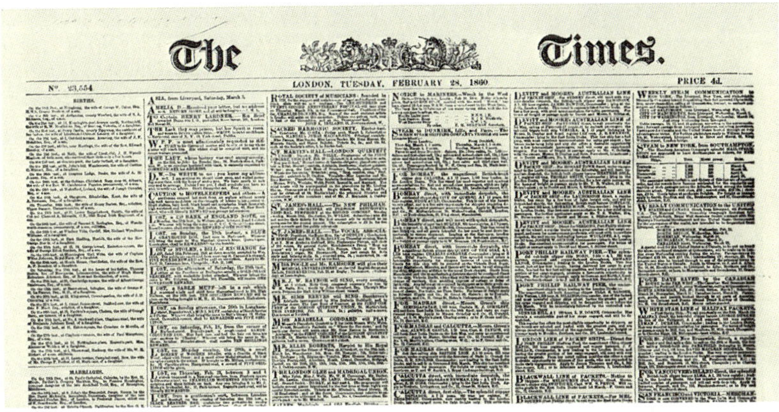
The Times.

No. 23,554 LONDON, TUESDAY, FEBRUARY 28, 1860. PRICE 4d.

über Darwins politische Haltung wissen, kann man die offenbar synonym aufgefaßten Adjektive »liberal« und »radikal« wie folgt umschreiben: freiheitlich, bürgerlich-großzügig, tolerant, jede Form von Gesinnungszwang und Unterdrückung ablehnend.

In seinen Briefen und sonstigen persönlichen Aufzeichnungen hat sich Darwin nur höchst selten und sehr allgemein zu innen- oder außenpolitischen Fragen geäußert. Das erklärt sich mit seinem zurückgezogenen, unabhängigen und ganz der Wissenschaft verschriebenen privaten Lebensstil, der ihn dem öffentlichen Leben weitgehend entfremdete. Am politischen Geschehen nahm er nur indirekt teil, und zwar durch die regelmäßige Lektüre der »Times«, auf die er nicht verzichten wollte, obwohl sie ihm, zumal in der Frage der → *Sklaverei*, manchmal zu konservativ, ja zu reaktionär war. Sein Sohn Francis berichtet in *Life and Letters of Charles Darwin: »Nach dem Mittagessen las er, auf dem Sofa im Wohnzimmer ausgestreckt, seine Zeitung. Ich glaube, die Tageszeitung war das einzige nichtwissenschaftliche Druckerzeugnis, das er für sich allein las. ... Er interessierte sich sehr für alles, was in der Welt vorging, so daß er in der Zeitung vieles fand, was ihn beschäftigte; er machte sich jedoch gern über die Einfältigkeit der Parlamentsdebatten lustig, obgleich er sie, glaube ich, nur im Auszug las. Sein politisches Interesse war beträchtlich, doch er bildete sich seine Meinung in diesen Dingen eher beiläufig als durch ernsthaftes Nachdenken.«*

Diese Entenmuscheln, die trotz ihres volkstümlichen Namens nicht zu den Muscheln, sondern zu den Krebstieren gehören, sind die wohl bekanntesten Vertreter der Rankenfüßer oder Cirripedien.

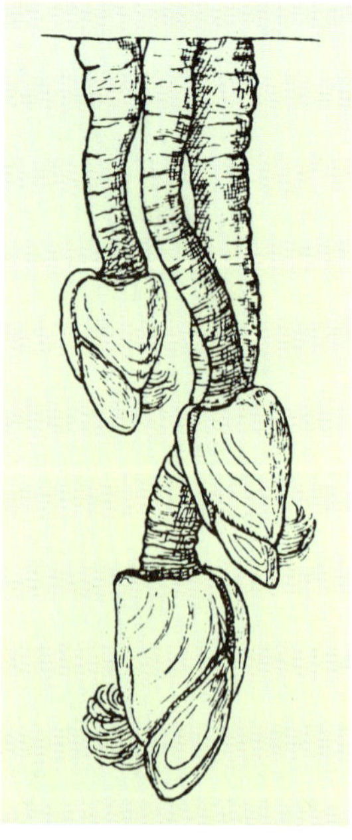

Rankenfüßer

Diese kleinen, oft winzigen niederen Krebse, die im zoologischen System eine Unterklasse *(Cirripedia)* mit rund 800 rezenten Arten bilden, sind bis heute Stiefkinder der Wissenschaft und waren es erst recht zu Darwins Zeiten. Die unscheinbaren, aber hochspezialisierten Meerestiere, die wegen ihrer sessilen (festsitzenden) Lebensweise und ihres Körperbaus kaum unserer Vorstellung von Krebsen entsprechen und tatsächlich auch erst 1830 als solche erkannt wurden, sind dem Laien allenfalls durch einige weitverbreitete Vertreter ihrer Art – die Seepocken und die sogenannten Entenmuscheln – vertraut.

Auf seiner → *Weltreise* hatte Darwin an der chilenischen Küste besonders interessante Rankenfüßerexemplare entdeckt; das war für ihn der Anstoß, sich intensiver mit dieser Tiergruppe zu befassen, wozu er jedoch erst 1846 kam. Zunächst wollte er nur eine kurze Abhandlung schreiben, doch dann hielt ihn die Arbeit bis 1854 gefangen. *»Im Oktober 1846 begann ich über Cirripedien zu arbeiten«*, berichtet er in seiner *Autobiographie. »Um den Bau meines neuen Rankenfüßers* [aus

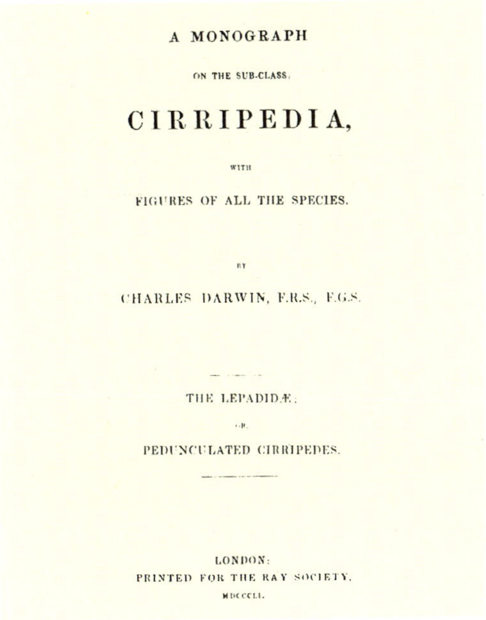

A MONOGRAPH

ON THE SUB-CLASS

CIRRIPEDIA,

WITH

FIGURES OF ALL THE SPECIES.

BY

CHARLES DARWIN, F.R.S., F.G.S.

THE LEPADIDÆ;

OR,

PEDUNCULATED CIRRIPEDES.

LONDON:
PRINTED FOR THE RAY SOCIETY.
MDCCCLI.

Titelseite eines Bandes von Darwins Rankenfüßer-Monographie. Das Gesamtwerk umfaßt vier separat erschienene Teile und beschäftigte den Verfasser mehrere Jahre lang.

Chile] *zu verstehen, mußte ich viele der gängigen Formen untersuchen und sezieren; und dies führte allmählich dazu, daß ich mich der ganzen Gruppe annahm. In den nächsten acht Jahren beschäftigte ich mich stetig mit dem Thema und veröffentlichte schließlich zwei dicke Bände, in denen alle bekannten lebenden Arten beschrieben sind, sowie zwei dünne Quartausgaben über die ausgestorbenen Arten.«* Diese monographische Darstellung, die in vier Teilen 1851 und 1854 in London erschien (s. Bibliogr.) und nie ins Deutsche übersetzt wurde, gilt noch heute als ein Standardwerk der Rankenfüßerforschung.

Darin ist zweifellos eine höchst verdienstvolle wissenschaftliche Leistung zu sehen, die von Darwins beharrlichem Fleiß, seinem erstaunlichen Beobachtungsvermögen und seinen rasch gewachsenen zoologischen Detailkenntnissen zeugt. Aber wie ist es zu erklären, daß er so viel Zeit und Mühe für ein so entlegenes Spezialgebiet verwandte, wo doch die Bearbeitung des Arten-Problems wesentlich vordringlicher erscheinen mußte? Zwei Motive bieten sich an: Zum ersten wollte der »Dilettant« Darwin wohl sich selber und anderen am konkreten Beispiel beweisen, daß er wissenschaftlich exakt zu arbeiten verstand, insbesondere auf dem schwierigen Gebiet der Systematik und Nomenklatur (Namengebung), das für ihn weitgehend Neuland war.

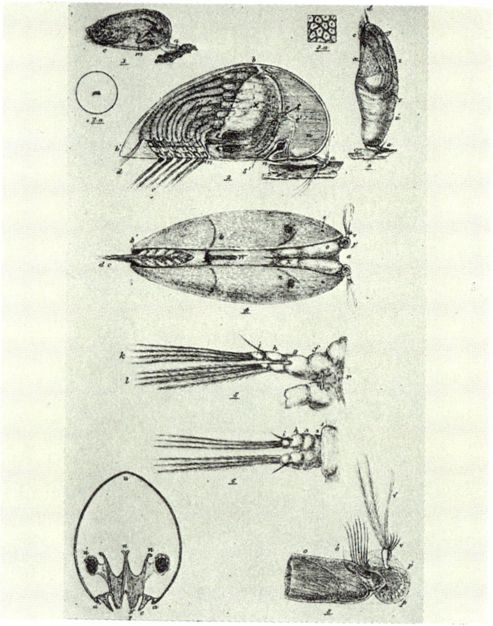

Eine Tafel aus dem Rankenfüßer-Werk. Dargestellt sind die letzten Entwicklungsstadien der Entenmuschel-Larven.

Zugleich sah er in der Arbeit an den Rankenfüßern die Voraussetzung für die Bewältigung der komplizierten taxonomischen Aufgaben, die ihn bei der Ausarbeitung der Evolutionstheorie erwarteten. *»Die Cirripedien stellen eine überaus variable und schwer zu klassifizierende Artengruppe dar; und meine Arbeit war mir von beträchtlichem Nutzen, als ich in der ›Entstehung der Arten‹ die Grundlagen der natürlichen Klassifikation zu erörtern hatte.« (Autobiographie)*

Für das zweite Motiv gibt es wahrscheinlich nur eine psychologische Erklärung: Darwin benutzte, bewußt oder unbewußt, die unverfänglichen Rankenfüßer dazu, seine gefährlichen Gedanken über die Evolution zu verdrängen und das *»Eingeständnis eines Mordes«* (→ *Essay von 1844*) möglichst lange hinauszuzögern.

Reise eines Naturforschers um die Welt

Titel der von → *Carus* 1875 veröffentlichten deutschen Übersetzung von → *A Naturalist's Voyage.*

Religion

Darwins Verhältnis zur Religion läßt sich nicht auf eine schlüssige Formel bringen. Er war zweifellos nie wirklich fromm, keineswegs aber ein radikaler oder gar kämpferischer Atheist; daran hinderte ihn freilich weniger seine tatsächliche Gesinnung als seine eigentümliche Scheu vor expliziten weltanschaulichen Festlegungen, die ihn seinem christlich-bürgerlichen Milieu allzusehr entfremdet hätten. Er brauchte, um ungestört arbeiten zu können und seine labile seelische Konstitution nicht zu gefährden, die Geborgenheit, die ihm diese »heile Welt« und insbesondere seine kirchengläubige Frau → *Emma Darwin* gaben. Hinzu kamen seine an Bequemlichkeit grenzende Kompromißbereitschaft im Alltagsleben und seine angeborene Menschenfreundlichkeit, die es ihm unmöglich machten, Menschen anderer Denkweise vor den Kopf zu stoßen; selbst mit dem Pfarrer von Down stand der Verkünder der »religionsfeindlichen« Evolutionslehre bis zum Schluß auf gutem Fuße, obwohl er dessen Kirche kaum jemals betrat.

In seiner Jugend, bis zur Weltreise mit der Beagle, war Darwin laut eigener Aussage »ganz orthodox«, wenn auch in einem unverbindlichen, konventionellen Sinne. Selbst während seines Theologiestudiums, das für ihn nicht Ausdruck innerer Berufung, sondern nur ein passabler Weg zu einem Beruf war, scheint er sich kaum ernsthaft Gedanken über religiöse Fragen gemacht zu haben; jedenfalls finden sich in seinen Selbstzeugnissen keinerlei Hinweise, die darauf schließen ließen. Sein bis dahin unreflektiertes, ja naives Weltbild veränderte sich erst in der Zeit nach seiner Rückkehr, als ihn die unterwegs gewonnenen Naturerkenntnisse und die daraus folgende Bewußtseinserweiterung zu einer Klärung seines weltanschaulichen Standpunktes zwangen.

»In diesen Jahren [1837/38] *mußte ich viel über die Religion nachdenken«,* heißt es in seiner *Autobiographie*, und zwar am Anfang jener eingeschobenen Passage, die mit »Religious Belief« (religiöser Glaube) überschrieben ist. Dieser etwa 10 Seiten lange Text, der vom ersten Herausgeber → *Francis Darwin* aus familiärer Rücksichtnahme 1887 stark beschnitten werden mußte und erst 1958 von Nora Barlow ungekürzt abgedruckt wurde, enthält das Fazit besagten Nachdenkens: eine ebenso bittere wie bewegende Abrechnung mit der christlichen Offenbarungsreligion, aber keine unzweideutige Absage an eine allgemeine religiöse oder transzendentale Grundstimmung, die jedoch auf ein vages *»Gefühl des Erhabenen«* reduziert und nicht als Beweis für die Existenz eines persönlichen Gottes akzeptiert wird.

Die Position eines Agnostikers, der metaphysische Wahrheiten nicht grundsätzlich leugnet, sie aber als nicht erkennbar und beweisbar betrachtet, scheint Darwins religiösem Skeptizismus am ehesten zu entsprechen. Was er jedoch entschieden leugnete, das waren

Passage aus Darwins *Autobiographie* zum Thema »Religions Belief« (religiöser Glaube):
»Eine andere Ursache für die Überzeugung von der Existenz Gottes, die mit der Vernunft und nicht mit den Gefühlen zusammenhängt, hat in meinen Augen viel mehr Gewicht. Das ergibt sich aus der extremen Schwierigkeit oder vielmehr Unmöglichkeit, sich dieses riesige und wunderbare Universum, einschließlich des Menschen mit seiner Fähigkeit, weit zurück und weit in die Zukunft zu blicken, als das Resultat blinden Zufalls oder der Notwendigkeit vorzustellen.
Wenn ich darüber nachdenke, fühle ich mich gezwungen, den Blick auf eine Erste Ursache [die ›prima causa non causata‹ der Theologen] zu richten, die einen, dem des Menschen in gewissem Sinne analogen Intellekt besitzt; und ich verdiene, Theist genannt zu werden.
Diese Schlußfolgerung war, soweit ich mich erinnern kann, um die Zeit in meinem Geist stark ausgeprägt, als ich die ›Entstehung der Arten‹ schrieb; doch seit jener Zeit ist sie ganz allmählich mit vielen Schwankungen immer schwächer geworden. ...
Auch dürfen wir nicht die Wahrscheinlichkeit außer acht lassen, daß die ständige Einflößung des Glaubens an Gott in den Geist der Kinder eine so starke und vielleicht erbliche Wirkung auf ihre noch nicht vollständig entwickelten Gehirne ausübt, daß es für sie ebenso schwierig wird, ihren Glauben an Gott abzustreifen, wie für einen Affen, seine instinktive Angst und Abscheu vor einer Schlange abzustreifen?
Ich kann mir nicht anmaßen, auch nur das mindeste Licht auf solche abstrusen Probleme werfen zu können. Das Geheimnis des Anfangs aller Dinge ist für uns unlösbar; und ich für mein Teil muß mich damit zufriedengeben, ein Agnostiker zu bleiben.«

die Gültigkeit der Offenbarungsreligion *(»Ich selbst glaube nicht, daß es jemals irgendeine Offenbarung gegeben hat«)*, der Alleinanspruch des Glaubens an den Gott des Alten und Neuen Testaments, der straft und verdammt und zugleich das Unrecht und Elend in seiner Welt zuläßt *(»Das ist eine abscheuliche Lehre!«)* und die Abhängigkeit der wissenschaftlichen Forschung von religiösen Doktrinen *(»Wissenschaft hat nichts mit Christus zu tun«). »So beschlich mich sehr langsam der Unglaube, bis er schließlich vollständig war.«*

Trotz seiner theologischen Vorbildung war Darwin kein systematischer theologischer oder philosophischer Denker, der ein weltanschauliches Lehrgebäude zu errichten versuchte. Alles, was er zu den »letzten Dingen« geäußert hat, bezog er nur auf sich selbst, auf sein eigenes unvollkommenes Erkenntnisvermögen, und nicht als verbindliche Maxime auf andere Menschen. Und er hat, soviel scheint sicher, unter seinen religiösen Skrupeln und seiner endgültigen Lösung von der überkommenen Religion mehr gelitten, als er jemals zuzugeben bereit war. Noch größer aber war sein Wahrheitsfanatismus, und von der Wahrheit, die er einmal für richtig erkannt hatte, auch wenn sie den religiösen Vorstellungen seiner gesamten Umwelt entgegenstand, ist er nie einen Fingerbreit abgewichen.

Adam Sedgwick, der den Studenten Darwin in die Geologie einführte, aber seinen ehemaligen Freund nach dem Erscheinen von Origin of Species *heftig attakkierte.*

Adam Sedgwick

* 22. März 1785 Dent; † 27. Januar 1873 Cambridge

Adam Sedgwick, seit 1818 Geologieprofessor in Cambridge, hat die Entwicklung des jungen Darwin zum Naturforscher entscheidend mitgeprägt. Der Theologiestudent Darwin versäumte zwar die *»eloquenten und interessanten Vorlesungen«*, die Sedgwick in Cambridge hielt, lernte ihn aber am Ende seines Studiums persönlich kennen. *»Im Frühjahr* [1831] *überredete mich Henslow, mich mit Geologie zu befassen, und führte mich bei Sedgwick ein«*, lautet eine Eintragung in seinem Tagebuch und: *»In der Mitte des Sommers geologisierte ich ein wenig in Shropshire.«* Sedgwick weckte in Darwin nicht nur das Interesse für die Geologie, was sich in der Folgezeit als sehr wichtig für ihn erwies, sondern leitete ihn auch allgemein zum systematischen wissenschaftlichen Arbeiten an. Die Einübung in die geologische Praxis verdankt Darwin einer Exkursion in Nord-Wales, auf der er Sedgwick im August 1831 begleiten durfte.

Der väterliche Freund wandelte sich jedoch nach der Veröffentlichung von *Origin of Species* zum erbitterten Gegner Darwins. Sedgwick hielt unbeirrt an seinem religiösen Glauben fest, der den Glauben an die Naturschöpfung und Artkonstanz einschloß. Als ihm Darwin ein Exemplar seines Hauptwerkes übersandte, reagierte er in seinem langen Antwortschreiben vom 24. Dezember 1859 noch verhältnismäßig freundlich, wenngleich zutiefst betroffen: »*Wenn ich Sie nicht für einen gutmütigen und wahrheitsliebenden Menschen hielte, würde ich Ihnen nicht sagen, daß ... ich Ihr Buch mit mehr Schmerz als Vergnügen gelesen habe. Einzelne Partien habe ich sehr bewundert, bei anderen habe ich gelacht, bis mir fast die Seiten schmerzten; wieder andere Teile habe ich mit größtem Kummer gelesen, weil ich sie für ganz und gar falsch und auf bedauerliche Weise unheilstiftend halte.*«

Doch wenige Monate später, am 24. März 1860, ließ Sedgwick im »Spectator« eine vernichtende anonyme Rezension von Darwins Buch folgen, als deren Autor er unschwer identifiziert werden konnte. Einige Kernsätze dieses Verrisses lauten: »*Nicht, daß ich glaube, Darwin sei ein Atheist, obwohl ich seinen Materialismus nicht anders als atheistisch bezeichnen kann. Ich halte ihn für falsch, weil er dem offensichtlichen Lauf der Natur widerspricht und das genaue Gegenteil von induktiver Wahrheit darstellt. Und ich halte ihn für im höchsten Maße unheilstiftend.*«

Darwin war schockiert über Sedgwicks hinterhältige Attacke im »Spectator«, aber zugleich um eine humorvoll-versöhnliche Geste bemüht, wie sie für ihn charakteristisch ist:
»Ich bin jetzt ganz sicher, daß Sedgwick der Verfasser des Artikels im ›Spectator‹ ist. Kein anderer hätte solche schmähenden Ausdrücke benutzen können. Und was für eine Entstellung meiner Anschauungen! ... Wenn ich je wieder mit ihm spreche, werde ich ihm sagen, daß ich niemals geglaubt hätte, ein Inquisitor könne ein guter Mensch sein; aber nun wisse ich, daß ein Mensch einen anderen rösten und dennoch ein so liebenswürdiges und edles Herz haben kann wie Sedgwick.« (Brief an Charles Lyell.)

Selektion

Selektion ist ein Schlüsselbegriff der Evolutionslehre, wie sie Darwin in seinem Hauptwerk → *Origin of Species* umfassend dargestellt hat.
Der von ihm durchgängig verwendete englische Begriff *selection* (von lat. *selectio* = Auswahl) wurde von → *Julius Victor Carus* und anderen mit »Zuchtwahl« übersetzt – eine nicht besonders glückliche Eindeutschung, die besser durch »Auslese« oder einfach »Selektion« ersetzt wird, wie es in der neueren Literatur allgemein üblich ist.

Haustauben. Mit diesen leicht zu züchtenden Vögeln experimentierte Darwin am ausgiebigsten, um die Mechanismen der (künstlichen) Selektion oder Auslese zu ergründen.

Verkehrtflügel-Kröpfer, eine extrem hochgezüchtete Haustaubenrasse. Für Darwin stellten solche ausgefallenen Spielarten, die aus der schlichten wildlebenden Felsentaube hervorgegangen sind, einen eindrucksvollen Beweis für die Macht der vom Menschen betriebenen künstlichen Selektion dar.

Darwin unterscheidet zwischen »künstlicher« und »natürlicher« Selektion (*artificial* und *natural selection*). Im ersten Fall ist die vom menschlichen Züchter »künstlich« betriebene Auslese von geeigneten Nutztieren und Kulturpflanzen zur Erzielung immer brauchbarerer Varietäten gemeint. Durch die Übertragung dieses Prinzips auf die von keinem Züchter gesteuerten Vorgänge in der Natur ergab sich für Darwin die »natürliche Selektion«, der in seiner Lehre eine so entscheidende Bedeutung zukommt, daß diese zuweilen sogar als Selektionstheorie bezeichnet wird. Im natürlichen Selektionsgeschehen übernimmt nach Darwin die Umwelt (Lebensraum, Klima, Fortpflanzungschancen usw.) gewissermaßen die Rolle des auslesenden Züchters. Sie übt einen ständigen Selektionsdruck aus, der zu einer immer besseren Anpassung der Lebewesen an ihre Umwelt bzw. zur Ausmerzung der Unangepaßten und somit schließlich zur Entstehung neuer Varietäten und Arten führt.

Das Selektionsprinzip, ein Kernstück der Darwinschen Abstammungslehre, wird gegenwärtig von Paläontologen und Evolutionsforschern, vor allem in den USA, einer kritischen Prüfung unterzogen, die allerdings noch nicht abgeschlossen ist. Ausgangspunkt einer solchen Revision ist der Umstand, daß sich, trotz der gewaltigen Vermehrung der fossilen Belege für die

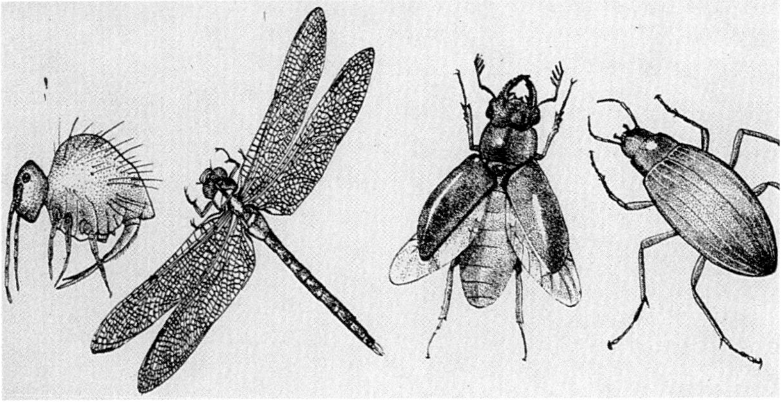

Evolution der Lebewesen insgesamt, die von Darwin postulierten allmählichen, »graduellen« Übergänge bisher nicht schlüssig nachweisen lassen. Die heutigen Verfechter einer »punktuellen« Evolution oder »Makroevolution« vertreten deshalb die Auffassung, die Entwicklung habe sich nicht kontinuierlich in winzigen Einzelschritten, sondern in größeren Schüben vollzogen. Mit anderen Worten: Die Arten bleiben über lange Zeiträume, die sich nach Jahrmillionen bemessen können, ziemlich konstant und machen dann unter dem Einfluß tiefgreifender und großräumiger Umweltveränderungen einen deutlich erkennbaren Sprung, der oft bereits nach wenigen Jahrtausenden beendet ist.

Solange die zweifellos vorhandenen Fossillücken nicht durch vermehrte Funde von Übergangsformen geschlossen werden können, spricht vieles für die Richtigkeit der neuen Theorie.

Oben: *Die Vielgestaltigkeit der Insekten ist ein Produkt der natürlichen Selektion.*

Unten: *Eine »Punch«-Karikatur vom 23. Dezember 1861 auf das Prinzip der künstlichen Selektion.*

Die herkömmliche Art

Die neue Züchtung

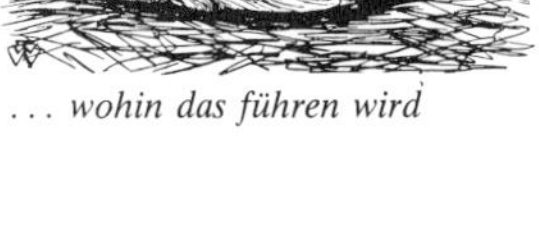

... wohin das führen wird

Shrewsbury

In dieser westenglischen Kleinstadt am Severn erblickte Charles Darwin in dem von seinem Vater erbauten Haus → *The Mount* am 12. Februar 1809 das Licht der Welt. Hier besuchte er 1817 die von dem Geistlichen G. Case geleitete »Vorschule« *(day-school)* und anschließend, von 1818 bis 1825, das Internat, die *great school*, von Dr. Samuel Butler. Er führte dort das Leben eines echten Internatsschülers, *»doch da die Entfernung zu meinem Elternhaus kaum mehr als eine Meile betrug, lief ich oft in den größeren Pausen zwischen dem Aufgerufenwerden und dem Zuschließen am Abend nach Hause« (Autobiographie).*

Der junge Charles Darwin unternahm in Shrewsbury und Umgebung gerne lange, einsame Spaziergänge, und hier erwachten auch seine naturkundlichen Interes-

Oben: *Die von Dr. Samuel Butler geleitete Internatsschule in Shrewsbury, die der junge Darwin sieben Jahre lang besuchte.*

Rechts: *Diese Darwin-Statue von Horace Mountford steht seit 1905 vor dem Hauptportal des Internats in Shrewsbury, das der mittelmäßige Schüler Charles Darwin zwischen 1818 und 1825 so oft durchschritten hat.*

sen (Pflanzenbestimmen, Vogelbeobachtung, Sammeln von Käfern, Mineralien, Muscheln usw.) und seine frühe Jagdleidenschaft.

Sklaverei

Das Problem des Sklavenhandels und der Sklavenhaltung spaltete im 18. und 19. Jh. die englische Nation in zwei Lager. Wie alle gebildeten Anhänger der »Whigs« (aufgeklärte Liberale im Gegensatz zu den konservativen »Tories«) waren die Familien Darwin und Wedgwood engagierte Gegner des Sklavenunwesens. Schon zu Ende des 18. Jh.s ließ → *Josiah Wedgwood* im Zuge seiner Antisklavereikampagne eine Plakette herstellen, die einen gefesselten Negersklaven zeigte und die Aufschrift trug: »*Bin ich nicht ein Mensch und ein Bruder?*« Eine Abbildung dieser Plakette erschien 1791 in dem Werk *The Botanic Garden* von → *Erasmus Darwin.*

Die Antisklaverei-Plakette, die Darwins Onkel und späterer Schwiegervater Josiah Wedgwood in großer Stückzahl herstellen ließ.

Daß Charles Darwin die Sklaverei ebenfalls verurteilte, versteht sich bei dieser Familientradition und bei seiner freiheitlich-humanen Gesinnung von selbst. Seine Ablehnung steigerte sich zur Empörung, als er während der Weltreise das Sklavenelend in Südamerika mit eigenen Augen sah. Mit großer Entschiedenheit vertrat er seinen Standpunkt gegenüber seinem erzkonservativen Kapitän → *Robert Fitzroy*, der die Sklavenhaltung als rechtmäßig verteidigte, und in seinen erstmals 1839 veröffentlichten Reisebericht fügte er eine längere Apologie für die Sklavenbefreiung ein.

Als 1830 die reformfreudigen Whigs in England die Regierung übernahmen, hoffte Darwin wie alle Gleichgesinnten auf eine baldige Abschaffung des Sklavenunwesens im Britischen Empire, die dann tatsächlich drei Jahre später erfolgte. Am 22. Mai 1833 schrieb er aus Maldonado (Uruguay) an seine Schwester Catherine: »*Ich habe verfolgt, wie stetig sich die allgemeine Stimmung ... gegen die Sklaverei auflehnt. Was für ein Ruhmesblatt wird es für England sein, wenn es sie als erste europäische Nation gänzlich abschafft!*« Zwei Wochen später, am 2. Juni, heißt es in einem Brief an den Freund John Maurice Herbert: »*Es tut einem im Herzen wohl zu hören, wie es in England weitergeht. Ein Hurra den redlichen Whigs! Ich vertraue darauf, daß sie bald gegen den monströsen Schandfleck auf unserer vielgerühmten Freiheit, die Sklaverei in den Kolonien, angehen werden.*«

Die endgültige Aufhebung der Sklaverei in Übersee ließ noch rund drei Jahrzehnte auf sich warten, vor allem in den Vereinigten Staaten, wo es 1861–1865 sogar zu einem Bürgerkrieg zwischen den Nordstaaten und den sklavenhaltenden Südstaaten kam. In Darwins Briefen an den amerikanischen Freund → *Asa Gray* ist regelmäßig von diesem Problem die Rede, so z. B. am

Die grausame Bestrafung von Negersklaven in Südamerika. Illustration aus Brésil, Colombie et Guyane *von F. Denis und C. Famin (1837). Solche Szenen, die Darwin auf seiner Weltreise erleben mußte, »brachten sein Blut zum Kochen«.*

5. Juni 1861: *»Einige wenige, und ich bin einer von diesen, wünschen zu Gott, daß die Nordstaaten einen Kreuzzug gegen die Sklaverei proklamieren möchten, obwohl dies Millionen von Menschenleben fordern würde. ... Großer Gott, wie würde ich mich freuen, den größten Fluch auf Erden – die Sklaverei – ausgerottet zu sehen!«* Und am 17. September 1861 (?) heißt es: *»Wenn die Abschaffung der Sklaverei Ihrem Siege folgt, dann sieht die ganze Welt in meinen Augen und in vielen anderen Augen heller aus.«*

Wie sehr Darwin unter dem Unrecht der Sklaverei gelitten haben muß, bezeugt eindringlich sein Sohn Francis in *Life and Letters of Charles Darwin:* Er berichtet, die Schreie der gequälten Sklaven, die sein Vater als junger Mann in Brasilien gehört habe, hätten ihn noch jahrelang im Schlaf verfolgt.

Sozialdarwinismus

Unter Sozialdarwinismus (engl.: *Social Darwinism*), jener häßlichsten Folgeerscheinung des Evolutionsgedankens, die zwar mit dem guten Namen Darwin untrennbar verknüpft ist, von ihm aber weder intendiert noch gar formuliert wurde, versteht man die Übertragung seiner rein naturwissenschaftlichen Erkenntnisse auf das menschliche Sozialleben. Tatsächlich ist Darwin

Eine Karikatur aus dem »Punch« vom 18. Mai 1861, in der das Motto von J. Wedgwoods Antisklaverei-Plakette (s. S. 183) absichtlich und in diffamierender Weise wiederaufgenommen wird. »Bin ich nicht ein Mensch und ein Bruder?« fragt jetzt nicht mehr der Sklave, sondern der Affe, der durch Darwins Evolutionslehre in den Ahnenkreis des Menschen einbezogen worden war.

nicht ganz unschuldig an dieser ideologischen Fehlentwicklung, weil er zum Mißbrauch einladende Formeln wie → *Selektion* (Auslese), → *Kampf ums Dasein* und → *Überleben des Passendsten* (oder Tüchtigsten) in die Beschreibung langfristiger und natürlich ablaufender biologischer Prozesse eingeführt hat. Zu seiner Entlastung kann man indes vorbringen, daß die beiden ersten Formeln aus dem soziologischen Hauptwerk von → *Thomas Robert Malthus* abgeleitet wurden und Darwin die dritte erst nachträglich, direkt von → *Herbert Spencer* übernommen hat, der dann tatsächlich einer der wichtigsten philosophischen Vertreter des Sozialdarwinismus wurde.

Darwin, der »einseitige« Naturforscher, hat sich selbst für den möglichen, ja naheliegenden Zusammenhang zwischen Naturvorgängen und gesellschaftlichen Zuständen nie interessiert. Hier war er leider auf einem Auge blind. Fast naiv klingt der verwunderte Ausruf des alten Darwin: *»Was für eine törichte Vorstellung scheint doch in Deutschland von der Beziehung zwischen Sozialismus und der Evolution durch natürliche Selektion zu herrschen!«* (aus einem Brief an seinen deutschen Korrespondenten Dr. Baron von Scherzer vom 26. Dezember 1879). Das ist, soweit feststellbar, die einzige Äußerung in seinem Werk und Briefwechsel, die sich – zumindest andeutungsweise – mit der

»Darwin hatte zeit seines Lebens große Bedenken, ob man die biologischen Kategorien zur Erklärung der menschlichen Kulturentwicklung heranziehen könne. Nicht so die sogenannten ›Sozialdarwinisten‹. Für sie stand es außer Zweifel, daß die natürliche Auslese das Erklärungsprinzip sozialer Entwicklung schlechthin sei. ... Herbert Spencer (1820–1903) nahm für sein umfassendes Theoriegebäude eine gewichtige Uminterpretation der Darwinschen Prinzipien vor: Der Begriff Evolution wurde für ihn zum Inbegriff von Fortschritt und Fortschrittsnotwendigkeit. Auslese und Überlebenskampf sind nicht nur ein Faktum, sondern ein gesellschaftliches Muß. Denn ohne solche heilsame Selbstreinigungsvorgänge könne sich die Gesellschaft nicht fortentwickeln. Fortschreitende Höherentwicklung ist aber das Naturgesetz des Kosmos.« (Robert Hettlage in *Darwin und die Folgen,* Sendereihe des Bayer. Rundfunks, 1982).

Oben: *Der Dichter und Erzähler Rudyard Kipling (1865–1936), der literarische Wortführer des britischen Imperialismus.*

Mitte: *Cecil Rhodes (1853–1902), ein vom Sozialdarwinismus geprägter Kolonialpolitiker, der unter anderem das nach ihm benannte Rhodesien, heute Simbabwe, für England eroberte.*

Vereinnahmung seiner Lehre durch Soziologie und Politik befaßt.

Wie dem auch sei, vom Daseinskampf und Überleben des Tüchtigsten im Tier- und Pflanzenreich war es nur ein kleiner Schritt zum Schlagwort vom Recht des Stärkeren, also zu einer rüden politischen Ideologie, die das Ausleseprinzip auf die als Kulturwesen definierte Spezies Mensch anwandte. Diese Doktrin mußte in der Blütezeit des Kapitalismus, Imperialismus und Kolonialismus auf fruchtbaren Boden fallen und diente als scheinwissenschaftlicher Vorwand für Unterdrückung, Ausbeutung, Klassengesellschaft, Profitgier, Rassismus, Herrenmenschentum, Militarismus, Machtkämpfe, ja Kriege. Nietzsches »Übermensch« und seine Herren- und Sklavenmoral; Kiplings Verherrlichung des Imperialismus; Cecil Rhodes' überhebliche Kolonialpolitik *(»Je mehr wir von der Welt beherrschen, desto besser für das ganze Menschengeschlecht«);* Arthur Gobineaus und Houston Stewart Chamberlains Rassendünkel; William Graham Sumners Kapitalismusapologie *(»Die Millionäre sind das Produkt der natürlichen Auslese«)* – das sind nur einige Belege für die allgemeine Infektion durch den Bazillus des Sozialdarwinismus, der sich in den Jahrzehnten nach Darwins *Origin of Species* wie eine Seuche in Europa und Nordamerika ausbreitete.

Ihren vorläufigen Tiefstpunkt – aber nicht Endpunkt – erreichte diese verschwommene, menschenverachtende Ideologie im Nationalsozialismus, der begierig ihre Schlagworte aufgriff und in die Tat umsetzte. Die Gaskammern von Auschwitz, die geplante Ausrottung der jüdischen Rasse und die Vernichtung »unwerten Lebens« sind die extremsten Verirrungen sozialdarwinistischen Denkens.

Herbert Spencer

* 27. April 1820 Derby; † 8. Dezember 1903 Brighton

Der einflußreiche, stark naturwissenschaftlich orientierte Philosoph und Soziologe Spencer galt im 19. Jh. als bedeutendster Vertreter einer evolutionären Aufklärungsphilosophie, derzufolge in Natur, Geschichte und Gesellschaft ein universales Entwicklungsgesetz vorherrscht. Es reguliert einen umfassenden Fortschrittsprozeß, eine immer bessere Anpassung an die Umwelt durch Vererbung und Auslese.

Diese Auffassung fand, schon vor Darwin, einen ersten summarischen Niederschlag in Spencers Abhandlung *The Development Hypothesis* vom März 1852, in der die Evolution des organischen Lebens allerdings nur sehr komprimiert dargestellt wird. In aller Ausführlichkeit breitete Spencer seine Lehre in seinem elfbändigen Hauptwerk *System of Synthetic Philosophy* (Sy-

Der Philosoph Herbert Spencer, der durch seine Verallgemeinerung des biologischen Evolutionsprinzips bei Darwin großes Unbehagen auslöste. Gemälde von Hubert Herkomer.

stem der synthetischen Philosophie) aus, das von 1862 bis 1896 erschien. Innerhalb dieses Werkes sind zwei Bände, *Principles of Biology* (1864–1867), der Anwendung des Entwicklungsgedankens auf die belebte Natur gewidmet, und daraus übernahm Darwin auf Anraten von → *Alfred Russel Wallace* die Formel → *Überleben des Passendsten (survival of the fittest)* in die späteren Auflagen von → *Origin of Species*.

Darwin lernte Spencer persönlich kennen – das genaue Datum läßt sich offenbar nicht mehr feststellen – und wechselte gelegentlich Briefe mit ihm. Eine wirkliche Freundschaft kam indes nicht zustande, obwohl Darwin den vielseitigen und schreibenden Philosophen als Wegbereiter und eifrigen Verfechter der Evolutionslehre zu schätzen wußte – zu verschieden waren die beiden: der zurückhaltende, nüchterne, faktenversessene Wissenschaftler Darwin und der wendige, ideenreiche Theoretiker Spencer. Entsprechend kritisch fiel deshalb auch Darwins Urteil über Spencer aus:

»Herbert Spencers Gespräche erschienen mir sehr interessant, aber ich mochte ihn nicht besonders und hatte das Gefühl, daß ich mit ihm nicht so leicht vertraut werden könnte. Ich glaube, er war außergewöhnlich egoistisch. Wenn ich eines seiner Bücher gelesen habe, empfinde ich meist eine enthusiastische Bewunderung für seine überragenden Talente, und ich habe mich oft

gefragt, ob er in ferner Zukunft mit so großen Männern wie Descartes, Leibniz usw., über die ich allerdings nur sehr wenig weiß, in eine Reihe gestellt würde. Gleichwohl bin ich mir nicht bewußt, bei meiner eigenen Arbeit von Spencers Schriften profitiert zu haben. Die deduktive Methode, mit der er alle Probleme behandelt, ist meiner Denkrichtung völlig entgegengesetzt. Seine Schlußfolgerungen überzeugen mich nie, und immer wieder habe ich mir gesagt, nachdem ich eine seiner Erörterungen gelesen hatte: ›Das wäre ein schönes Thema für ein halbes Dutzend Jahre Arbeit!‹ Seine fundamentalen Verallgemeinerungen ... mögen vielleicht aus philosophischer Sicht sehr wertvoll sein, aber sie sind so geartet, daß sie für mich keinen streng wissenschaftlichen Wert zu besitzen scheinen. Sie haben mehr von Definitionen als von Naturgesetzen an sich.« (Autobiographie)

Sprachkenntnisse

Über Darwins Beziehung zur deutschen Sprache schreibt sein Sohn Francis in *Life and Letters of Charles Darwin* u. a.: »Trotz seiner mangelhaften Grammatikkenntnisse kam er mit dem Deutschen prächtig voran, und die Sätze, die er nicht herausbringen konnte, waren im allgemeinen wirklich schwierig. Er machte nie den Versuch, Deutsch korrekt auszusprechen, sondern betonte die Wörter so, als wären es englische; und dadurch war es nicht gerade einfach, ihm zu helfen, wenn er einen deutschen Satz vorlas und um eine Übersetzung bat. Er hatte zweifellos kein Ohr für Lautwerte, so daß es ihm unmöglich war, kleine Ausspracheunterschiede wahrzunehmen.«

»Während meines ganzen Lebens bin ich außergewöhnlich unfähig gewesen, irgendeine Sprache zu beherrschen«, bekennt der alte Darwin in seiner *Autobiographie*. In dieser lapidaren Feststellung steckt, wie so oft bei Darwin, ein gewisses Understatement. Es trifft sicherlich zu, daß er kein besonderes Sprachtalent besaß und keine Fremdsprache perfekt beherrschte – selbst mit der englischen Muttersprache tat er sich eingestandenermaßen schwer –, aber er war in dieser Hinsicht keineswegs »außergewöhnlich unfähig«. Dank seiner humanistischen Schulbildung verfügte er zumindest über durchschnittliche Latein- und Griechischkenntnisse, Französisch und sogar Deutsch konnte er einigermaßen lesen, wenn auch seine Aussprache miserabel gewesen sein muß.

Besonders interessant ist sein Verhältnis zur deutschen Sprache, mit der er sich ständig abquälen mußte, weil ein großer Teil der für ihn wichtigen wissenschaftlichen Literatur in Deutsch geschrieben war und weil er gerade aus Deutschland zahlreiche Zuschriften erhielt. Wie er sich mit diesem Problem auseinandersetzte, hat sein Sohn Francis in *Life and Letters of Charles Darwin* ebenso ausführlich wie amüsant beschrieben:

»Ein großer Teil seiner wissenschaftlichen Lektüre war deutsch, und das bereitete ihm große Mühe; wenn ich ein Buch nach ihm las, wunderte ich mich oft, wie wenig er auf einmal lesen konnte, wenn ich die Bleistiftstriche sah, mit denen er jeden Tag anzeichnete, wie weit er jeweils gekommen war. Er nannte das Deutsche gern das ›Verdammte‹, englisch ausgesprochen. Er war über die Deutschen besonders deshalb ungehalten, weil er überzeugt war, sie könnten einfach schreiben, wenn sie nur wollten, und er lobte des öfteren Dr. F. Hildebrand [Botanikprofessor in Freiburg, einer von Darwins deut-

schen Korrespondenten], *der ein Deutsch schreibe, das so klar wie das Französische sei. Er gab zuweilen einen deutschen Satz einer Freundin zu lesen, einer patriotisch gesinnten deutschen Dame, und lachte sie dann aus, wenn sie ihn nicht fließend übersetzen konnte. Er selbst lernte Deutsch nur dadurch, daß er immer wieder im Wörterbuch nachschlug; er pflegte zu sagen, seine einzige Methode bestehe darin, einen Satz viele Male zu lesen, bis ihm schließlich der Sinn aufgehe. Als er vor langer Zeit mit dem Deutschen anfing, rühmte er sich dessen (wie er gern erzählte) gegenüber Sir J. Hooker, der ihm erwiderte: ›Ach, mein Lieber, das ist gar nichts; ich habe viele Male damit angefangen.‹«*

Ein spezieller Aspekt zum Thema Sprache bleibt noch nachzutragen: Obwohl Darwin, wie gesagt, kein besonderes Talent für philologische Dinge hatte, war er beeindruckt von den damals neuesten Ergebnissen der vergleichenden Sprachwissenschaft, vor allem von den Untersuchungen des deutschen Linguisten Franz Bopp (1791–1867), der die Verwandtschaft des Griechischen, Lateinischen, Persischen und Germanischen mit dem altindischen Sanskrit nachgewiesen hatte. Weshalb die Erkenntnis, daß sich die neueren Sprachen offensichtlich aus einer gemeinsamen Stammform entwickelt haben, für Darwin so faszinierend war, liegt auf der Hand: Er sah darin eine Analogie zur organischen Evolution und somit eine Bestätigung seines eigenen Entwicklungsdenkens. Einen Niederschlag fand diese Ideenverbindung im 14. Kapitel von *Origin of Species*.

Struggle for existence (oder life)

Schlüsselbegriff der Darwinschen Evolutionslehre, für den sich im Deutschen allgemein die Wendung → *Kampf ums Dasein* durchgesetzt hat.

James Sulivan

* 18. November 1810 Tregew; † 1. Januar 1890 Bournemouth

Der junge Marineleutnant Sulivan war während der Weltreise der Beagle Zweiter Offizier unter Kapitän → *Robert Fitzroy*. Mit dem um ein Jahr älteren Darwin verband ihn von Anfang an ein freundschaftliches Verhältnis, und er korrespondierte mit ihm bis in dessen letzte Lebensjahre. Sulivan machte sich als Kommandeur und Hydrograph einen Namen und schied als geadelter Admiral aus der Royal Navy aus. Nach Darwins Tod äußerte er sich in einem Brief an Francis Darwin sehr positiv über seinen einstigen Schiffsgenossen: *»Ich kann zuversichtlich meine Überzeugung aussprechen, daß er, während der fünf Jahre auf der ›Beagle‹ niemals schlecht gelaunt war und daß er zu nieman-*

Nachfolgende Doppelseite:

Die Offiziersmesse der »Beagle«. Gemälde von Augustus Earle, dem ersten »Bildberichterstatter« der Expedition, der jedoch wegen seines schlechten Gesundheitszustandes das Schiff schon im August 1832 in Montevideo verließ und durch Conrad Martens ersetzt wurde.

dem je ein böses oder unüberlegtes Wort gesagt hat. ... Dies und die Bewunderung für seine Energie und Tüchtigkeit bewogen uns dazu, ihm den Namen ›lieber alter Philosoph‹ zu geben.«

Survival of the fittest

Von Darwin seit 1866 verwendete Formel; von → Carus mit → *Überleben des Passendsten* übersetzt.

Tagesablauf

Im mittleren und fortgeschrittenen Alter wandelte sich der bummelnde Student von früher und abenteuerlustige Weltumsegler Charles Darwin in einen ungemein disziplinierten, ja fast pedantischen Arbeiter, dessen Tagesprogramm genau festgelegt war. Wie ein typischer Tagesablauf in Down aussah, wissen wir vor allem aus den Aufzeichnungen seines Sohnes Francis:

7.00	Aufstehen und kleiner Spaziergang.
7.45	Frühstück, meist allein.
8.00–9.30	In seinem Arbeitszimmer.
9.30–10.30	Im Wohnzimmer zur Durchsicht der Post; Familienbriefe ließ er sich laut vorlesen, während er auf dem Sofa lag.
10.30–12.00 oder 12.15	Wieder im Arbeitszimmer. Anschließend Rundgang zum Gewächshaus und auf dem »Sandweg«, meist begleitet von seinem Hund.
12.45	Mittagessen im Kreise der ganzen Familie, dann Zeitungslektüre (»Times«) und Erledigung der Post.
15.00	Ausruhen auf dem Sofa im Schlafzimmer. Dabei rauchte er eine Zigarette und ließ sich von seiner Frau Emma aus einem Unterhaltungsroman vorlesen.
16.00	Spaziergang auf dem »Sandweg« oder in der Umgebung des Hauses, manchmal in Begleitung.
16.30–17.30	Im Arbeitszimmer.
18.00	Ruhepause im Schlafzimmer und Vorlesestunde.
19.30	Kleiner Imbiß, dann zwei Backgammon-Partien mit seiner Frau. Anschließend wissenschaftliche Lektüre im Wohn- oder Arbeitszimmer. Dann ließ er sich von seiner Frau etwas auf dem Klavier vorspielen und ein Stück aus einem Roman vorlesen.
22.00	Aufbruch aus dem Wohnzimmer. Eine halbe Stunde später lag er im Bett, schlief aber meist sehr schlecht.

Gegenüberliegende Seite:

»Ein Tag bei Mr. Darwin« ist diese karikaturistische Zeichnung aus dem Jahre 1881 überschrieben, als Darwin an seinem letzten Buch arbeitete, das den Regenwürmern gewidmet war. In witziger Form ist hier dargestellt, wie ausgefüllt der Tag des Forschers auch noch im hohen Alter war. Wie die Bildinschriften oben links verraten, stand er noch immer um 7 Uhr auf und nahm um 8 Uhr sein Frühstück ein.

DARWIN ON THE WORM
RISES. 7 A.M.
BREAKFASTS. 8 A.M.
THE EARLY WORMS
ARE THEY MUSICAL?
ARE THEY TEETOTALLERS?
THE MISSING LINK.
DEAR OLD PAWS
THE RAW MATERIAL
THE FINISHED ARTICLE
M.B.

Überleben des Passendsten

Der klassische Darwin-Übersetzer → *Julius Victor Carus* prägte diese nicht besonders geglückte Eindeutschung der Formel *survival of the fittest*. Das substantivierte Adjektiv *fittest* ist allerdings mit einem einzigen deutschen Wort nur schwer zu treffen, zumal es als Singular oder Plural aufgefaßt werden kann. Der eigentliche Sinn läßt sich nur durch eine Umschreibung wiedergeben, etwa: »das Überleben des oder der am besten Angepaßten oder durch die Selektion Begünstigten.« Verfehlt oder zumindest irreführend ist auf jeden Fall die häufig zitierte Fassung »Überleben des Tüchtigsten«, die zwar sehr viel griffiger klingt, aber leicht als sozialpolitisches Schlagwort mißbraucht werden kann, wie es denn auch im → *Sozialdarwinismus* geschehen ist.

Die Wendung *survival of the fittest* wurde übrigens nicht von Darwin selbst geprägt, sondern ist eine Anleihe, die Darwin 1866 von → *Herbert Spencer* übernahm und erst in die 5. Auflage von *Origin of Species* (1869) einarbeiten konnte. Dort taucht sie dann zum ersten Mal im 4. Kapitel auf, das die Überschrift trägt: *Natural Selection; or the Survival of the Fittest* (bei Carus: »Natürliche Zuchtwahl oder Überleben des Passendsten«). Im anschließenden Text wird der Begriff als Resultat des Daseinskampfes bzw. der natürlichen Auslese folgendermaßen definiert:

»Wie mag wohl der Kampf um das Dasein ... in bezug auf die Variation wirken? Kann das Prinzip der Auswahl für die Nachzucht, die Zuchtwahl, welche in der Hand des Menschen so viel leistet, in der Natur angewandt werden? Ich glaube, wir werden sehen, daß ihre Tätigkeit eine äußerst wirksame ist. Wir müssen die endlose Anzahl unbedeutender Abänderungen und individueller Verschiedenheiten bei den Erzeugnissen unserer Züchtung und in minderem Grade bei den Wesen im Naturzustande, ebenso auch die Stärke der Neigung zur Vererbung im Auge behalten. Im Zustande der Domestikation, kann man sagen, wird die ganze Organisation in gewissem Grade plastisch. Aber die Veränderlichkeit, welche wir bei unseren Kulturerzeugnissen fast allgemein antreffen, ist ... nicht direkt durch den Menschen herbeigeführt worden; er kann weder Varietäten entstehen machen noch ihr Entstehen verhindern; er kann nur die vorkommenden erhalten und häufen. Absichtslos setzt er organische Wesen neuen und sich verändernden Lebensbedingungen aus, und Variabilität ist Folge hiervon. Aber ähnliche Wechsel der Lebensbedingungen können auch in der Natur vorkommen und kommen wirklich vor. Wir müssen auch dessen eingedenk sein, wie unendlich verwickelt und wie eng zusammenpassend die gegenseitigen Beziehungen aller organischen Wesen zueinander und zu ihren physikalischen Lebensbedingungen

sind; und folglich, wie unendlich vielfältige Abänderungen der Struktur einem jeden Wesen unter wechselnden Lebensbedingungen nützlich sein können. Kann man es denn, wenn man sieht, daß viele für den Menschen nützliche Abweichungen unzweifelhaft vorgekommen sind, für unwahrscheinlich halten, daß auch andere mehr und weniger einem jeden Wesen selbst in dem großen und komplexen Kampf ums Leben vorteilhafte Abänderungen im Laufe vieler aufeinanderfolgenden Generationen zuweilen vorkommen werden? Wenn solche aber vorkommen, bleibt dann noch zu bezweifeln (wenn wir uns daran erinnern, daß offenbar viel mehr Individuen geboren werden, als möglicherweise überleben können), daß diejenigen Individuen, welche irgendeinen, wenn auch noch so geringen Vorteil vor andern voraus besitzen, die meiste Wahrscheinlichkeit haben, die andern zu überdauern und wieder ihresgleichen hervorzubringen. Andererseits können wir sicher sein, daß die im geringsten Grade nachteilige Abänderung unnachsichtlich zu deren Zerstörung führt. Diese Erhaltung günstiger individueller Verschiedenheiten und Abänderungen und die Zerstörung jener, welche nachteilig sind, bezeichne ich als natürliche Zuchtwahl oder Überleben des Passendsten. Abänderungen, die weder vorteilhaft noch nachteilig sind, werden von der natürlichen Zuchtwahl nicht berührt und bleiben entweder ein schwankendes Element,

Ein Beispiel für das »Überleben des Passendsten« durch Anpassung an die gegebenen Umweltbedingungen: Die abgebildeten Tiere füllen in ihrer jeweiligen Inselheimat die ökologische Nische aus, die durch das Fehlen von Spechtvögeln freigeblieben ist. Die Spechte besitzen einen kräftigen Schnabel zum Aufhacken der Baumrinde und eine lange, geschmeidige Zunge zum Hervorholen von Insekten aus den Rindenspalten. In analoger Form beschaffen sich die gezeigten Vögel und Kleinsäuger ihre Insektennahrung.

wie wir es vielleicht in den sogenannten polymorphen Arten sehen, oder werden schließlich fixiert infolge der Natur des Organismus oder der Natur der Bedingungen.«

Vivisektion

In den siebziger Jahren des vorigen Jahrhunderts entspann sich in England eine lebhafte öffentliche Diskussion um die Vivisektion (Versuche an lebenden Tieren zu Forschungszwecken), in die auch der sonst so öffentlichkeitsscheue Darwin hineingezogen wurde. Darwin verabscheute zutiefst jegliche Grausamkeit gegen Tiere und war infolgedessen ein prinzipieller Gegner aller Tierexperimente, doch seine wissenschaftliche Einsicht zwang ihn zu Konzessionen, die ihn bis zum Lebensende stark belasteten. In welchen Gewissenskonflikt er als Menschen- und Tierfreund geraten war, verraten die folgenden Zeilen aus einem Brief an den Zoologen Edwin Ray Lankester (22. März 1871): *»Sie fragen mich nach meiner Ansicht zur Vivisektion. Ich gebe unumwunden zu, daß sie für echte physiologische Forschungen gerechtfertigt werden kann, aber nicht für die bloße Befriedigung einer verdammenswerten und verwerflichen Neugierde. Dies ist ein Thema, bei dem mir vor Entsetzen ganz übel wird; deshalb will ich kein Wort*

Vivisektion zur Zeit Darwins: Der Berliner Physiologieprofessor Emil Du Bois-Reymond, übrigens ein früher Darwin-Anhänger, experimentiert mit einem lebenden Frosch. Illustration aus Du Bois-Reymonds Untersuchungen über tierische Elektrizität *(1848).*

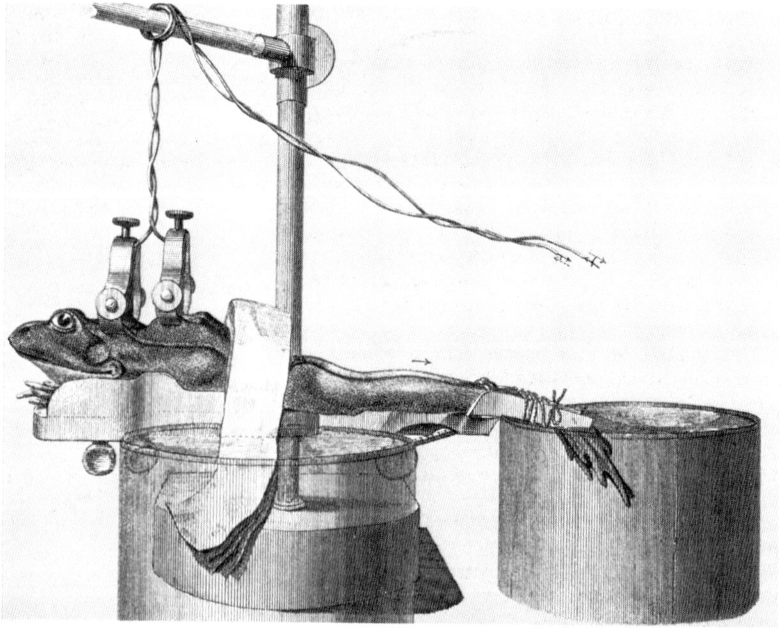

mehr darüber sagen, denn sonst kann ich heute nacht nicht schlafen.«

Einige Jahre später vertrat Darwin seine Meinung noch entschiedener gegenüber dem ihm bekannten Juristen Sir Thomas Farrer, der in seinen Erinnerungen berichtet: *»Die Vivisektionsfrage interessierte ihn damals auf das lebhafteste ... Er war ein Mann, der Tiere ganz außerordentlich liebte und behutsam mit ihnen umging; er hätte wissentlich keinem lebenden Geschöpf Schmerzen bereiten können. Aber er war der entschiedensten Meinung, daß die Einstellung von Experimenten an lebenden Tieren der Erforschung der Leiden und Krankheiten sowie der Mittel zu deren Linderung ein Ende setzen würde.«*

Darwin hielt, allen persönlichen Skrupeln und allen Anfeindungen sektiererischer Vivisektionsgegner zum Trotz, unbeirrt an seiner für richtig erkannten Auffassung fest. Er legte sie am 8. November 1875 vor der »Vivisection Commission« dar, die einen einschlägigen Gesetzentwurf zu beraten hatte, und auch noch 1881 in einem offenen Brief an die »Times«, in dem es unter anderem heißt: *»... ich weiß, daß die Physiologie unmöglich fortschreiten kann ohne Versuche an lebenden Tieren, und ich hege die tiefste Überzeugung, daß jeder, der den Fortschritt der Physiologie aufhält, ein Verbrechen gegen die Menschlichkeit begeht.«*

Ein moderner Tierversuch. Hier wird das Verhalten der Kröte bei wichtigen Schlüsselreizen untersucht, die durch Elektroden ausgelöst werden. Die Frage nach der moralischen Berechtigung der Vivisektion ist also heute noch genauso aktuell wie zu Darwins Zeiten.

Vorläufer

Darwins Evolutionslehre entstand nicht in einem luftleeren geistesgeschichtlichen Raum. Sie war vielmehr die erste gültige und umfassende Antwort auf die uralte Frage nach dem Ursprung und der Entwicklung der Lebensformen auf unserer Erde. Schon in der Antike tauchte der Entwicklungsgedanke, freilich in sehr vager und spekulativer Form, immer wieder auf, bei Denkern und Dichtern wie Anaximander, Empedokles, Pythagoras, Aristoteles und Lukrez. Durch die festgefügte christliche Weltauffassung des Abendlandes, die einerseits den alttestamentlichen Schöpfungsbericht als unantastbare Wahrheit ansah und andererseits die freie Naturforschung stark beschränkte, wurde er dann jedoch viele Jahrhunderte lang blockiert und konnte sich erst im aufgeklärten 18. und 19. Jh. wieder entfalten.

Für Carl von Linné (1707–1778), den streng konservativen Systematiker, stand – zunächst jedenfalls – die Konstanz der Arten fest, wie sein 1736 ausgesprochener apodiktischer Satz bezeugt: *»Wir zählen so viele Arten, wie zu Anbeginn der Zeiten erschaffen worden sind.«* Gleichwohl spielt Linné in der Vorgeschichte des Evolutionsdenkens eine gewisse Rolle: Erstens begann er später angesichts von Kreuzungszüchtungen an der Unveränderlichkeit der Arten zu zweifeln, und zweitens stellte sein *Systema naturae* ein dichtes Verwandtschaftsgeflecht dar, das die Vermutung einer gemeinsamen Abstammung nahelegte. In den Jahrzehnten nach Linné, als man sich auf der Grundlage seines Systems immer konsequenter und detaillierter mit der Pflanzen- und Tierkunde beschäftigte, häuften sich die Ansätze zu einer allgemeinen Entwicklungslehre.

Carl von Linné, der große schwedische Naturforscher des 18. Jh.s, der noch – fast wider Willen – aus religiöser Überzeugung an der Konstanz der Arten festhielt, aber andererseits den Menschen schon in die Gruppe der Primaten oder Herrentiere stellte. Stahlstich von Jaquemot.

In Deutschland verkündete der Arzt und Naturforscher Caspar Friedrich Wolff (1733–1794) bereits 1759 die Lehre von der Epigenese, nach der die Embryonalentwicklung eine Folge von Neubildungen aus einem »unorganisierten« Stoff darstellt. Wenig später begab sich Goethe auf die Suche nach der »Urpflanze«, der Stammform aller Pflanzen, die deren Metamorphose (Umwandlung) erklären sollte; er entdeckte überdies den Zwischenkieferknochen des Menschen, also einen Beleg für den anatomischen Zusammenhang zwischen Mensch und höheren Tieren, und prägte den Begriff Morphologie (Lehre von den Gestaltungsgesetzen der Natur und der Entwicklung immer höherer Formen). Der Bremer Naturforscher Gotthold Reinhold Treviranus (1779–1864) sprach dann in seinem geistreichen, wenn auch uneinheitlichen Werk *Biologie oder Philosophie der lebenden Natur* (1802–1805) den Entwicklungsgedanken schon ganz deutlich aus: *»In jedem lebenden Wesen liegt die Fähigkeit zu einer endlosen Mannigfaltigkeit der Gestaltungen; jedes besitzt das Vermögen, seine Organisation den Veränderungen der äußeren Welt an-*

zupassen, und dieses durch den Wechsel des Universums in Tätigkeit gesetzte Vermögen ist es, was die einfachen Zoophyten der Vorwelt zu immer höheren Stufen der Organisation gesteigert und eine zahllose Mannigfaltigkeit in die Natur gebracht hat.«

Zumindest zwei spätere deutsche Gelehrte, die sich auf gründliche Spezialuntersuchungen stützen konnten, sind in diesem Zusammenhang noch zu nennen: der Zoologe Karl Ernst von Baer (1792–1876) mit seinem programmatischen Hauptwerk *Über Entwicklungsgeschichte der Tiere* (1828–1837) und der Geologe Leopold von Buch (1774–1853), der den Formenwandel der fossilen Lebewesen erkannte.

Im französischen Sprachraum verlief die allmähliche Entfaltung des Evolutionsdenkens ähnlich. Von Charles Bonnet (1720–1793) mit seiner »Stufenleiter der natürlichen Wesen« und Georges Louis Leclerc de Buffon (1707–1788), der die belebte Natur als abgestufte Ganzheit mit verwandtschaftlichen Wechselbeziehungen erfaßte, führt eine mehr oder weniger gerade Linie über Etienne Geoffroy St.-Hilaire, der gegen Cuvier, den Begründer der → *Katastrophentheorie*, die Auffassung von der Weiterentwicklung der Arten vertrat, zu → *Jean Baptiste de Lamarck*, der erstmals ein in sich geschlossenes, wenngleich stark verbesserungswürdiges Evolutionskonzept vorlegte.

Links: *Johann Wolfgang von Goethe (1749–1832). Lithographie von Rigal nach dem Gemälde von Josef Stieler (1828). Goethe war bekanntlich nicht nur ein großer Dichter, sondern auch ein bedeutender Naturforscher. Er erkannte eher intuitiv die Möglichkeit einer fortschreitenden Entwicklung in der organischen Welt und entdeckte den Zwischenkieferknochen als Beleg für den anatomischen Zusammenhang zwischen Mensch und Tier.*

Rechts: *Der baltendeutsche Zoologe Karl Ernst von Baer gilt als Begründer der modernen Embryologie. Obwohl er eine idealistische Auffassung des Naturgeschehens vertrat, kam er zu der Überzeugung, »daß jetzt völlig verschiedene Formen Nachkommen einer einzigen Stammform sind« (Darwin in seiner »Historischen Skizze« zu* Origin of Species*).*

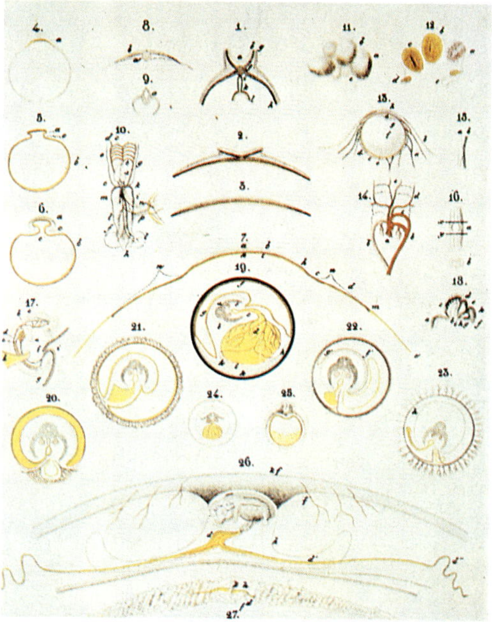

Eine Tafel aus von Baers Hauptwerk Über Entwicklungsgeschichte der Tiere. *Sie zeigt die Embryonalentwicklung der Säugetiere. Baer entdeckte 1827 das Säugetierei beim Hund.*

Für Darwin hatten natürlich die englischen Vordenker eine besondere Bedeutung. Seinen eigenen Großvater → *Erasmus Darwin*, der schon vor Lamarck lamarckistische Ideen verbreitet hatte, nahm er allerdings nicht sonderlich ernst. Einen unmittelbaren Einfluß übten dagegen → *Thomas Robert Malthus* mit seiner Vorstellung vom Daseinskampf und → *Herbert Spencer* mit seinen universalen Entwicklungs- und Fortschrittsthesen aus. Wissenschaftlich fast unergiebig, für Darwin aber als Anregung und Ansporn wichtig war ein kurioses Buch, das 1844 anonym erschien: *Vestiges of the Natural History of Creation* (Spuren der Naturgeschichte der Schöpfung). Es hatte einen aufsehenerregenden Erfolg und wurde 1847 unter dem Titel *Natürliche Geschichte der Schöpfung* sogar ins Deutsche übersetzt. Als Verfasser stellte sich nach einigen Jahren der in Naturkunde dilettierende Edinburgher Verleger Robert Chambers heraus, der hier in weitgehender Anlehnung an Lamarck, aber meistenteils in erschreckender Unkenntnis biologischer Sachverhalte einen kleinen evolutionstheoretischen Bestseller zusammengeschrieben hatte. *»Im Grunde«,* meint Darwin-Biograph Gavin de Beer, *»kamen die* Vestiges *Darwin durchaus zugute, denn beim Erscheinen von* Origin of Species *waren 24 000 Exemplare verkauft, und das Buch wurde allenthalben gelesen und diskutiert. Es richtete die Auf-*

merksamkeit auf das Thema, wenn auch auf ziemlich plumpe Weise, und diente für den Strom der Opposition, den es sowohl in wissenschaftlichen als auch in religiösen Kreisen auslöste, als ein Blitzableiter, der einen Teil der Attacken, die später auf Darwin niedergehen sollten, ablenkte und entschärfte.« Darwin war in doppelter Hinsicht vorgewarnt: Er mußte sich mit seiner eigenen Theorie beeilen, weil das Thema in der Luft lag, und er mußte sich auf heftige Reaktionen der Öffentlichkeit gefaßt machen. Als letzter Vor- oder vielmehr Mitdenker sei schließlich → *Alfred Russel Wallace* genannt, der praktisch gleichzeitig mit Darwin eine ausgereifte Evolutions- und Selektionstheorie vorlegte, dann aber doch seinem älteren Landsmann den Vortritt ließ.

Darwin hat nie von sich behauptet, er habe seine Theorie aus dem Nichts geschaffen. Dazu war er zu gut bewandert in der Geschichte der Biologie und viel zu redlich und bescheiden. Um freimütig zu dokumentieren, daß er verschiedenen Vorgängern verpflichtet war, verfaßte er für die erste deutsche Übersetzung von *Origin of Species* 1860 eine mehrseitige »historische Skizze«, die nachfolgend auch den Neuauflagen des englischen Originals vorangestellt wurde. In diesem aufschlußreichen Text setzte er sich sachkundig und kritisch mit den vielen Autoren und Werken auseinander, die ihm den geraden Weg zum Ziel geebnet hatten.

Links: *Der französische Zoologe Georges Louis Leclerc de Buffon, Stich von Alix. Buffon hielt zwar, vermutlich aus religiös-taktischen Gründen, noch an der Unveränderlichkeit der Arten fest, konnte sich aber nicht des Eindrucks erwehren, »als wären alle Tiere von einem einzigen Tier hergekommen«.*

Rechts: *Etienne Geoffroy Saint-Hilaire. Lithographie von Belliard. Er trat 1830 in der Auseinandersetzung mit Cuvier für den Deszendenzgedanken ein und stellte bereits die These auf, allein die Umwelt sei die Ursache aller Abänderungen, durch die neue Arten entstünden.*

Alfred Russel Wallace. Photo aus den späteren Lebensjahren. Er formulierte fast gleichzeitig mit Darwin das moderne Evolutionskonzept, ließ aber aus nobler Gesinnung dem Älteren den Vortritt, so daß Charles Darwin und nicht Wallace als Begründer der weltverändernden Lehre in die Wissenschaftsgeschichte eingegangen ist. Allerdings hatte Darwin schon sehr viel früher mit der Ausarbeitung der Evolutionstheorie begonnen und sie weit umfassender ausgeführt als Wallace.

Alfred Russel Wallace

* 8. Januar 1823 Usk, Monmouthshire; † 7. November 1913 Broadstone

Wallace, der ungefähr gleichzeitig mit Darwin eine inhaltlich verblüffend übereinstimmende Evolutionstheorie formulierte, war ein vielseitig begabter Autodidakt. Schon früh interessierte er sich für Geologie, Botanik und Astronomie und wurde von dem bedeutenden Entomologen Henry Walter Bates (1825–1892), den er 1844 kennenlernte, gründlich in dessen Fachgebiet eingeführt.

Mit Bates brach Wallace 1848 zu einer Forschungs- und Fangexpedition nach Südamerika auf. Vier Jahre lang durchforschte er das Amazonas-Gebiet, anschließend, von 1854 bis 1862, die gesamte malaiische Inselwelt, in der er wesentliche zoologische und tiergeographische Entdeckungen machte (»Wallace-Linie« als Grenze zwischen australischer und südostasiatischer Faunenausbreitung).

Schon 1855 veröffentlichte Wallace eine erste evolutionstheoretische Abhandlung unter dem Titel *Essay on the Law which has regulated the Introduction of New Species* (Essay über das Gesetz, das die Einführung neuer Arten reguliert hat), die von Darwin gelesen und als Bestätigung der eigenen Ansichten empfunden wurde. 1857 traten der noch unbekannte Wallace und der

14 Jahre ältere und als Naturforscher längst bestätigte Darwin in einen Briefwechsel ein, der sporadisch bis zum Tode des Älteren fortgeführt wurde. Anfang 1858 verfaßte Wallace auf der Molukkeninsel Ternate seinen bahnbrechenden Aufsatz *On the Tendency of Varieties to depart indefinitely from the Original Type* (Über die Neigung der Varietäten, unbegrenzt vom ursprünglichen Typus abzuweichen), den er Darwin zur Begutachtung zusandte.

Wie Darwin war auch Wallace hauptsächlich durch das Studium von Inselfaunen und die Lektüre von → *Thomas Robert Malthus'* Hauptwerk *An Essay on the Principles of Population*, in dem erstmals die Idee eines Wettstreits um günstigere Lebensbedingungen und des Überlebens der bestangepaßten Individuen aufgetaucht war, zu seiner Evolutionstheorie angeregt worden, in die er ebenfalls die natürliche Auslese als entscheidenden Wirkfaktor einführte.

Darwin erhielt Wallaces Aufsatz am 18. Juni 1858, und noch am selben Tag schrieb er seinem Freund Charles Lyell, er habe *»noch nie eine so verblüffende Übereinstimmung«* mit seinen eigenen Gedankengängen erlebt. Darwin, der bereits seit zwanzig Jahren, wie er immer wieder betonte, an seiner eigenen Theorie arbeitete, sah seinen Prioritätsanspruch bedroht, und verständigte sich mit seinen Freunden darauf, der Linnean Society eine Kurzfassung seiner Lehre zusammen mit dem Wallace-Aufsatz und einem älteren einschlägigen Brief an → *Asa Gray* vorzulegen. *»Anfangs war ich durchaus nicht geneigt einzuwilligen, da ich meinte, Mr. Wallace könne meine Handlungsweise für nicht gerechtfertigt halten, denn ich wußte damals noch nicht, wie großmütig und edel seine Gesinnung ist. Der Auszug aus meinem Manuskript war ebensowenig wie der Brief an Asa Gray für eine Veröffentlichung bestimmt gewesen, und beides ist schlecht geschrieben. Auf der anderen Seite ist Mr. Wallaces Abhandlung wundervoll im Ausdruck und vollkommen klar. Trotzdem erregten unsere gemeinsamen Erzeugnisse sehr wenig Aufmerksamkeit, und die einzige veröffentlichte Bemerkung über dieselben, deren ich mich erinnern kann, rührte von Professor Haughton in Dublin her, dessen Ausspruch dahin ging, daß alles, was neu in ihnen sei, falsch sei und daß das Richtige alt sei. Dies beweist, wie notwendig es ist, daß jede neue Ansicht in ziemlicher Ausführlichkeit mitgeteilt werden muß, um die öffentliche Aufmerksamkeit zu erregen.« (Autobiographie)*

Diese Erkenntnis und natürlich das Bekanntwerden von Wallaces Evolutionsthese waren für Darwin die wichtigsten Motive, gleich anschließend sein Buch über die Entstehung der Arten zu schreiben, das dann ein Jahr später erschien. Nach dem Gentlemen's Agreement zwischen Darwin und seinem »Konkurrenten«

Henry Walter Bates, einer der bedeutendsten englischen Naturforscher und Forschungsreisenden des vorigen Jh.s. Lithographie von W. Purkiss nach einem Photo. Bates erforschte, anfangs gemeinsam mit Wallace, von 1848 bis 1859 das Amazonasgebiet. Mit Darwin trat er ab 1861 in einen fruchtbaren wissenschaftlichen Briefwechsel ein.

Wallace, das als ein Musterbeispiel für Großmut und Fairneß in die Wissenschaftsgeschichte eingegangen ist, blieben die beiden gute, wenngleich kritische Gesinnungsfreunde. Darwin schickte dem Jüngeren ein Exemplar seines Hauptwerkes, das dieser mehrmals *»mit wachsender Bewunderung«* las. Wallace erkannte neidlos die Vorrangstellung Darwins an, der das Thema der Evolution in einer umfassenderen und durch Faktenmaterial stärker untermauerten Manier behandelt hatte, als es ihm selber in seiner knappen theoretisch-abstrakten Abhandlung möglich gewesen war.

In der Folgezeit entfernte sich Wallace indes ein wenig von der Linie seines älteren Freundes, vor allem hinsichtlich der menschlichen Evolution, die sich für Darwin nicht grundsätzlich von der tierischen unterschied, wohingegen Wallace in diesem Sonderfall die Wirksamkeit des Selektionsprinzips bezweifelte. *»Eine überlegene Intelligenz hat die Entwicklung des Menschen in eine bestimmte Richtung gelenkt, und zwar zu einem speziellen Zweck, so wie der Mensch seinerseits die Entwicklung vieler Tier- und Pflanzenformen lenkt«*, schrieb Wallace 1870 in seinem Aufsatz *The Limits of Natural Selection as applied to Man*. Nicht zuletzt als Reaktion auf diese Auffassung, wie sie von Wallace und anderen vertreten wurde, entstand Darwins Werk → *The Descent of Man* (1871).

Emma Wedgwood

Mädchenname von → *Emma Darwin*.

Josiah Wedgwood

* 1769; † 12. Juli 1843 Maer

Die Familie Wedgwood, deren Name als Markenbezeichnung des weltberühmten »Wedgwood-Porzellans« bis heute lebendig geblieben ist, war mit der Familie Darwin eng verbunden. Josiah Wedgwood, der sich in → *Maer* niederließ, war der Sohn des Firmengründers Josiah Wedgwood von Etruria (1730–1795) und Leiter der »Etruria Works« in Shropshire, unweit von Darwins Geburtsstadt → *Shrewsbury*. Seine ältere Schwester (→ *Susannah Darwin*) heiratete Darwins Vater, und seine Tochter (→ *Emma Darwin*) wurde im Jahr 1839 Darwins Frau.

Darwins Onkel und späterer Schwiegervater Josiah Wedgwood, meist zärtlich »Onkel Jos« genannt, hat im Leben des angehenden Forschers über die verwandtschaftlichen Beziehungen hinaus eine wichtige Rolle gespielt. Er war dem jungen Charles nicht nur ein leidenschaftlicher Jagdgefährte und verständnisvoller Gesprächspartner, mit dem er offener reden konnte als mit dem eigenen Vater, sondern hat es letzten Endes

Josiah Wedgwood. Porträt von William Owen. Er war der Sohn des gleichnamigen Gründers der Wedgwood-Porzellanfabrik. Seine Schwester Susannah heiratete Darwins Vater, und seine Tochter Emma wurde Darwins Frau. Der junge Charles hielt sich so oft wie möglich im freundlichen Haus Maer Hall seines verständnisvollen und weltklugen Onkels und späteren Schwiegervaters auf, den er liebevoll »Uncle Jos« nannte.

Der weitläufige Wohnsitz der Familie Wedgwood in Maer, wo der junge Charles Darwin viele angenehme Stunden verbrachte.

auch durchgesetzt, daß Darwin die Beagle-Reise mitmachen konnte, wozu der Vater zunächst seine Zustimmung verweigert hatte.

In Wirklichkeit scheint sich die Sache ein wenig anders abgespielt zu haben, als Darwin es in seiner *Autobiographie* beschrieb: Darwins Vater hatte eine Liste von acht Einwänden gegen die Reise zusammengestellt, die Josiah Wedgwood in einem ausführlichen Brief vom 31. August 1831 an den Vater Punkt für Punkt widerlegte. Die väterlichen Einwände hatte Darwin wie folgt formuliert:

»1. *Unvereinbar mit meinem Ruf als dem eines späteren Geistlichen.*
2. *Ein abwegiges Vorhaben.*
3. *Daß man die Stelle eines Naturforschers vor mir schon vielen anderen angeboten haben müsse.*
4. *Und weil das Angebot nicht angenommen worden sei, müsse irgendein ernster Vorbehalt gegen das Schiff oder die Expedition bestehen.*
5. *Daß ich mich hinterher nie mehr zu einem ruhigen Leben bereitfinden würde.*
6. *Daß meine Unterbringung höchst unbequem sein werde.*
7. *Daß Du, das heißt Dr. Darwin, es als einen nochmaligen Wechsel meines Berufs ansehen würdest.*
8. *Daß es ein nutzloses Unternehmen sei.*«

Dazu nahm Josiah Wedgwood in seinem Brief folgendermaßen Stellung:

»Maer, 31. August 1831.

Mein lieber Doktor,

Daß Sie sich wegen des Angebots, welches Charles gemacht worden ist, an mich wenden, legt mir eine Verantwortung auf, deren Schwere ich wohl fühle; da Sie aber gewünscht haben, daß mich Charles zu Rate zieht, so kann ich nicht verweigern, Ihnen die Resultate meiner Überlegungen so mitzuteilen, wie ich sie anzustellen imstande war.

Charles hat das aufgeschrieben, was, wie er meint, Ihre hauptsächlichsten Einwürfe sind; und ich glaube, ich verfahre am besten, wenn ich Ihnen mitteile, was mir bei einem jeden in den Sinn kommt.

1. Ich sollte nicht glauben, daß es in irgendwelcher Weise unehrenhaft für seinen Charakter als Geistlicher sein würde. Im Gegenteil denke ich, daß das Anerbieten ehrenvoll für ihn ist, und die Beschäftigung mit Naturgeschichte schickt sich sehr wohl für einen Geistlichen, obgleich sie sicher nicht zu seinem Beruf gehört.

2. Ich weiß kaum, wie ich diesem Einwand begegnen soll; es würden ihm aber bestimmte Gegenstände vorliegen, mit denen er sich zu beschäftigen hätte; er würde sich dadurch die Gewohnheit aneignen, seinen Fleiß auf etwas zu wenden, und dieselbe kräftigen, und ich meine, es ist ebenso wahrscheinlich, daß er dies dort tut, als wenn er die nächsten zwei Jahre zu Hause zubringen würde.

3. Dieser Gedanke ist mir beim Lesen der Briefe nicht gekommen, und beim wiederholten Lesen derselben zu dem besonderen Zwecke finde ich keinen Grund für diese Annahme.

4. Ich kann nicht einsehen, daß die Admiralität zu einem solchen Dienst ein schlechtes Schiff ausschicken würde. Was die Einwände gegen die Expedition selbst betrifft, so werden sie für jeden einzelnen verschieden sein, und ich glaube, für Charles ließe sich daraus nicht ableiten, daß man wüßte, andere hätten Einwendungen erhoben.

5. Sie haben ein viel besseres Urteil über Charles' Charakter, als ich es haben kann. Wenn Sie diese Art, die nächsten zwei Jahre hinzubringen, mit der Art vergleichen, wie er sie verleben wird, wenn er dies Angebot nicht annimmt, und Sie meinen, er würde dann sehr leicht unbeständig werden und nicht mehr geeignet sein, sich irgendwo ruhig niederzulassen, so ist das zweifelsohne ein gewichtiger Einwand. Ist es aber nicht so, daß Seeleute sehr dazu neigen, sich in häusliche und ruhige Verhältnisse einzurichten?

6. Hierüber kann ich mir keine Ansicht darüber hinaus bilden, als daß er, wenn er von der Admiralität angestellt wird, auch so gut auf dem Schiff untergebracht

Über die Einwände seines Vaters bezüglich der Beagle-Reise berichtet Darwin in seiner *Autobiographie*:
»Ich will hier nur sagen, daß ich auf der Stelle darauf versessen war, das Angebot anzunehmen, aber mein Vater war strikt dagegen, fügte jedoch zu meinem Glück die Worte hinzu: ›Wenn du einen Mann mit gesundem Menschenverstand finden kannst, der dir zu der Reise rät, will ich meine Zustimmung geben.‹ So schrieb ich noch am selben Abend und lehnte das Angebot ab. Am folgenden Morgen begab ich mich nach Maer, um für den 1. September [1831] bereit zu sein, und während ich auf der Jagd war, schickte mein Onkel nach mir und erbot sich, mit mir nach Shrewsbury hinüber zu fahren und mit meinem Vater zu reden. Da mein Onkel es für klug hielt, daß ich das Angebot annähme, und da mein Vater stets behauptete, er [Onkel Jos] sei einer der vernünftigsten Männer der Welt, stimmte er sofort in der freundlichsten Weise zu.«

zu werden ein Anrecht hat, wie es dasselbe nur eben zuläßt.

7. Wenn ich sähe, daß Charles jetzt ganz von Berufsarbeiten absorbiert wäre, so würde ich es wahrscheinlich nicht für ratsam halten, ihn darin zu unterbrechen; dies ist aber, und ich glaube, wird auch nicht der Fall sein bei ihm. Seine jetzigen wissenschaftlichen Bestrebungen liegen in derselben Richtung, wie er sie auf der Expedition zu verfolgen haben wird.

8. Das Unternehmen würde nutzlos sein, soweit es seinen Beruf betrifft; betrachtet man ihn aber als einen Menschen von erweiterter Wißbegierde, so bietet sich ihm eine Gelegenheit, Menschen und Dinge zu sehen, wie sie nur wenigen geboten wird. ...«

August Weismann, der Darwins Evolutionslehre aufgriff und durch bedeutende eigene Forschungsarbeiten weiter ausbaute.

Susannah Wedgwood

Mädchenname von → *Susannah Darwin.*

August Weismann

* 17. Januar 1834 Frankfurt a. M.; † 5. November 1914 Freiburg i. Br.

Der Mediziner, Zoologe und Vererbungsforscher August Weismann, seit 1865 Inhaber des ersten Lehrstuhls für Zoologie in Freiburg, war neben → *Ernst*

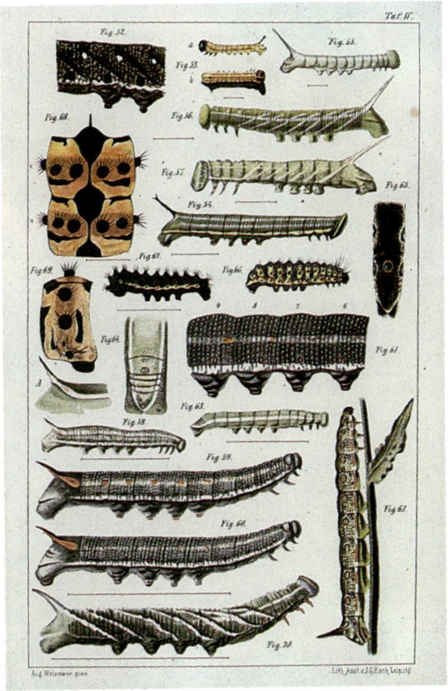

Eine von August Weismann selbst angefertigte Farbtafel (Schmetterlingsraupen) aus dem 2. Band seiner Studien zur Descendenz-Theorie *(1876).*

Haeckel der bedeutendste deutsche Pionier der Evolutionslehre, die er durch eigene Forschungsbeiträge ausbaute. Bereits 1868 bekannte er sich mit der Schrift *Über die Berechtigung der Darwin'schen Theorie* zu der neuen Lehre; mit Darwin wechselte er mehrere ausführliche Briefe zu wissenschaftlichen Einzelfragen. Am 12. Januar 1877 sprach sich Darwin sehr anerkennend über Weismanns Abhandlungen aus: *»Sie haben mein Interesse und meine Bewunderung im höchsten Maße erregt.«* Weismanns *Studien zur Deszendenz-Theorie* (1875/76) erschienen 1882 in einer englischen Ausgabe, zu der Darwin ein kurzes Vorwort beisteuerte. Weismanns Hauptwerk, in dem er seine einschlägigen Erkenntnisse und Forschungsergebnisse zusammentrug, sind die *Vorträge über Deszendenztheorie*, die erstmals 1902 in zwei Bänden in Jena veröffentlicht wurden.

August Weismann stellte 1885 die »Keimplasmatheorie« auf, derzufolge das Keimplasma, speziell der Kern der Ei- und Samenzellen, der Träger der Vererbung ist; daraus ergab sich für ihn die »potentielle Unsterblichkeit« des Keimplasmas. Darüber hinaus gilt er als Begründer des sog. Neodarwinismus (sein Buch mit diesem Titel erschien 1896), der in der von Darwin erkannten Selektion den wichtigsten Evolutionsfaktor sah und die Lehre von → *Jean Baptiste Lamarck*, insbesondere dessen These von der Vererbung erworbener Eigenschaften, entschieden ablehnte.

»Die Naturgeschichte dieser [Galapagos-]Inseln ist höchst merkwürdig und verdient große Aufmerksamkeit. Die meisten organischen Erzeugnisse sind eingeborene Schöpfungen, die sich nirgendwo sonst finden; es besteht sogar eine Verschiedenheit zwischen den Bewohnern der einzelnen Inseln, doch alle zeigen eine auffällige Verwandtschaft mit jenen von Amerika, obwohl sie von diesem Kontinent durch einen offenen Meeresstreifen von 500 bis 600 Meilen Breite getrennt sind. Der Archipel ist eine kleine Welt für sich oder vielmehr ein mit Amerika verbundener Satellit; von dort hat er einige wenige verirrte Kolonisten bezogen und den allgemeinen Charakter seiner eingeborenen Erzeugnisse erhalten. Bedenkt man die geringe Größe dieser Inseln, so wundern wir uns noch mehr über die Zahl ihrer angestammten Lebewesen und über ihren beschränkten Verbreitungsraum. Wenn wir sehen, daß jede Erhebung von ihrem Krater gekrönt ist und daß die Grenzen der meisten Lavaströme noch deutlich zu erkennen sind, müssen wir annehmen, daß sich hier in einer geologisch jungen Periode der Ozean noch ununterbrochen ausdehnte. Wir scheinen somit sowohl räumlich als auch zeitlich jener großen Tatsache nahezukommen – jenem Geheimnis aller Geheimnisse – dem ersten Auftreten neuer Lebewesen auf dieser Erde.«
(Aus: *A Naturalist's Voyage*)

Weltreise

»Die Reise der ›Beagle‹ ist das bei weitem wichtigste Ereignis in meinem Leben gewesen und hat meine gesamte Laufbahn bestimmt. ... Ich habe stets gespürt, daß ich der Reise die erste echte Erziehung oder Ausbildung meines Geistes verdanke. Ich war gehalten, mich mit mehreren Zweigen der Naturgeschichte eingehend zu befassen, und dadurch wurde meine Beobachtungsgabe verbessert, obgleich sie bereits recht gut entwickelt war.«

Dieses Resümee zieht der alte Darwin in seiner *Autobiographie* – ein Resümee, das aus historischer Sicht allzu bescheiden klingt. Denn die Beagle-Reise – übrigens die einzige größere Reise seines Lebens – bewirkte nicht nur die entscheidende Wende in seiner privaten Biographie, sondern bereitete auch eine geistesgeschichtliche Umwälzung vor, die nach einer mehr als zwanzigjährigen »Inkubationszeit« das Weltbild des Abendlandes erschütterte.

Vorbereitung der Reise

Die Weltumsegelung der → *Beagle* ist bis heute berühmt als eine bedeutende Etappe in der Geschichte der neueren Biologie, doch sie war keineswegs als

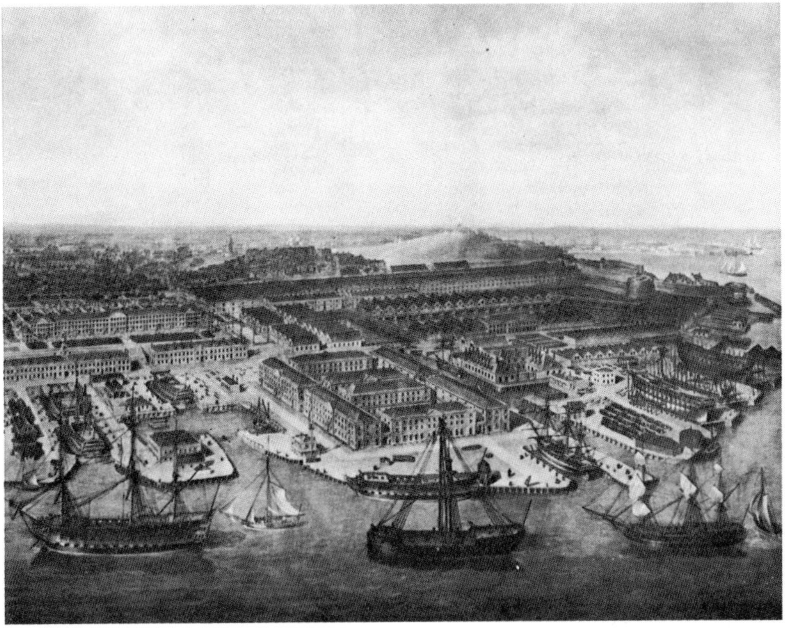

Devonport, der Hafen von Plymouth, aus dem die »Beagle« am 27. Dezember 1831 zu ihrer Weltreise auslief. Ausschnitt aus einem Gemälde von Nicholas Pocock, um 1815.

biologisches Forschungsunternehmen gedacht, wie häufig angenommen wird. Vielmehr hatte der Leiter der Expedition, Kapitän → *Robert Fitzroy*, von der britischen Admiralität (Marineministerium) 1831 den Auftrag erhalten, *»die Aufnahme von Patagonien und Feuerland, die unter Kapitän King in den Jahren 1826 bis 1830 begonnen worden war, zu vollenden, die Küste von Chile, Peru und einigen Südsee-Inseln aufzunehmen und eine Reihe von chronometrischen Vermessungen rund um die Erde durchzuführen«*, wie es am Beginn von Darwins Reisetagebuch heißt. Die Teilnahme eines unbesoldeten jungen Naturforschers war nicht mehr als eine unwesentliche Zugabe zum eigentlichen Forschungsprogramm des Vermessungsschiffes; man hielt es eben für ganz nützlich, wenn sich auch ein naturkundlich beschlagener Mann in den exotischen Gegenden ein wenig umschaute. Daß die Wahl für die Besetzung dieses nicht sonderlich attraktiven Postens schließlich auf den erst zweiundzwanzigjährigen Darwin fiel, der Theologie studiert und sich nur nebenbei mit Naturwissenschaften befaßt hatte, darf als einer jener glücklichen Zufälle der Weltgeschichte angesehen werden, die sich erst im nachhinein als folgenschwer erweisen. Zunächst waren nämlich der Zoologe, Botaniker und Theologe → *Leonard Jenyns* und sogar Darwins Lehrer Professor → *John S. Henslow* als Kandidaten vorgese-

Nachfolgende Doppelseite:

Die Reiseroute der »Beagle« (1831–1836). Die wichtigsten Stationen und Anlegedaten sind in der Karte eingetragen.

Die Reise mit der Beagle
▲ = Rückreise
Großbritannien
Nordamerika
Plymouth (Devonport) 27.12.1831
Falmouth 2.10.1836
Europa
Azoren
Kanarische Inseln
Kapverden 16.1.1832 ▲ 31.8.1836
Atlantischer
Afrika
Pazifischer
Äquator
Galapagos-Inseln 17.9. - 20.10.1835
Ascension 20.7.1836
Marquesas
Bahia 28.2.1832 ▲ 1.8.1836
Gesellschafts-Inseln
Südamerika
St. Helena 8.7.1836
Ozean
Lima 20.7.1835
Rio de Janeiro 4.4.1832
Ozean
Valparaiso 23.7.1834
Montevideo 26.7.1832
Buenos Aires
Kap der Guten Hoffnung 1.6.1836
Patagonien
Port Desire
Falkland-Inseln 1.3.1833 ▲ 10.3.1834
Magellan-Str. 10.6.1834
Feuerland 16.12.1832 ▲ 29.1.1834
Kap Hoorn

Asien
Philippinen
Indischer
Äquator
Keeling-(Cocos-) Inseln
2.4.1836
Madagaskar
Ozean
Mauritius
30.4.1836
Australien
Freundschafts-
Inseln
King George's Sound
7.3.1836
Sydney
12.1.1836
Hobart
5.2.1836
Tasmanien
Neuseeland
21.12.1835
Antarktis

Das Proviantamt der Marine im Hafen Devonport. Zeitgenössischer Druck. In der nahegelegenen Werft wurde die »Beagle« für ihre Weltumsegelung überholt.

hen, und erst als die beiden – und womöglich noch andere – abgelehnt hatten, kam Darwin auf Henslows Vorschlag hin zum Zuge. Gegen den anfänglichen Widerstand seines Vaters, der nur durch die energische Intervention von Onkel → *Josiah Wedgwood* im letzten Augenblick umgestimmt werden konnte, durfte Darwin an der Reise teilnehmen.

Am 5. September 1831 fuhr er nach London, um sich Kapitän Fitzroy vorzustellen, und eine Woche später reisten die beiden nach Plymouth, wo die Beagle im Dock von Devonport, dem Hafen der Stadt, überholt und umgerüstet wurde. Das Schiff sollte Ende Oktober auslaufen, so blieb Darwin noch genügend Zeit für einen längeren Abschiedsbesuch in Shrewsbury und einen mehrtägigen Aufenthalt in London. Am 24. Oktober fand er sich wieder in Plymouth ein. Inzwischen hatte er alles besorgt, was er für die Reise und seine naturkundliche Arbeit brauchte: Bücher, Fanggeräte, Behälter, ein einfaches Mikroskop, Lupen, Meßinstrumente, Zubehör für chemische Analysen, einen Kompaß, eine Flinte und ein Paar Pistolen.

Die Abreise verzögerte sich jedoch immer wieder. Am 10. Dezember lief die Beagle zum erstenmal aus, wurde aber durch einen Sturm wieder in den Hafen zurückgetrieben. Das gleiche wiederholte sich am 21. Dezember. Erst am 27. Dezember konnte das Schiff endgültig in See stechen. Die lange Wartezeit gestaltete sich für den ungeduldigen und zugleich von bösen Vorahnungen geplagten Darwin zu einer Tortur: *»Diese beiden Monate in Plymouth waren die elendesten, die ich je erlebt habe, obgleich ich mich auf verschiedene Weise angestrengt beschäftigte. Ich war sehr niedergeschlagen bei dem Gedanken, alle meine Angehörigen und Freunde auf so lange Zeit verlassen zu müssen, und das Wetter erschien mir unsäglich trübe. Ich wurde zudem durch Herzklopfen und Schmerzen in der Herzgegend beunruhigt, und wie so mancher junge Mensch, zumal einer mit so dürftigen medizinischen Kenntnissen, war ich überzeugt, ich sei herzkrank. Ich suchte jedoch keinen Arzt auf, da ich fest damit rechnete, als untauglich für die Reise beurteilt zu werden, und ich war doch entschlossen, unter allen Umständen zu fahren.« (Autobiographie)*

Trotz dieser Startschwierigkeiten fühlte sich Darwin schon bald an Bord der Beagle recht wohl. Das verständliche Mißtrauen, das die Mannschaft dem »Außenseiter« anfänglich entgegenbrachte, konnte er sehr schnell durch seine gewinnende Herzlichkeit, seinen selbstironischen Humor und seine sportliche Einstellung abbauen. Mit allen Bordkameraden, durchwegs jungen Leuten, verstand er sich ausgezeichnet und wurde allgemein respektiert, ja geliebt. Wegen seiner eigenartigen, unseemännischen Tätigkeit, der er sich mit so bewundernswertem Eifer hingab, erhielt er den Spitznamen »Fliegenfänger« (»Flycatcher«), der jedoch keineswegs abwertend, sondern eher liebevoll gemeint war. Mit einigen Matrosen und den jugendlichen Offizieren, zumal mit dem Leutnant und nachmaligen Admiral → *James Sulivan*, verband ihn eine aufrichtige Freundschaft, die über die gemeinsame Reise hinaus Bestand hatte.

Nachfolgende Doppelseite:

Eine Bibellesung an Bord der »Beagle« während der ersten Atlantiküberquerung 1832. Kapitän Fitzroy, der vorne links auf einem Stuhl sitzt, war ein frommer Mann, der nicht nur auf strenge Disziplin, sondern auch auf die religiöse Ertüchtigung seiner Mannschaft bedacht war. Gemälde von Augustus Earle.

Ein einfaches Mikroskop und zwei Pistolen gehörten zur Ausrüstung des Weltreisenden Darwin.

Die Hafenbucht von Bahia (heute Salvador) an der brasilianischen Ostküste. Zeichnung von Augustus Earle. Bahia war der erste Hafen Südamerikas, in dem die »Beagle« vor Anker ging, am 28. Februar 1832.

Verlauf und Höhepunkte der Reise

Über die Kanaren und Kapverden und nach kurzen Aufenthalten am Vogelfelsen St. Paul und der brasilianischen Insel Fernando da Noronha erreichte die Beagle am 28. Februar 1832 die Hafenstadt Bahia (Salvador) an der brasilianischen Küste, wo sie bis 18. März vor Anker lag. Die lange Überfahrt war für eine Landratte wie Darwin, der fast ständig unter Seekrankheit litt, sehr beschwerlich, doch gleichwohl begann er schon während der kurzen Inselaufenthalte mit seinen exakten biologischen und geologischen Beobachtungen und Aufzeichnungen. Der erste Höhepunkt war für ihn indes das Erlebnis des südamerikanischen Urwalds: *»Der Tag* [29. Februar] *war entzückend. Doch selbst Entzücken ist nur ein schwacher Ausdruck für die Gefühle eines Naturforschers, der zum erstenmal allein in einem brasilianischen Wald umhergewandert ist. Die Eleganz der Gräser, die Neuheit der Schmarotzerpflanzen, die Schönheit der Blüten, das schimmernde Grün des Laubwerks, aber vor allem die allgemeine Üppigkeit der Vegetation erfüllten mich mit Staunen. ... Jemandem, der die Naturgeschichte liebt, verschafft ein solcher Tag eine tiefere Freude, als er jemals wieder zu erleben hoffen kann.«* (→ *A Naturalist's Voyage;* diesem Buch sind auch die nachfolgenden Zitate entnommen.)

Die Beagle setzte ihre Fahrt nach Süden längs der

Der brasilianische Urwald, der Darwin schon am ersten Tag seines Landaufenthaltes in helle Begeisterung versetzte. Gemälde von Marianne North.

Küste fort. Vom 4. April bis 5. Juli 1832 ankerte sie im Hafen von Rio de Janeiro, und von dort aus unternahm Darwin seine ersten größeren Exkursionen ins Landesinnere. Da die Expedition der Beagle wesentlich unter dem Aspekt des Landvermessungsauftrages erfolgte und das Schiff dem Kommando eines äußerst penibler Kapitäns unterstand, mußte es immer wieder bestimmte Küstenstrecken zweimal oder noch öfter abfahren, so daß Darwin die Möglichkeit hatte, in der Zwischenzeit, zuweilen wochenlang, das Landesinnere zu erforschen und überreiches naturgeschichtliches Belegmaterial zu sammeln.

Über Maldonado ging es nach Süden. *»26. Juli. – Wir ankerten vor Montevideo. Die ›Beagle‹ hatte den Auftrag, in den beiden folgenden Jahren die südlichsten und östlichsten Küsten Amerikas südlich vom La Plata aufzunehmen.«* Ende 1832 war Feuerland, die Südspitze des Kontinents, erreicht, wo die Expedition bis zum 26. Februar 1833 im Gewirr der Inseln und Kanäle operierte. Über die Falkland-Inseln, die soeben von Großbritannien in Besitz genommen waren, kehrte das Schiff nach Maldonado zurück und wandte sich dann wieder südwärts, nach Bahia Blanca. *»Die ›Beagle‹ kam am 24. August hier an und segelte eine Woche später zum Plata. Mit Kapitän Fitzroys Zustimmung wurde ich zurückgelassen, um über Land nach Buenos Aires zu*

Oben: *Rio de Janeiro, die zweite Station an der brasilianischen Küste. Zeichnung von Augustus Earle. Den viermonatigen Aufenthalt nutzte Darwin für einen ersten Abstecher ins Landesinnere.*

Rechts: *Feuerländer, wie sie Darwin erstmals im Dezember 1832 kennenlernte. Zeichnung von Conrad Martens.*

Gegenüberliegende Seite:

Karte der Südhälfte von Südamerika. Eingezeichnet sind alle größeren Landreisen Darwins.

R. Paraguay
R. Parana
Südamerika
Copiapò
Coquimbo
8
Santa Fé
R. Parana
R. Uruguay
Valparaiso
7
Mendoza
Mercedes
4
Maldonado
Santiago
3
Buenos Aires
Montevideo
2
Arauco
R. Colorado
Bahia Blanca
Valdivia
R. Negro
1
El Carmen
San Carlos
Castro
6
Cucao
Chiloe
P. Desire R.
Port Desire
5
R. Santa Cruz
Falkland-Inseln
Magellan-Straße
Feuerland
Kap Hoorn
Darwins Landreisen
1. El Carmen – Bahia Blanca
2. Bahia Blanca – Buenos Aires
3. Buenos Aires – Santa Fé – Buenos Aires
4. Montevideo – Mercedes – Montevideo
5. Kapitän Fitzroys Expedition auf dem Rio Santa Cruz
6. Chiloe (San Carlos – Castro – Cucao – San Carlos)
7. Valparaiso – Mendoza – Santiago
8. Valparaiso – Coquimbo – Copiapò

Oben: *Falklandfuchs* (Canis antarcticus = Dusicyon australis). *Aus* Zoology of the Beagle.

Links: *Australischer Ureinwohner. Aus F. Pérons* Voyage de découvertes aux terres australes *(1807–1816).*

Gegenüberliegende Seite:

Oben: *Das Zollhaus und der Hafen von Montevideo, wo die »Beagle« am 26. Juli 1832 eintraf. Zeichnung von Augustus Earle.*

Unten: *Die große Plaza von Buenos Aires. Darwin erreichte die argentinische Hauptstadt am 20. September 1833 auf dem Landwege von Bahia Blanca aus. Aus E. E. Vidals* Picturesque Illustrations of Buenos Ayres ... *(1820).*

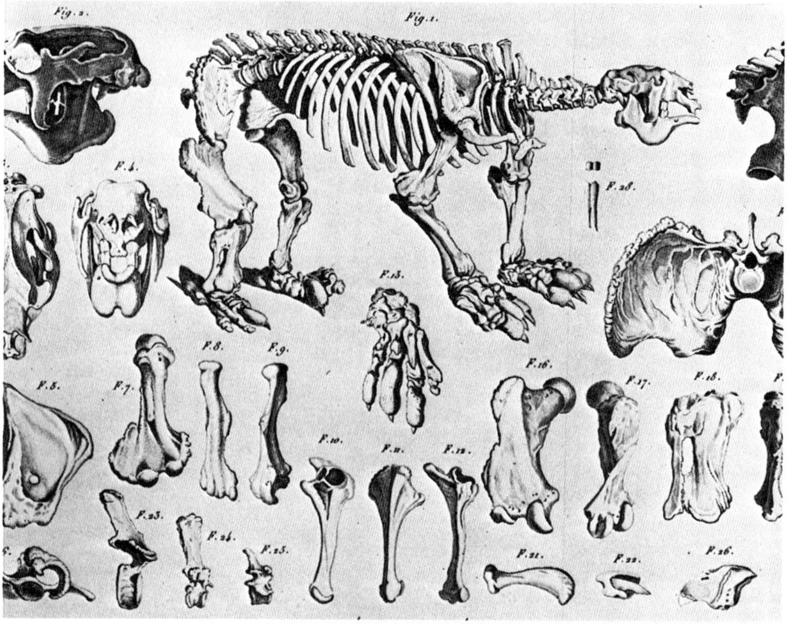
Fig. 2.
Fig. 1.
F. 4.
F. 28.
F. 15.
F. 8.
F. 9.
F. 5.
F. 7.
F. 16.
F. 17.
F. 18.
F. 10.
F. 11.
F. 12.
F. 23.
F. 24.
F. 25.
F. 21.
F. 22.
F. 26.

reisen.« Dieser Landausflug und die anschließenden Exkursionen nach Santa Fé und Mercedes, die bis Ende November dauerten, erwiesen sich als besonders ertragreich: Darwin entdeckte unter anderem die fossilen Überreste von neun Großsäugerarten und eine neue Nandu-Art, den sog. → *Darwin-Strauß.*

Am 6. Dezember verließ die Beagle mit Darwin an Bord die La-Plata-Mündung. *»Wir nahmen Kurs auf Port Desire an der Küste von Patagonien.«* Von dort ging die Fahrt weiter über San Julián und die Falklands zur Santa-Cruz-Mündung, wo die Beagle am 13. April 1834 vor Anker ging und Darwin eine weitere Exkursion unternahm. *»Ende Mai 1834 fuhren wir zum zweiten Male in die östliche Mündung der Magellan-Straße ein.«* Am 10. Juni erreichte das Schiff das offene Wasser des Pazifischen Ozeans und am 23. Juli Valparaiso. *»Die ›Beagle‹ ging spät am Abend in der Bucht von Valparaiso vor Anker, dem bedeutendsten Seehafen Chiles. Als der Morgen anbrach, erschien alles prächtig. Nach Feuerland fühlte sich das Klima ganz köstlich an – die Atmosphäre war so trocken und der Himmel so klar und blau in der leuchtenden Sonne, daß die gesamte Natur von Leben zu funkeln schien.«* Darwin brach am 14. August zu einer Exkursion zu Pferde auf, *»um die basalen Teile der Anden, die nur zu dieser Jahreszeit nicht von Winterschnee bedeckt sind, geologisch zu un-*

Oben: *Ein Gaucho jagt einen Pampasstrauß mit der Bola, einem lassoähnlichen Fanggerät mit einer Wurfkugel. Aus E. E. Vidals* Picturesque Illustrations of Buenos Ayres ... *(1820).*

Gegenüberliegende Seite:

Oben: *Skelett und Knochen des ausgestorbenen Riesenfaultiers* Megatherium. *Aus G. Cuviers* Recherches sur les ossements fossiles *(1836). In den Pampas bei Bahia Blanca entdeckte Darwin »Teile von drei Schädeln und anderen Knochen des* Megatherium*« sowie viele Fossilien anderer Großsäuger.*

Unten: *In der Mündung des Rio Santa Cruz wurde die »Beagle« im April 1834 zur Ausbesserung des Kiels an Land gezogen. Zeichnung von Conrad Martens. Während der Reparaturarbeiten unternahm Fitzroy mit seinen Leuten in drei Booten eine ca. 600 km weite Expedition stromaufwärts.*

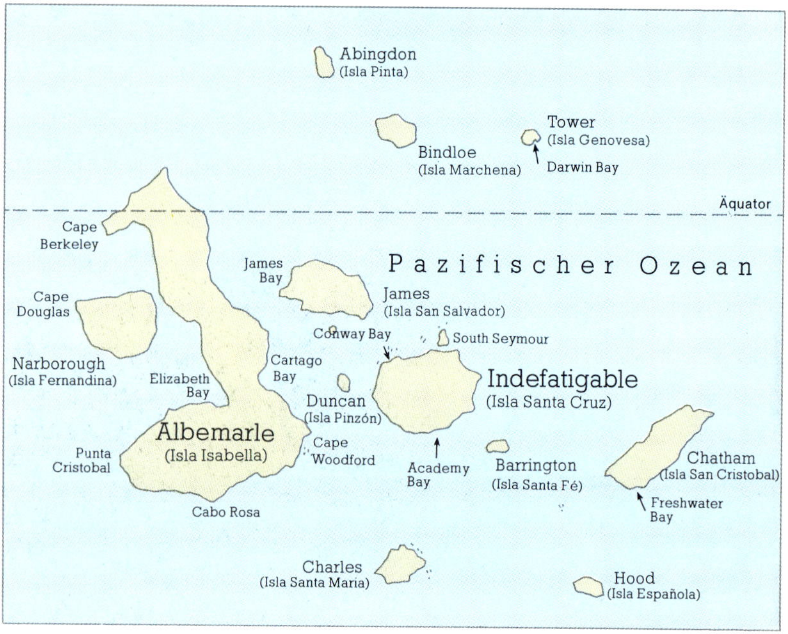

Die Galapagos-Inseln, deren Besuch für den Naturforscher Darwin zum Höhepunkt der Weltreise wurde. Am 16. September 1835 erreichte die »Beagle« die östlichste Insel Chatham. Die weiteren Stationen der Rundreise: 23. September Charles, 30. September Albemarle, 4. Oktober Abingdon, 7. Oktober Bindloe, 8. Oktober James, 14. Oktober Hood, 20. Oktober Weiterfahrt nach Tahiti.

tersuchen«. Anschließend segelte er mit der Beagle wieder nach Süden, zur Insel Chiloé und in den Chonos-Archipel, wo heute eine weiträumige Bucht den Namen Bahía Darwin trägt. Im Februar 1835 ging die Reise zurück nach Valdivia, wo Darwin ein schweres Erdbeben erlebte, und dann über Concepción nach Valparaiso.

Während das Schiff vor der chilenischen Küste kreuzte, unternahm Darwin von dort aus zwei große Exkursionen zu Lande. Die erste führte ihn in den Monaten März und April über die Anden nach Mendoza, die zweite im Mai-Juni längs der Küste weit nach Norden, über Coquimbo bis Copiapó. Im Hafen unweit von Copiapó wurde er am 4. Juli wieder von der Beagle aufgenommen, die über Iquique nach Callao, dem Hafen der peruanischen Hauptstadt Lima, weitersegelte. *»Wir blieben sechs Wochen hier, aber wegen der politischen Unruhen sah ich nur sehr wenig von dem Land. Während unseres ganzen Aufenthaltes war das Klima bei weitem nicht so köstlich, wie es gemeinhin dargestellt wird. Eine trübe, schwere Wolkenbank hing ständig über dem Land, so daß ich in den ersten sechzehn Tagen nur ein einziges Mal die Cordillera hinter Lima zu Gesicht bekam.«*

Lima war die letzte Station der Beagle auf dem südamerikanischen Festland und für den Naturforscher

Oben: *Blick auf die James-Insel vom vorgelagerten Eiland Bartholomew aus.*

Links: *Einer der zahlreichen Krater des Galapagos-Archipels, dessen Inseln sämtlich vulkanischen Ursprungs sind. »Einige der die größeren Inseln überragenden Krater sind von ungeheurer Größe und erheben sich zu einer Höhe von 3–4000 Fuß. ... Ich zögere kaum zu behaupten, daß es auf dem ganzen Archipel mindestens 2000 Krater geben muß.«* (A Naturalist's Voyage) *Ein großer Vulkan auf Albemarle trägt heute übrigens den Namen Darwin, desgleichen eine Bucht der Insel Tower.*

Die Galapagos-Taube (Zenaida = Nesopelia galapagoensis), *erstmals wissenschaftlich beschrieben und gemalt von John Gould.*

Gegenüberliegende Seite:

Oben: *Elefantenschildkröte auf der Galapagos-Insel Albemarle. »Es war ein merkwürdiges Schauspiel, in der Nähe der Quellen viele dieser riesigen Geschöpfe zu beobachten, wo die einen eifrig mit vorgestrecktem Hals vorwärts marschierten, während die anderen, nachdem sie sich vollgetrunken hatten, wieder zurückkehrten.«* (A Naturalist's Voyage)

Unten: *Eine Meerechse, eine der vielen endemischen Arten des Galapagos-Archipels, die sich an die besonderen Lebensbedingungen dieser kargen, entlegenen Inseln angepaßt haben. Die Meerechsen sind die einzigen Echsen, die zu Seetieren geworden sind. Sie schwimmen ausgezeichnet und weiden unter Wasser Algen und Tang von den Felsen ab.*

Darwin das Sprungbrett zum erkenntnisreichsten Höhepunkt der gesamten Reise: Am Morgen des 17. September 1835 betrat er zum ersten Mal den Boden des vulkanischen Galapagos-Archipels, der etwa 1200 km westlich von Ecuador beiderseits des Äquators liegt. Bis zum 20. Oktober besuchte die Beagle alle Hauptinseln der Gruppe, um sie erstmals genau zu kartieren, und Darwin nutzte diesen Monat zu einer gründlichen Erforschung der Fauna und Flora und der Geologie des weltentlegenen Archipels. Es ist verblüffend, wie systematisch der inzwischen praktisch geschulte junge Forscher zu Werke ging und welche Fülle von Beobachtungen und Belegmaterial er in der kurzen Zeit zusammentrug. Er sammelte Pflanzen, Muscheln, Insekten, Vögel und Gesteinsproben, spielte mit den erstaunlich zutraulichen Meerechsen und Landleguanen, ritt auf den Riesenschildkröten, untersuchte Mäuse, Ratten und Schlangen und bestieg einen Krater, dessen eingelagerte Kalksteinschichten ihm den Beweis lieferten, daß die Inseln aus dem Meer aufgetauchte unterseeische Vulkane darstellten.

Am eingehendsten beschäftigte er sich indes mit den sog. → *Darwin-Finken*, die den endgültigen Anstoß für seine Überlegungen zum Problem der Artbildung gaben. Aber die gesamte belebte Welt, die er hier vorfand und die sich in vielem von dem unterschied, was er

Grüntrogon (Trogon viridis), *ein farbenprächtiger Baumhöhlenbrüter aus Mittel- und Südamerika. Kolorierte Lithographie von John Gould aus* A Monograph of the Trogonidae, or Family of Trogons *(1838).*

Laelia purpurata, *eine Orchideenart aus dem tropischen Südamerika. Aquarell von L. Constans.*

bisher kennengelernt hatte, barg für ihn Rätsel, die es nach und nach zu lösen galt.

Nach Abschluß der Vermessungsarbeiten trat die Beagle die Heimreise an, nicht auf dem kürzesten Weg, sondern quer durch den Indopazifik, über Tahiti, Neuseeland, Südaustralien, Tasmanien, Keeling-Inseln, Mauritius und das Kap der Guten Hoffnung, das am 31. Mai 1836 erreicht wurde. Auf der Fahrt durch die pazifische Inselwelt beschäftigte sich Darwin besonders intensiv mit dem Phänomen der → *Korallenriffe*, deren Entstehungsmechanismus er durch genaues Beobachten und schlüssiges Nachdenken als erster zutreffend erklären konnte.

Auf der letzten Etappe machte die Beagle noch einmal einen Umweg: Sie lief die Inseln St. Helena und Ascension an und überquerte dann den Südatlantik. *»Nachdem wir Ascension verlassen hatten, segelten wir nach Bahia an der brasilianischen Küste, um die chronometrischen Maßbestimmungen rings um die Erde zu vervollständigen.«* Über Pernambuco, die Azoren und die Kapverdischen Inseln kehrte das Schiff dann im August und September 1836 nach England zurück. *»Am 2. Oktober erreichten wir die Küste von England, und in Falmouth verließ ich die ›Beagle‹, nachdem ich fast fünf Jahre an Bord des guten kleinen Schiffes gelebt hatte.«*

Links: *Ein Maori-Häuptling auf Neuseeland, wo die »Beagle« im Dezember 1835 vor Anker ging. Illustration aus G. F. Angas'* New Zealanders Illustrated *(1847). »Zweifellos gibt die ungewöhnliche Art und Weise, wie hier das Tätowieren geübt wird, ihren Gesichtern einen unangenehmen Ausdruck. ... Außerdem haben sie einen Blick im Auge, der nichts anderes als Verschlagenheit und Wildheit andeuten kann. Ihre Gestalten sind groß und massig.«* (A Naturalist's Voyage)

Unten: *Der Hafen von Falmouth, in dem die heimgekehrte »Beagle« am 2. Oktober 1836 anlegte und Darwin das Schiff verließ.*

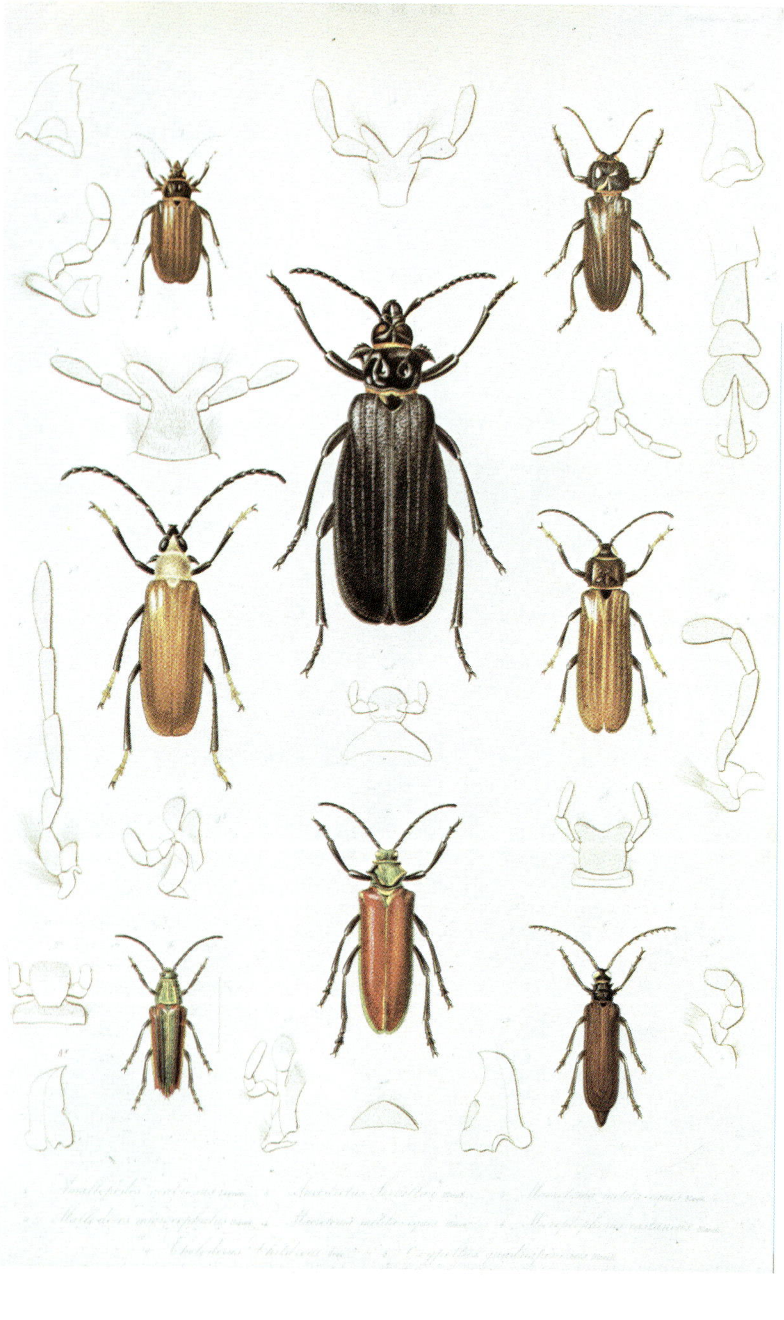

Die Ergebnisse der Reise

Die unmittelbaren, konkreten Resultate der Weltreise fanden ihren Niederschlag in mehreren Büchern und Abhandlungen, die Darwin schon lange vor seinem Hauptwerk *Origin of Species* als ernstzunehmenden Naturforscher auswiesen und ab 1835 in rascher Folge erschienen:

1. Auszüge aus den ausführlichen Briefen, die Darwin während der Reise an seinen Lehrer und Freund → *John Stevens Henslow* geschrieben hatte und die dieser, ohne Wissen des Autors, im November 1835 in einer Sitzung der Cambridge Philosophical Society vortrug und noch im selben Jahr in einer kleinen Auflage für die Mitglieder der Gesellschaft drucken ließ.
2. Das umfangreiche Reisetagebuch Darwins, das 1837 entstand und 1839 unter dem Titel → *Journal and Remarks* in der ersten Fassung erschien.
3. Das von Darwin initiierte und herausgegebene fünfteilige Werk → *Zoology of the Voyage of H. M. S. »Beagle«* (1839–1843), in dem seine reichen zoologischen Sammlungen von anerkannten Fachgelehrten ausgewertet wurden.
4. Die von Darwin selbst verfaßte dreibändige *Geology of the Voyage of the »Beagle«*, bestehend aus *The Structure and Distribution of Coral Reefs* (1842), *Geological Observations on the Volcanic Islands* (1844) und *Geological Observations on South America* (1846).
5. Eine Reihe von zoologischen und vor allem geologischen Abhandlungen und Aufsätzen.

Alle diese Veröffentlichungen, in denen Darwin sich als scharfsichtiger Beobachter und Beschreiber von Naturphänomenen erwies, aber bereits auch als eigenständiger Theoretiker bewährte, sind als Vorstufen zu seinem Hauptwerk von 1859 zu betrachten. Gleichsam unter der Oberfläche des Faktenreichtums, den er während der Reise zusammengetragen hatte und nachher vorwiegend unverfänglich-deskriptiv vor der Öffentlichkeit ausbreitete, verbargen sich die Keime zu seiner kühnen Evolutionslehre. Spätestens im Juli 1837, als er erstmals insgeheim Material für seine Theorie zu sammeln begann, setzte die »innere« Langzeitwirkung der Weltreise ein.

Die wichtigsten theoretischen Ansätze, die sich für Darwin aus den auf der Reise erkannten biologischen und geologischen Sachverhalten ergaben und noch zwanzig Jahre lang auf eine zusammenfassende Darstellung warten mußten, lassen sich stichwortartig wie folgt charakterisieren: großräumige Veränderungen der Erdoberfläche in längeren Zeiträumen, als man bis dahin angenommen hatte (Hebung und Senkung von Landmassen, Auftauchen vulkanischer Inseln, Riffbildung usw.); Aussterben von Lebensformen, die eine deutliche Verwandtschaft mit rezenten Arten zeigen,

Gegenüberliegende Seite:

Chilenische Käfer. Kolorierte Lithographie aus C. Gays Historia fisica y politica de Chile *(1854). Darwin hat überall, auch in Chile, das er im August und September 1834 ausgiebig durchstreifte, systematisch Käfer gesammelt. Schon als Kind und erst recht als Student in Cambridge frönte er dieser Sammelleidenschaft, die sich angesichts der vielgestaltigen exotischen Insektenfauna Südamerikas noch steigerte. »Meine Sammlungen machen auf fast allen Gebieten wunderbare Fortschritte. Was die Insekten angeht, so glaube ich eine Menge unbeschriebener Arten nach England schicken zu können«, schrieb er bereits zu Beginn seiner Weltreise, im Mai 1832, an seinen Vetter und Studienfreund William Darwin Fox. »Wenn Du an einem schönen Maitag (jämmerlich kalt, wie ich vermute) Insekten von einer Weißdornhecke abliest, dann stell Dir vor, wie ich inmitten von Ananas und Orangenbäumen sammle!«*

Ersttagsbrief mit dem 1982 von der britischen Post ausgegebenen Darwin-Gedenksatz. Die Marken zeigen neben dem Porträt Darwins verschiedene Tiere, die er auf seiner Weltreise kennengelernt hat.

also die »Aufeinanderfolge von Typen« (z. B. südamerikanische Großsäugerfossilien); die Besiedlung ozeanischer Inseln durch Verfrachtung von Organismen des benachbarten Kontinents (z. B. Südamerika – Galapagos); die Umweltanpassung und die dadurch bedingte Sonderentwicklung von Lebewesen in isolierten Insel-Lebensräumen (z. B. Darwin-Finken und Schildkröten im Galapagos-Archipel). Mit einem Wort: Der jugendliche Theologe Darwin war zu einem kritischen Naturwissenschaftler geworden, der die Konstanz der Arten und ihren göttlichen Ursprung bezweifelte und der sich nun anschickte, die Schöpfungsgeschichte als »Naturgeschichte« neu zu deuten.

Zoology of the Voyage of H. M. S. »Beagle«

Nach seiner Rückkehr von der → *Weltreise* betrachtete es Darwin als seine vordringlichste Aufgabe, das überreiche naturhistorische und insbesondere zoologische Belegmaterial, das er in Übersee gesammelt und zwischendurch nach Hause geschickt bzw. am Schluß der Reise mitgebracht hatte, wissenschaftlich aufzuarbeiten und auszuwerten. Er selbst war dazu nicht imstande, weil er sich einerseits als naturwissenschaftlicher Autodidakt nicht kompetent genug fühlte und weil er andererseits vollauf mit der Niederschrift seines Reisetagebuches beschäftigt war. Es gelang ihm jedoch, für das großangelegte Vorhaben nicht nur einen Zuschuß der Regierung in Höhe von 1 000 Pfund zu erwirken, sondern auch erstklassige Experten als Autoren zu gewinnen.

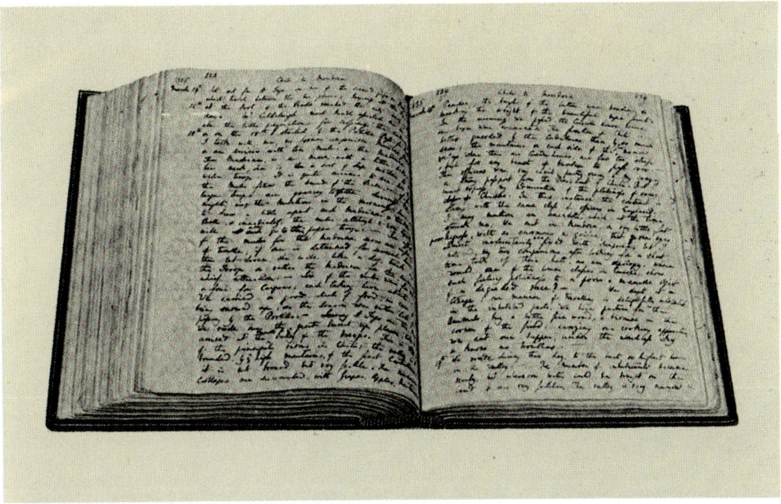

Oben: *Darwins Manuskript seines Berichts über die Weltreise mit der »Beagle«.*

Die *Zoology*, herausgegeben und geleitet *(edited and superintended)* von Charles Darwin, erschien zwischen den Jahren 1839 und 1843 in London und gliedert sich in fünf Teile:

I. *Fossil Mammalia* (fossile Säugetiere), bearbeitet von → *Richard Owen*; »mit einer geologischen Einführung von Charles Darwin« (1840).

II. *Mammalia* (rezente Säugetiere), bearbeitet von George R. Waterhouse, der von Hause aus Entomologe war; »mit einem Beitrag Darwins über die Lebensweise und die Verbreitung der Säugetiere« (1839).

III. *Birds* (Vögel), bearbeitet von dem berühmten Ornithologen → *John Gould*; in einer »Ankündigung« heißt es jedoch, daß viele Artbeschreibungen wegen einer Australienreise Goulds von G. R. Gray vom Britischen Museum beigesteuert wurden (1841).

IV. *Fish* (Fische), bearbeitet von → *Leonard Jenyns* (1842).

V. *Reptiles* (Reptilien), bearbeitet von Thomas Bell, Professor der Zoologie am Londoner King's College (1843).

Zuchtwahl

Vom Darwin-Übersetzer Julius Victor Carus eingeführte und durchweg verwendete Eindeutschung des Begriffs → *Selektion*. Vor allem in der Verbindung »natürliche Zuchtwahl« ist diese Übersetzung wenig tauglich, weil hier stets die (irrige) Vorstellung mitschwingt, als wäre ein wählender Züchter am Werke.

Nachfolgende Doppelseite:

Die Entwicklung der tierischen Lebensformen auf unserer Erde, vom Einzeller bis zum Menschen. Wandbild im Paläontologischen Museum, Oslo.
A–J: Entwicklung von der Urzelle zur Mehrzelligkeit.
1–10: Einzeller oder Protozoen.
11–115: Vielzeller oder Metazoen:
Schwämme (11–15), Nesseltiere (16–23), Würmer (24–30), Gliederfüßer (31–59), Weichtiere (60–69), Kranzfühler, (70–73), Stachelhäuter (74–79), Eichelwürmer (80), Pfeilwürmer (81), Manteltiere (82), Chordatiere (83–115).
Die Pfeillinie, die unten auf dem Bild von der Geißelalge (9) nach links wegführt, leitet über zum Pflanzenreich.

TIL PLANTERIKET

113
109
108
105
103
102
104
101
110
96
107
106
112
97
99
95
93
94
92
91
87
90
86
88
89
73
83
85
84
82
80
78
77
76
81
74
75
J
1
14
11
12
13
F
3
2
6
5
1
7
4
8

Zeittafel zu Darwins Leben und Werk

1809 Charles Robert Darwin wird am 12. Februar als fünftes Kind des Arztes Dr. Robert Waring Darwin und dessen Frau Susannah, geb. Wedgwood, und als Enkel von Erasmus Darwin in Shrewsbury geboren.

1817 Die Mutter stirbt am 15. Juli. – Charles besucht die »Vorschule« des Unitariergeistlichen G. Case in Shrewsbury.

1818 Charles wechselt auf das Internat von Dr. Samuel Butler in Shrewsbury über.

1825 Ende der Schulzeit. – Am 22. Oktober Immatrikulation an der medizinischen Fakultät der Universität Edinburgh.

1827 Abbruch des Medizinstudiums. – Im Sommer unternimmt Darwin mit seinem Onkel Josiah Wedgwood eine kurze Reise nach Paris. – Am 15. Oktober Zulassung zum Theologiestudium am Christ's College in Cambridge.

1828 Im Frühjahr Übersiedlung nach Cambridge. Darwin betreibt sein theologisches Studium nur mit der linken Hand und widmet sich vor allem seinen naturwissenschaftlichen Interessen. Er macht die Bekanntschaft des Theologen und Botanikprofessors John Stevens Henslow, der sein väterlicher Freund wird.

1830 Im März besteht Darwin sein Vorexamen.

1831 Im Frühling wird er mit dem Geologieprofessor Adam Sedgwick bekannt. – Im Mai besteht er sein Abschlußexamen als Bachelor of Arts. – Nach seiner Rückkehr von einer geologischen Exkursion in Wales, zusammen mit Sedgwick, findet er Ende August in Shrewsbury die Einladung zur Teilnahme an der Beagle-Expedition vor. – Am 27. Dezember verläßt die Beagle unter Kapitän Fitzroy den Hafen von Devonport (Plymouth) zu ihrer großen Weltreise, an der Darwin als »unbezahlter Naturforscher« teilnimmt.

1832 Ende Februar trifft die Beagle über die Kapverdischen Inseln in Bahia (Brasilien) ein. Nach längeren Aufenthalten in Rio de Janeiro und Montevideo wird die Reise nach Feuerland fortgesetzt, das im Dezember erreicht wird.

1833 Über die Falkland-Inseln und längs der argentinischen Küste zurück nach Montevideo und wieder südwärts nach Port Desire, wo das Schiff am 23. Dezember vor Anker geht. – Darwin unternimmt das ganze Jahr über mehrere große Exkursionen ins Landesinnere.

1834 Die Beagle kreuzt in südlichen Gewässern, umsegelt die Südspitze Südamerikas und landet im Juli in Valparaiso (Chile). Von dort aus macht Darwin im August und September eine Anden-Expedition.

1835 Nach Erkundungsfahrten an der Westküste Südamerikas und einer Anden-Überquerung Darwins läuft die Beagle im September die Galapagos-Inseln an, deren Fauna bei Darwin einen besonders nachhaltigen Eindruck hinterläßt. – Weiterfahrt über Tahiti nach Neuseeland.

1836 Heimreise über Australien, Tasmanien, Keeling-Inseln, Mauritius, Kap der Guten Hoffnung, St. Helena, Ascensión, Bahia und Pernambuco nach Falmouth, wo die Beagle am 2. Oktober eintrifft. – Nach kurzem Aufenthalt in Shrewsbury begibt sich Darwin Mitte Dezember nach Cambridge, um seine geologische Sammlung zu ordnen und auszuwerten. – Er führt fortan, bis zu seinem Tode, das Leben eines Privatgelehrten.

1837 Am 7. März übersiedelt Darwin nach London, wo er zunächst in der Great Marlborough Street 36 wohnt. – Im Juli beginnt er mit ersten Aufzeichnungen zum Problem der Veränderlichkeit der Arten. – In der Hauptstadt verkehrt er mit bedeutenden Wissenschaftlern (Lyell, Herschel, Humboldt, Owen, Gould usw.).

1838 Im Februar wird Darwin zum Sekretär der Geologischen Gesellschaft berufen. – Ende September beginnt er mit der Lektüre von Malthus' Buch über das Bevölkerungsproblem. – Am 11. November Verlobung mit seiner Kusine Emma Wedgwood in Maer. – Am 31. Dezember bezieht Darwin seine neue Londoner Wohnung in der Upper Gower Street 12.

1839 Am 29. Januar Hochzeit mit Emma Wedgwood in Maer; das junge Paar läßt sich anschließend in der Upper Gower Street nieder. – Im August erscheint Darwins erstes Buch, der Reisebericht *Journal and Remarks*, als 3. Band von Fitzroys *Narrative of the Surveying Voyages*. – Am 27. Dezember Geburt des ersten Kindes, William Erasmus (gest. 1914).

1840 Darwins Arbeit wird mehrfach durch Krankheit unterbrochen.

1841 Am 2. März Geburt der Tochter Anne Elizabeth (»Annie«; gest. 1851). – Durch Krankheit erzwungene Untätigkeit.

1842 Im Juni verfaßt Darwin eine 35 Seiten lange Skizze seiner Artentheorie. – Das Buch *Structu-*

re and Distribution of Coral Reefs (Über den Bau und die Verbreitung der Korallenriffe) erscheint. – Am 17. September zieht die Familie Darwin in das »Down House« im Dörfchen Down(e) südöstlich von London um, das nun ihr ständiger Wohnsitz bleibt. – Am 23. September wird die Tochter Mary Eleanor geboren (gest. bereits am 16. Oktober desselben Jahres).

1843 Am 12. Juli stirbt Darwins Onkel und Schwiegervater Josiah Wedgwood in Maer. – Beginn der Freundschaft und Zusammenarbeit mit dem Botaniker Joseph Dalton Hooker. – Am 23. September Geburt der Tochter Henrietta Emma (gest. 1929).

1844 Zu Beginn des Jahres erweitert Darwin die Bleistiftskizze seiner Artentheorie von 1842 zu einem »Essay« von ungefähr 230 Seiten und läßt den Text im Juli von einem Kopisten abschreiben. – Im November erscheinen die *Geological Observations on the Volcanic Islands* (Geologische Beobachtungen über die Vulkanischen Inseln).

1845 Am 9. Juli wird der Sohn George Howard geboren (gest. 1912). – Im August erscheint die 2. Ausgabe von Darwins Reisetagebuch unter dem Titel *Journal of Researches*.

1846 Zum Jahresende erscheinen die *Geological Observations on South America* (Geologische Beobachtungen über Südamerika).

1847 Am 8. Juli Geburt der Tochter Elizabeth (gest. 1925).

1848 Am 16. August wird der Sohn Francis geboren (gest. 1925). – Am 13. November stirbt Darwins Vater in Shrewsbury.

1849 Darwins Gesundheitszustand verschlechtert sich. Die Zeit vom 10. März bis 30. Juni verbringt er als Patient im Wasserkurort Malvern, wo er sich auch in den folgenden Jahren wiederholt aufhält.

1850 Am 15. Januar wird der Sohn Leonard geboren (gest. 1943).

1851 Am 13. Mai Geburt des Sohnes Horace (gest. 1928). – Im Juni erscheint *A Monograph of the Fossil Lepadidae*, am Ende des Jahres *A Monograph of the Sub-class Cirripedia*.

1852 Das ganze Jahr über arbeitet Darwin an seinem Buch über die sessilen Rankenfüßer.

1853 Fortsetzung der Rankenfüßer-Arbeit. – Am 13. November wird Darwin mit der Medaille der Royal Society ausgezeichnet.

1854 Im August erscheint die Monographie *The Balanidae (or Sessile Cirripedes)*. – Am 9. September beginnt Darwin mit der Sichtung seiner Aufzeichnungen zur Artentheorie. – Am Jahresende erscheint *A Monograph of the Fossil Balanidae and Verrucidae of Great Britain*. – Beginn der Freundschaft mit Thomas Henry Huxley.

1855 Alfred Russel Wallace veröffentlicht seinen Aufsatz *Essay on the Law which has regulated the Introduction of New Species* (Essay über das Gesetz, das die Einführung neuer Arten reguliert hat).

1856 Am 14. Mai beginnt Darwin auf Anraten von Charles Lyell mit der Arbeit an einem umfassenderen Werk über die Entstehung der Arten. – Am 6. Dezember wird das letzte Kind, Robert Waring, geboren (gest. 1858).

1857 Fortsetzung der Arbeit am Buch über die Entstehung der Arten.

1858 Am 18. Juni erhält Darwin einen Brief von Wallace und dessen Manuskript *On the Tendency of Varieties to depart indefinitely from the Original Type* (Über die Tendenz der Varietäten, unbegrenzt von dem Original-Typus abzuweichen), eine knappe Darstellung der Evolutionstheorie, die mit Darwins eigenen Forschungsergebnissen weitgehend übereinstimmt. – Am 1. Juli werden die Abhandlung von Wallace und eine Kurzfassung von Darwins Theorie in Abwesenheit der Autoren in der Linnean Society vorgetragen. – Am 20. Juli beginnt Darwin mit der Arbeit an einem »Auszug« aus seinem Werk über die Entstehung der Arten. – Am 30. August erscheinen die der Linnean Society vorgelegten Texte von Wallace und Darwin im Druck.

1859 Am 24. November erscheint die 1. Ausgabe von *On the Origin of Species* (Über die Entstehung der Arten durch natürliche Zuchtwahl) bei Murray in London. Die gesamte Auflage von 1250 Exemplaren wird am ersten Tag verkauft.

1860 Im Januar kommt die 2. Auflage von *On the Origin of Species* heraus (3000 Exemplare). – Die 3. Ausgabe des Reisetagebuches erscheint als *A Naturalist's Voyage* (Reise eines Naturforschers um die Welt).

1861 Im April 3. Auflage von *On the Origin of Species* (2000 Exemplare).

1862 *On the Various Contrivances by which Orchids are Fertilised by Insects* (Die verschiedenen Einrichtungen, durch welche Orchideen von Insekten befruchtet werden) erscheint im Mai.

1864 Am 30. November erhält Darwin die Copley-Medaille der Royal Society, die höchste Auszeichnung für wissenschaftliche Verdienste.

1866 Die 4. Auflage von *On the Origin of Species* erscheint im Dezember (1250 Exemplare).

1867 *On the Movements and Habits of Climbing Plants* (Die Bewegung und Lebensweise der kletternden Pflanzen) wird im 9. Band des »Journal of the Linnean Society« veröffentlicht.

1868 Am 30. Januar erscheint das zweibändige Werk *The Variation of Animals and Plants under Domestication* (Das Variieren der Tiere und Pflanzen im Zustande der Domestikation); die 2. Auflage folgt bereits am 20. Februar.

1869 Im August kommt die 5. Auflage von *On the Origin of Species* heraus (2000 Exemplare).

1870 Darwin arbeitet *»mit vielen Pausen«* an seinem Werk über die Abstammung des Menschen.

1871 *The Descent of Man, and Selection in Relation to Sex* (Die Abstammung des Menschen und die geschlechtliche Zuchtwahl) erscheint am 24. Februar.

1872 Die 6. Auflage von *On the Origin of Species* erscheint im Februar (3000 Exemplare). – Im November kommt Darwins neues Buch, *The Expression of the Emotions in Man and Animals* heraus.

1875 Am 2. Juli erscheint *Insectivorous Plants.*

1876 Von Ende Mai bis Anfang August schreibt Darwin den größten Teil seiner *Autobiographie* nieder. – *The Effects of Cross and Self Fertilisation in the Vegetable Kingdom* (Die Wirkungen der Kreuz- und Selbst-Befruchtung im Pflanzenreich) erscheint am Jahresende.

1877 Im Juli erscheint *The different Forms of Flowers on Plants of the same Species* (Die verschiedenen Blütenformen der nämlichen Art). – Darwin erhält die juristische Ehrendoktorwürde der Universität Cambridge.

1879 Darwin verfaßt eine kurze Lebensbeschreibung seines Großvaters Erasmus Darwin, die zusammen mit einem ins Englische übersetzten Essay von Ernst Krause im November unter dem Titel *The life of Erasmus Darwin* erscheint und eine heftige Kontroverse mit dem Schriftsteller Samuel Butler auslöst.

1880 Im November erscheint das Buch *The Power of Movement in Plants* (Das Bewegungsvermögen der Pflanzen), das Darwin zusammen mit seinem Sohn Francis verfaßt hat.

1881 Am 26. August stirbt Darwins Bruder Erasmus Alvey, den er vier Jahrzehnte lang regelmäßig in London besucht hat. – Am 10. Oktober erscheint Darwins letztes Buch, *The Formation of Vegetable Mould, through the Action of Worms.*

1882 Am 19. April stirbt Darwin im Down House. – Am 26. April wird er in der Westminster Abbey in London feierlich beigesetzt.

Stammbaum der Familie Darwin

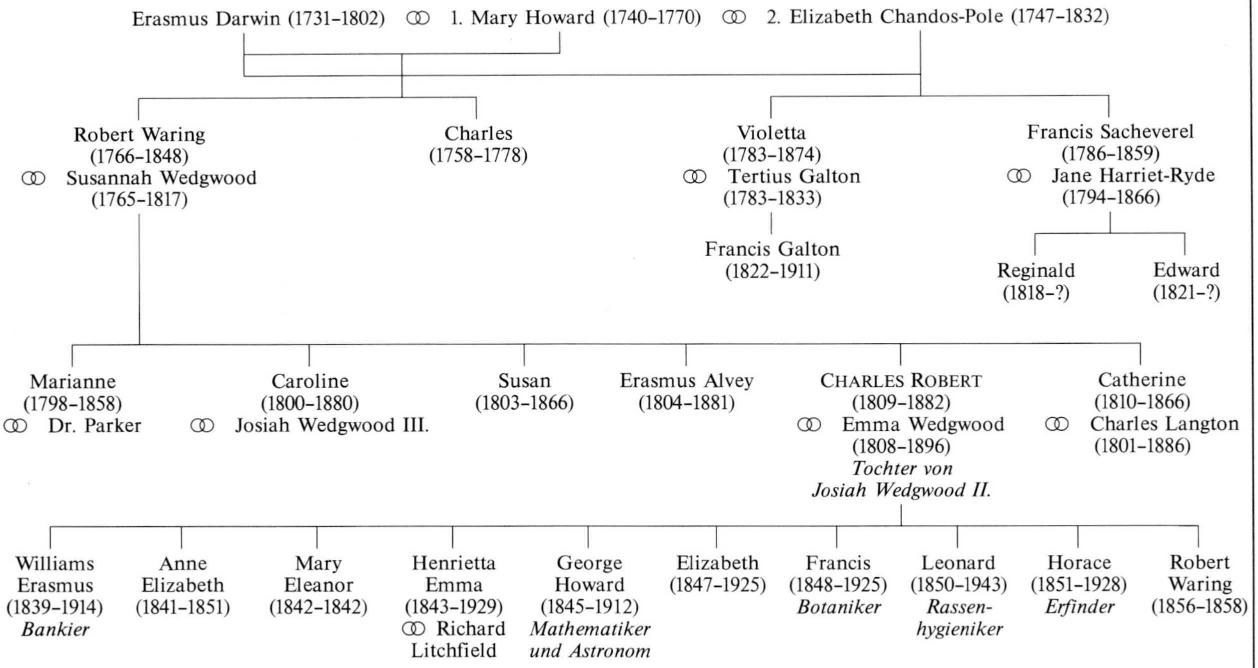

Bibliographie

I. Darwins Werk
(Originalausgaben und deutsche Übersetzungen)*

1. Buchveröffentlichungen

Narrative of the Surveying Voyages of Her Majesty's Ships ›Adventure‹ and ›Beagle‹ between the years 1826 and 1836, Describing their Examination of the Southern Shores of South America, and the ›Beagle's‹ Circumnavigation of the Globe. Vol. III: *Journal and Remarks, 1832–1836.* By Charles Darwin. Ldn. 1839.
[Übers.: *Charles Darwin's Naturwissenschaftliche Reisen nach den Inseln des grünen Vorgebirges, Südamerica, dem Feuerlande, den Falkland-Inseln, Chiloe-Inseln, Galapagos-Inseln, Otaheiti, Neuholland, Neuseeland, Van Diemen's Land, Keeling-Inseln, St. Helena, den Azoren* etc. Dt. mit Anm. v. Ernst Dieffenbach. In zwei Tln. Braunschweig 1844.]

Journal of Researches into the Natural History and Geology of the countries visited during the Voyage of H. M. S. ›Beagle‹ round the world, under the command of Capt. Fitz-Roy, R. N. 2. ed., corrected with additions. Ldn. 1845.

A Naturalist's Voyage. Journal of Researches etc. Ldn. 1860.
[Übers.: *Reise eines Naturforschers um die Welt*. Übers. v. J. Victor Carus. Stg. 1875 (in: *Ges. Werke*, 1. Bd.). – Neuere Ausg.: *Reise eines Naturforschers um die Welt.* Hg. v. G. J. Narciss. Stg. 1962. – *Reise um die Welt 1831–1836*. Hg. v. G. Giertz. Tübingen 1981.]

Zoology of the Voyage of H. M. S. ›Beagle‹. Edited and superintended by Charles Darwin. Part I. *Fossil Mammalia*, by Richard Owen. With a Geological Introduction, by Charles Darwin. Ldn. 1840.

– Part II: *Mammalia,* by George R. Waterhouse. With a Notice of their Habits and Ranges, by Charles Darwin. Ldn. 1839.

– Part III: *Birds*, by John Gould. (Viele Beschreibungen stammen jedoch von G. R. Gray) Ldn. 1841.

– Part IV: *Fish*, by Rev. Leonard Jenyns. Ldn. 1842.

– Part V: *Reptiles*, by Thomas Bell. Ldn. 1843.

The Structure and Distribution of Coral Reefs. Being the First Part of the Geology of the Voyage of the ›Beagle‹. Ldn. 1842.

The Structure and Distribution of Coral Reefs. 2. ed. Ldn. 1874.
[Übers.: *Über den Bau und die Verbreitung der Corallen-Riffe*. Nach der zweiten, durchges. Ausg. übers. von J. Victor Carus. Stg. 1876 (in: *Ges. Werke*, 11. Bd., 1. Hälfte.)]

Geological Observations on the Volcanic Islands, visited during the Voyage of H. M. S. ›Beagle‹. Being the Second Part of the Geology of the Voyage of the ›Beagle‹. Ldn. 1844.

---

* Für die älteren Titel bis 1887 wurden die gründliche Bibliographie in Francis Darwins *Life and Letters of Charles Darwin* (Bd. III) und deren Ergänzungen in der deutschen Ausgabe von J. Victor Carus zugrunde gelegt.

Geological Observations on South America. Being the Third Part of the Geology of the Voyage of the ›Beagle‹. Ldn. 1846.

Geological Observations on the Volcanic Islands and parts of South America visited during the Voyage of H. M. S. ›Beagle‹. 2. ed. Ldn. 1876.

[Übers.: *Geologische Beobachtungen über die vulcanischen Inseln, mit kurzen Bemerkungen über die Geologie von Australien und dem Cap der Guten Hoffnung*. Nach d. 2. Ausg. übers. v. J. Victor Carus. Stg. 1877 (in: *Ges. Werke*, 11. Bd., 2. Hälfte), und: *Geologische Beobachtungen über Süd-America angestellt während der Reise der ›Beagle‹ in den Jahren 1833–1836*. Übers. v. J. Victor Carus. Stg. 1878 (in: *Ges. Werke*, 12. Bd., 2. Abt.)]

A Monograph of the Fossil Lepadidae; or, Pedunculated Cirripedes of Great Britain. Ldn. 1851.

A Monograph of the Sub-class Cirripedia, with Figures of all the Species. The Lepadidae; or, Pedunculated Cirripedes. Ldn. 1851.

– *The Balanidae, or Sessile Cirripedes; the Verrucidae* etc. Ldn. 1854.

A Monograph of the Fossil Balanidae and Verrucidae of Great Britain. Ldn. 1854.

On the Origin of Species by Means of Natural Selection, or the Preservation of Favoured Races in the Struggle for Life. Ldn. 1859.

– Fifth thousand [2. ed.]. Ldn. 1860.

[Übers.: *Über die Entstehung der Arten im Thier- und Pflanzen-Reich durch natürliche Züchtung, oder Erhaltung der vervollkommneten Rassen im Kampfe um's Daseyn*. Nach d. 2. Aufl. mit einer geschichtlichen Vorrede und anderen Zusätzen des Verfassers für diese deutsche Ausg. Übers. u. m. Anm. versehen v. Dr. H. G. Bronn (in 3 Lieferungen). Stg. 1860.

– Third ed., with additions and corrections (Seventh thousand). Ldn. 1861.

[Übers.: *Über die Entstehung der Arten* etc. (wie vorher). Nach der 3. Aufl. und mit neueren Zusätzen des Verfassers für diese deutsche Ausgabe aus dem Englischen übers. u. m. Anm. versehen von Dr. H. G. Bronn. Zweite verbesserte und sehr vermehrte Aufl. Stg. 1863.

On the Origin of Species etc. Fourth ed. with Additions and Corrections (Eighth thousand). Ldn. 1866.

[Übers.: *Über die Entstehung der Arten durch natürliche Zuchtwahl oder die Erhaltung der begünstigten Rassen im Kampfe um's Dasein*. Nach d. 4. engl. Ausg. v. J. Victor Carus. 3. Aufl. Stg. 1867.]

– Fifth ed., with Additions and Corrections (Tenth thousand). Ldn. 1869.

[Übers.: *Über die Entstehung der Arten* etc. (wie vorher). Nach d. 5. engl. Ausg. v. J. Victor Carus. 4. Aufl. Stg. 1876.]

– Sixth ed., with Additions and Corrections (Eleventh thousand). Ldn. 1872.

[Übers.: *Über die Entstehung der Arten* etc. Nach d. 6. engl. Ausg. v. J. Victor Carus. 5. Aufl. Stg. 1872. – *Über die Entstehung der Arten* etc. Nach d. 6. engl. Ausg. wiederholt durchges. ... v. J. Victor Carus. 6. Aufl. Stg. 1876 (in: *Ges. Werke*, 2. Bd.)]

– Sixth ed., with Additions and Corrections to 1872 (Twenty-fourth thousand). Ldn. 1882.

[Übers.: Nach der letzten engl. Ausg. wiederholt durchges. v.

J. Victor Carus. 7. Aufl. Stg. 1884. – Neuausg. der Carus-Übers., durchges. u. eingel. v. G. Heberer. Stg. 1966. – Neuübers.: *Die Entstehung der Arten durch natürliche Zuchtwahl*. Übers. v. C. W. Neumann. Stg. 1963.]

On the Various Contrivances by which Orchids are fertilised by Insects. Ldn. 1862.
[Übers.: *Über die Einrichtungen zur Befruchtung britischer und ausländischer Orchideen*. Übers. v. H. G. Bronn. Mit einem Anh. des Übersetzers über *Stanhopea devoniensis*. Stg. 1862.]

The Various Contrivances by which Orchids are fertilised by Insects. 2. ed. Ldn. 1877.
[Übers.: *Die verschiedenen Einrichtungen, durch welche Orchideen von Insecten befruchtet werden*. Übers. v. J. Victor Carus. 2. durchges. Aufl. Stg. 1877 (in: *Ges. Werke*, 9. Bd., 2. Abt.)]

The Movements and Habits of Climbing Plants. Second Ed. Ldn. 1875. (Die erste Aufl. erschien im 9. Bd. des *Journal of the Linnean Society*, Botany, 1867.)
[Übers.: *Die Bewegungen und Lebensweise der kletternden Pflanzen*. Übers. v. J. Victor Carus. Stg. 1876 (in: *Ges. Werke*, 9. Bd., 1. Hälfte.)]

The Variation of Animals and Plants under Domestication. 2 Vols. Ldn. 1868.
[Übers.: *Das Variiren der Thiere und Pflanzen im Zustande der Domestication*. Übers. v. J. Victor Carus. In 2 Bdn. 2. Bd.: Mit den Berichtigungen und Zusätzen des Verfassers zur 2. engl. Aufl. Stg. 1868. – Zweite, durchges. und berichtigte Ausg. Stg. 1873.]

The Variation of Animals and Plants etc. Second ed. revised. (Fourth thousand.) Ldn. 1875.
[Übers.: *Das Variiren* etc. Dritte, nach der zweiten engl. ber. Ausg. Stg. 1878 (in: *Ges. Werke*, 3. u. 4. Bd.)]

The Descent of Man, and Selection in Relation to Sex. 2 Vols. Ldn. 1871.
[Übers.: *Die Abstammung des Menschen und die geschlechtliche Zuchtwahl*. Übers. v. J. Victor Carus. In 2 Bdn. Stg. 1871. – Zweite, nach der letzten Ausg. d. Originals berichtigte Aufl. Stg. 1871.]

– Second ed.,Revised and Augmented. Ldn. 1874 (in einem Bd.).
[Übers.: Wie vorher. In 2 Bdn. Dritte, gänzlich umgearbeitete Aufl. Stg. 1875 (in: *Ges. Werke*, 5. u. 6. Bd.). – Wie vorher. Vierte durchgesehene Auflage. Stg. 1883 (in einem Bd.). – Neuausg. der Carus-Übers., durchges. u. eingel. v. G. Heberer. Stg. 1966.]

The Expression of the Emotions in Man and Animals. Ldn. 1872.
[Übers.: *Der Ausdruck der Gemütsbewegungen bei dem Menschen und den Thieren*. Übers. v. J. Victor Carus. Stg. 1872. – 2. sorgfältig durchges. Aufl., ebd. 1874. – 3. Aufl., ebd. 1877 (in: *Ges. Werke*, 7. Bd.) – Neuausg. u. d. T.: *Der Ausdruck der Gefühle bei Mensch und Tier*. Ausgewählt u. kommentiert von U. Beer. Düsseldorf o. J.]

Insectivorous Plants. Ldn. 1875.
[Übers.: *Insectenfressende Pflanzen*. Übers. v. J. Victor Carus. Stg. 1876 (in: *Ges. Werke*, 8. Bd.)]

The Effects of Cross and Self Fertilisation in the Vegetable Kingdom. Ldn. 1876.
[Übers.: *Die Wirkungen der Kreuz- und Selbstbefruchtung im*

Pflanzenreich. Übers. v. J. Victor Carus. Stg. 1877 (in: *Ges. Werke*, 10. Bd.)]
– Second ed. Ldn. 1878.
The different Forms of Flowers on Plants of the same Species. Ldn. 1877.
[Übers.: *Die verschiedenen Blüthenformen an Pflanzen der nämlichen Art*. Übers. v. J. Victor Carus. Stg. 1877 (in: *Ges. Werke*, 9. Bd., 3. Abt.)]
– Second ed. Ldn. 1880.
The Power of Movement in Plants. By Charles Darwin, Assisted by Francis Darwin. Ldn. 1880.
[Übers.: *Das Bewegungsvermögen der Pflanzen*. Übers. v. J. Victor Carus. Stg. 1881 (in: *Ges. Werke*, 13. Bd.)]
The Formation of Vegetable Mould, through the Action of Worms, with Observations on their Habits. Ldn. 1881.
[Übers.: *Die Bildung der Ackererde durch die Tätigkeit der Würmer mit Beobachtungen über deren Lebensweise*. Übers. v. J. Victor Carus. Stg. 1882 (in: *Ges. Werke*, 14. Bd., 1. Abt.)]. Dt. Neuausg. Bln. 1983.

2. Beiträge zu Büchern anderer Autoren

A Manual of Scientitic Enquiry; Prepared for the Use of Her Majesty's Navy and adapted for Travellers generally. Edited by Sir John F. W. Herschel. Ldn. 1849 (Section VI: Geology. By Charles Darwin).
Memoir of the Rev. John Stevens Henslow. By the Rev. Leonard Jenyns. Ldn. 1862. (Im 2. Kapitel: Recollections by Ch. Darwin.)
A Letter (1876) on the ›Drift‹ near Southampton, in: Professor J. Geikie, *Prehistoric Europe*.
Flowers and their Unbidden Guests. By A. Kerner. With a Prefatory Letter by Charles Darwin. The Translation revised and edited by W. Ogle. Ldn. 1878.
Erasmus Darwin. By Ernst Krause. Translated by W. S. Dallas. With a Preliminary Notice by Charles Darwin. Ldn. 1879.
[Dt.: *Erasmus Darwin und seine Stellung in der Geschichte der Descendenz-Theorie*. Von Ernst Krause. Mit seinem Lebens- und Characterbilde von Charles Darwin. Lpzg. 1880.]
Studies in the Theory of Descent. By Aug. Weismann. Translated and edited by Raph. Meldola. With a Prefatory Notice by Charles Darwin. Ldn. 1880.
The Fertilisation of Flowers. By Hermann Müller. Translated and edited by D'Arcy W. Thomson. With a Preface by Charles Darwin. Ldn. 1883.
Mental Evolution in Animals. By G. J. Romanes. With a Posthumous Essay on Instinct by Charles Darwin. Ldn. 1883. (Der Essay erschien zuerst im *Journal of the Linnean Society*.)
[Übers.: Der Instinct. In: *Gesammelte kleine Schriften von Charles Darwin*. Herausg. v. Ernst Krause. S. 9.]
Einige Notizen über ein merkwürdiges Verhalten männlicher Hummeln wurden an Prof. Hermann Müller in Lippstadt geschickt, der von Darwin die Erlaubnis erhielt, sie zu benutzen, wie es ihm beliebte. Nach Müllers Tod gab dessen Sohn die Notizen an Dr. E. Krause, der sie unter dem Titel »Über die Wege der Hummelmännchen« in seinem Buch *Gesammelte kleinere Schriften von Charles Darwin* (1886), S. 84, herausgab.

3. Aufsätze und kleinere Arbeiten

»Extracts from Letters Addressed to Professor Henslow.« Gelesen am 16. November 1835 in der Cambridge Philosophical Society. Privatdruck 1. Dez. 1835.

»Geological Notes Made during a Survey of the East and West Coasts of South America in the Years 1832, 1833, 1834, and 1835; with an Account of a Transverse Section of the Cordilleras of the Andes between Valparaiso and Mendoza.« Gelesen am 18. November 1835. In: *Geol. Soc. Proceed.* Vol. 2 1838, S. 210–212.

»Notes upon the Rhea Americana.« In: *Proc Zool. Soc.* Ldn. 1837, S. 35–36.

»Observations of Proofs of Recent Elevation on the Coast of Chili, Made during the Survey of H. M. S. ›Beagle‹, Commanded by Capt. Fitz Roy.« In: *Proc. Geol. Soc.* Vol. 2 1838, S. 446–449.

»On Certain Areas of Elevation and Subsidence in the Pacific and Indian Oceans, as Deduced from the Study of Coral Formations.« In: *Proc. Geol. Soc.* Vol. 2 1838, S. 552–554.

»On the Formation of Mould.« Gelesen am 1. November 1837. In: *Proc. Geol. Soc.* Vol. 2 1838, S. 574–576. *Transact. Geol. Soc.* Vol. 5, S. 505–510.
[Übers.: »Über die Bildung der Ackererde.« Übers. v. J. V. Carus. In: *Kleinere Geologische Abhandlungen. Ges. Werke*, 12. Bd. 2. Abt. S. 93.]

»On the Connexion of Certain Volcanic Phenomena and on the Formation of Mountain-chains and the Effects of Continental Elevations.« Gelesen am 7. März 1838. In: *Proc. Geol. Soc.* Vol. 2 1838, S. 654–660. *Trans. Geol. Soc.* Vol. 5 1840, S. 601–632.
[Übers.: »Über den Zusammenhang gewisser vulcanischer Erscheinungen in Süd-America, und über die Bildung von Bergketten und Vulcanen, als Wirkung derselben Kraft, durch welche Continente erhoben werden.« Übers. v. J. V. Carus. In: *Ges. Werke*, 12. Bd. 2. Abt. S. 12.]

»Origin of Saliferous Deposits. Salt Lakes of Patagonia and La Plata.« In: *Journ. Geol. Soc.* Vol. 2 P. 2 1838, S. 127–128.

»Note on a Rock Seen on an Iceberg in 16° South Latitude.« In: *Journ. Geogr. Soc.* Vol. 9 1838, S. 528–529.
[Übers.: »Bemerkung über einen in 16° südl. Breite auf einem Eisberge gesehenen Felsblock.« Übers. v. E. Krause. In: *Gesammelte kleinere Schriften,* S. 249.]

»Observations on the Parallel Roads of Glen Roy, and of Other Parts of Lochaber in Scotland, with an Attempt to Prove that they are of Marine Origin.« In: *Philos. Trans. R. Soc.* Ldn. 1839, S. 39–82.
[Der 8. Abschnitt hiervon übersetzt: »Über den geringen Betrag der alluvialen Thätigkeit seit der Bildung der Simse im Roy-Thale« v. E. Krause. In: *Gesammelte kleinere Schriften*, S. 251.]

»On a Remarkable Bar of Sandstone off Pernambuco, on the Coast of Brazil.« In: *Philos. Magaz.* Vol. 19 1841, S. 257–260.
[Übers.: »Über eine merkwürdige Sandstein-Barre vor Pernambuco, an der Küste von Brasilien.« Übers. v. J. V. Carus. In: Ch. Darwin, *Corallen-Riffe.* S. 217. *Ges. Werke*, 11. Bd. 1. Hälfte.)]

»On the Distribution of the Erratic Boulders and on the Contemporaneous Unstratified Deposits of South America.« In:

Proc. Geol. Soc. Vol. 3 1842, S. 425–430. *Trans. Geol. Soc.* Vol. 6 1842, S. 415–432.
[Übers.: »Über die Verbreitung der erratischen Blöcke und über die gleichzeitigen nichtgeschichteten Ablagerungen in Süd-America.« Übers. v. J. V. Carus. In: *Kleinere Geologische Abhandlungen. Ges. Werke*, 12. Bd. 2. Abt. S. 57.]

»Notes on the Effects Produced by the Ancient Glaciers of Caernarvonshire, and on the Boulders Transported by Floating Ice.« In: *London Philos. Magaz.* Vol. 21 1842, S. 180–188.
[Übers.: »Über die von den alten Gletschern in Caernarvonshire hervorgebrachten Wirkungen und die von schwimmendem Eise transportierten erratischen Blöcke.« Übers. v. J. V. Carus. In: *Kleinere Geologische Abhandlungen. Ges. Werke,* 12. Bd. 2. Abt. S. 81.]

»Remarks on the Preceeding Paper, in a Letter from Charles Darwin, Esq., to Mr. Maclaren.« In: *Edinb. New Philos. Journ.* Vol. 34 1843, S. 47–50. [Der »vorausgehende« Aufsatz ist: »On Coral Islands and Reefs as Described by Mr. Darwin.« By Charles Maclaren.]

»Observations on the Structure and Propagation of the Genus *Sagitta*.« In: *Ann. and Mag. of Nat. Hist.* Vol. 13 1844, S. 1–6.
[Übers.: »Beobachtungen über den Bau und die Fortpflanzung der Gattung *Sagitta*.« Übers. v. E. Krause. In: *Gesammelte kleinere Schriften*, S. 151.]

»Brief Descriptions of Several Terrestrial Planariae, and of Some Remarkable Marine Species, with an Account of their Habits.« In: *Ann. and Mag. of Nat. Hist.* Vol. 14 1844, S. 241–251.
[Übers.: »Kurze Beschreibung einiger auf der Erde lebender Plattwürmer, sowie einiger mariner Arten, nebst einem Bericht über ihre Gewohnheiten.« Übers. v. E. Krause. In: *Gesammelte kleinere Schriften*, S. 159.]

»An Account of the Fine Dust which often Falls on Vessels in the Atlantic Ocean.« In: *Journ. Geol. Soc.* Vol. 2 1846, S. 26–30.
[Übers.: »Beschreibung des feinen Staubes, welcher oft auf Schiffe im atlantischen Oceane fällt.« Übers. v. J. V. Carus. In: *Kleinere Geologische Abhandlungen. Ges. Werke*, 12. Bd. 2. Abt. S. 99.]

»On the Geology of the Falkland Islands.« In: *Journ. Geol. Soc.* Vol. 2 1846, S. 267–274.
[Übers.: »Über die Geologie der Falkland-Inseln.« Übers. v. J. V. Carus. In: *Kleinere Geologische Abhandlungen. Ges. Werke*, 12. Bd. 2. Abt. S. 1.]

»A Review of Waterhouse's ›Natural History of the Mammalia‹.« [Nicht unterzeichnet.] In: *Ann. and Mag. of Nat. Hist.* Vol. 19 1847, S. 53.

»On the Transportal of Erratic Boulders from a Lower to a Higher Level.« In: *Journ. Geol. Soc.* Vol. 4 1848, S. 315–323.
[Übers.: »Über den Transport erratischer Blöcke von einem tieferen zu einem höheren Niveau.« Übers. v. E. Krause. In: *Gesammelte kleinere Schriften*, S. 231.]

»On British fossil Lepadidae.« In: *Journ. Geol. Soc.* Vol. 6 1850, S. 439–440.

»Analogy of the Structure of some Volcanic Rocks with that of Glaciers.« In: *Proc. R. Soc. Edinb.* Vol. 2 1851, S. 17–18.

»On the Power of Icebergs to Make Rectilinear, Uniformly Directed Grooves across a Submarine Undulatory Surface.« In: *Philos. Magaz.* Vol. 10 1855, S. 96–98.

[Übers.: »Über das Vermögen der Eisberge, auf einer unterseeischen, wellenförmigen Oberfläche geradlinige, gleichgerichtete Schrammen hervorzubringen.« Übers. v. E. Krause. In: *Gesammelte kleinere Schriften,* S. 245.]

»Vitality of Seeds.« In: *Gardener's Chronicle*, Nov. 17. 1855, S. 758.

»On the Action of Sea-Water on the Germination of Seeds.« In: *Journ. Linn. Soc.* (Botany) Vol. 1 1857, S. 130–140.
[Übers.: »Über die Wirkung des Seewassers auf die Keimung der Samen.« Übers. v. E. Krause. In: *Gesammelte kleinere Schriften*, S. 95.]

»On the Agency of Bees in the Fertilisation of Papilionaceous Flowers.« In: *Gardener's Chronicle*, 1857, S. 725.
[Übers.: »Über die Befruchtung der Schminkbohnen.« Übers. v. E. Krause. In: *Gesammelte kleinere Schriften*, S. 198.]

»On the Tendency of Species to form Varieties; and on the Perpetuation of Varieties and Species by Natural Means of Selection. By Ch. Darwin, Esq., F. R. S., F. L. S. and F. G. S., and Alfr. Wallace, Esq. Gelesen am 1. Juli 1858. In: *Journ. Linn. Soc.* (Zoology) Vol. 3 1859, S. 45. (Titel der Beiträge Ch. Darwins: I. »Extract from an unpublished work on Species by Ch. Darwin, consisting of a portion of a chapter entitled, ›On the Variation of Organic Beings in a State of Nature; on the Natural Means of Selection; on the Comparison of Domestic Races and true Species‹.« II. »Auszug aus einem Briefe Ch. Darwins an Prof. Asa Gray in Boston, U. S.«, datiert 5. Sept. 1857.)
[Übers.: »Über das Variiren organischer Wesen im Naturzustande; über die natürlichen Mittel der Zuchtwahl; über den Vergleich zwischen domesticirten Rassen und echten Arten.« Übers. v. J. V. Carus. In: *Die Entstehung der Arten,* S. 12. – Auszug eines Briefes an Prof. Asa Gray. Ebd. S. 18. – Beides auch übers. v. A. B. Meyer in dessen *Charles Darwin und Alfred Russel Wallace. Ihre ersten Publicationen* etc. Erlangen 1870, S. 1–13. – Der erste Aufsatz auch übers. v. E. Krause in: *Gesammelte kleinere Schriften,* S. 3.]

»On the Agency of Bees in the Fertilization of Papilionaceous Flowers, and on the Crossing of Kidney Beans.« In: *Gardener's Chronicle*, 1858, S. 828, und *Ann. of Nat. Hist.* (3.) Vol. 2 1858, S. 459–465.
[Übers.: »Über die Tätigkeit der Bienen bei der Befruchtung der Schmetterlingsblumen und über die Kreuzung der Schminkbohnen.« Übers. v. E. Krause. In: *Gesammelte kleinere Schriften,* S. 201.]

»Do the Tineina or other small Moths suck Flowers, and if so what Flowers?« In: *Entomol. Weekly Intellig.* Vol. 8 1860, S. 103.

»Note on the Achenia of *Pumilio argyrolepis*.« In: *Gardener's Chronicle*, 1861, S. 4.

»Fertilisation of Vincas.« In: *Gardener's Chronicle*, 1861, S. 552, 831–832.
[Übers.: »Die Befruchtung der *Vinca*-Arten und Zusatz.« Übers. v. E. Krause. In: *Gesammelte kleinere Schriften,* S. 211–212.]

»On two Forms, or Dimorphic Condition, in the Species of *Primula*. And on their Remarkable Sexual Relations.« In: *Journ. Linn. Soc.* (Botany) Vol. 6 1862, S. 77–96.

»On the Three Remarkable Sexual Forms of *Catasetum tridentatum*, an Orchid in the Possession of the Linnean Society.«

In: *Journ. Linn. Soc.* (Botany) Vol. 6 1862, S. 151–157.
»Yellow Rain.« In: *Gardener's Chronicle,* 1863, S. 675.
»On the Thickness of the Pampean Formation near Buenos Ayres.« In: *Journ. Geol. Soc.* Vol. 19 1863, S. 68–71.
[Übers.: »Über die Mächtigkeit der Pampas-Formation in der Nähe von Buenos Ayres.« Übers. v. J. V. Carus. In: *Geol. Beobacht. über Süd-America* (*Ges. Werke*, 12. Bd. 1. Abt. S. 156.]
»On the so-called ›Auditory-Sac‹ of Cirripedes.« In: *Natur. Hist. Review,* 1863, S. 115–116.
[Übers.: »Über den sogenannten Hörsack der Rankenfüßer.« Übers. v. E. Krause. In: *Gesammelte kleinere Schriften,* S. 165.]
»A Review of Mr. Bates' Paper on ›Mimetic Butterflies‹.« In: *Natur. Hist. Review*, 1863, S. 219–224.
»On the existence of two forms, and on their Reciprocal Sexual Relation, in Several Species of the Genus *Linum*.« In: *Journ. Linn. Soc.* (Botany) Vol. 7 1864, S. 69–83.
»On the Sexual Relations of the Three Forms of *Lythrum salicaria*.« In: *Journ. Linn. Soc.* (Botany) Vol. 8 1865, S. 169–196.
»On the Movement and Habits of Climbing Plants.« In: *Journ. Linn. Soc.* (Botany) Vol. 9 1867, S. 1–118.
»On the Common Broom *(Cytisus scoparius)*.« In: *Journ. Linn. Soc.* (Botany) Vol. 9 1867, S. 358.
»Notes on the Fertilization of Orchids.« In: *Ann. and Mag. of Nat. Hist.* (4.) Vol. 4 1869, S. 141–159.
»On the Character and Hybrid-like Nature of the Offspring from the Illegitimate Unions of Dimorphic and Trimorphic Plants.« In: *Journ. Linn. Soc.* (Botany) Vol. 10 1869, S. 393–437.
»On the Specific Difference between *Primula veris*, Brit. Fl. (var. *officinalis* of Linn.), *P. vulgaris,* Brit. Fl. (var. *acaulis*, Linn.) and *P. elatior*, Jacq.; and on the Hybrid Nature of the Common Oxlip. With Supplementary Remarks on Naturally Produced Hybrids in the Genus *Verbascum*.« In: *Journ. Linn. Soc.* (Botany) Vol. 10 1869, S. 437–454.
»Note on the Habits of the Pampas Woodpecker *(Colaptes campestris)*.« In: *Proc. Zool. Soc.* 1. Nov. 1870, S. 705–706.
[Übers.: »Über die Lebensweise des Pampasspechtes.« Übers. v. E. Krause. In: *Gesammelte kleinere Schriften*, S. 80.]
»Fertilisation of *Leschenaultia*.« In: *Gardener's Chronicle,* 1871, S. 1166.
[Übers.: »Die Befruchtung von *Leschenaultia*.« Übers. v. E. Krause. In: *Gesammelte kleinere Schriften*, S. 213.]
»The Fertilisation of Winter-flowering Plants.« In: *Nature,* 18. Nov. 1869, Vol. 1 S. 85.
»Pangenesis.« In: *Nature*, 27. April 1871, Vol. 3 S. 502.
[Übers.: »Pangenesis.« Übers. v. E. Krause. In: *Gesammelte kleinere Schriften*, S. 110.]
»A New View of Darwinism.« In: *Nature,* 6. Juli 1871, Vol. 4 S. 180.
»Bree on Darwinism.« In: *Nature*, 8. Aug. 1872, Vol. 6 S. 279.
[Übers. im 3. Bd. von *Leben und Briefe*, S. 162 Anm. 38.]
»Inherited Instinct.« In: *Nature,* 13. Febr. 1873, Vol. 7 S. 281.
[Übers.: »Ererbte Instincte.« Übers. v. E. Krause. In: *Gesammelte kleinere Schriften,* S. 64.]
»Perception in the Lower Animals.« In: *Nature,* 13. März 1873, Vol. 7 S. 360.

[Übers.: »Das Wahrnehmungsvermögen bei niedriger stehenden Tieren.« Übers. v. E. Krause. In: *Gesammelte kleinere Schriften*, S. 63.]

»Origin of Certain Instincts.« In: *Nature,* 3. April 1873, Vol. 7 S. 417.

[Übers.: »Über den Ursprung gewisser Instincte.« Übers. v. E. Krause. In: *Gesammelte kleinere Schriften,* S. 67.]

»Habits of Ants.« In: *Nature*, 24. Juli 1873, Vol. 8 S. 244.

[Übers.: »Die Gewohnheiten der Ameisen.« Übers. v. E. Krause. In: *Gesammelte kleinere Schriften,* S. 88.]

»On the Males and Complemental Males of Certain Cirripedes, and on Rudimentary Structures.« In: *Nature,* 25. Sept. 1873, Vol. 8 S. 431.

[Übers.: »Über die Männchen und complementären Männchen gewisser Rankenfüßler und über rudimentäre Bildungen.« Übers. v. E. Krause. In: *Gesammelte kleinere Schriften*, S. 112.]

»Recent Researches on Termites and Honey-bees.« In: *Nature*, 19. Febr. 1874, Vol. 9 S. 308.

»Fertilisation of the Fumariaceae.« In: *Nature,* 16. April 1874, Vol. 9 S. 460.

[Übers.: »Die Befruchtung der Fumariaceen.« Übers. v. E. Krause. In: *Gesammelte kleinere Schriften,* S. 216.]

»Flowers of the Primrose Destroyed by Birds.« In: *Nature*, 23. April 1874, Vol. 9 S. 482; 14. Mai 1874, Vol. 10 S. 24.

[Übers.: »Von Vögeln zerstörte Primeln.« Übers. v. E. Krause. In: *Gesammelte kleinere Schriften,* S. 73, 75, 79.]

»Cherry Blossoms.« In: *Nature,* 11. Mai 1876, Vol. 14 S. 28.

»Sexual Selection in Relation to Monkeys.« In: *Nature,* 2. Nov. 1876, Vol. 15 S. 18.

[Übers.: »Die geschlechtliche Zuchtwahl in Bezug auf die Affen.« Übers. v. E. Krause. In: *Gesammelte kleinere Schriften,* S. 128.]

»Fritz Müller on Flowers and Insects.« In: *Nature,* 29. Nov. 1877, Vol. 17 S. 78.

[Übers.: »Fritz Müller über Blumen und Insecten.« Übers. v. E. Krause. In: *Gesammelte kleinere Schriften*, S. 218.]

»The Scarcity of Holly Berries and Bees.« In: *Gardener's Chronicle,* 20. Jan. 1877, S. 83.

»Note on Fertilisation of Plants.« In: *Gardener's Chronicle*, Vol. 7 1877, S. 246.

»A Biographical Sketch of an Infant.« In: *Mind,* No. 7 Juli 1877, S. 285.

[Übers.: »Biographische Skizze eines kleinen Kindes.« Übers. v. E. Krause. In: *Kosmos* (Zeitschrift). 1. Jahrg., 1. Bd. S. 367. Wiederabgedruckt in: *Gesammelte kleinere Schriften*, S. 134.]

»Transplantation of Shells.« In: *Nature,* 30. Mai 1878, Vol. 18 S. 120.

»Fritz Müller on a Frog Having Eggs on its Back – on the Abortion of the Hairs on the Legs of Certain Caddis-Flies, etc.« In: *Nature,* 20. März 1879, Vol. 19 S. 462.

»Rats and Water-Casks.« In: *Nature,* 27. März 1879, Vol. 19 S. 481.

»Fertility of Hybrids from the Common and Chinese Goose.« In: *Nature,* 1. Jan. 1880, Vol. 21 S. 207.

[Übers.: »Fruchtbarkeit von Bastarden zwischen der gemeinen und der chinesischen Gans.« Übers. v. E. Krause. In: *Gesammelte kleinere Schriften,* S. 89.]

»The Sexual Colours of Certain Butterflies.« In: *Nature*, 8. Jan. 1880, Vol. 21 S. 237.
[Übers.: »Die geschlechtliche Färbung gewisser Schmetterlinge.« Übers. v. E. Krause. In: *Gesammelte kleinere Schriften*, S. 125.]
»The Omori Shell Mounds.« In: *Nature,* 15. April, 1880, Vol. 21 S. 561.
»Sir Wyville Thomson and Natural Selection.« In: *Nature,* 11. Nov. 1880, Vol. 23 S. 32.
»Black Sheep.« In: *Nature,* 30. Dez. 1880, Vol. 23 S. 193.
[Übers.: »Schwarze Schafe.« Übers. v. E. Krause. In: *Gesammelte kleinere Schriften*, S. 108.]
»Movements of Plants.« In: *Nature*, 3. März 1881, Vol. 23 S. 409.
[Übers.: »Bewegungen der Blätter. Erste Mittheilung.« Übers. v. E. Krause. In: *Gesammelte kleinere Schriften,* S. 222.]
»The Movements of Leaves.« In: *Nature,* 28. April 1881, Vol. 23 S. 602.
[Übers.: »Bewegungen der Blätter. Zweite Mittheilung.« Übers. v. E. Krause. In: *Gesammelte kleinere Schriften,* S. 224.]
»Inheritance.« In: *Nature,* 21. Juli 1881, Vol. 24 S. 257.
[Übers.: »Vererbung.« Übers. v. E. Krause. In: *Gesammelte kleinere Schriften*, S. 106.]
»Leaves Injured at Night by Free Radiation.« In: *Nature*, 15. Sept. 1881, Vol. 24 S. 459.
[Übers.: »Durch nächtliche Strahlung beschädigte Blätter.« Übers. v. E. Krause. In: *Gesammelte kleinere Schriften,* S. 227.]
»The Parasitic Habits of *Molothrus*.« In: *Nature,* 17. Nov. 1881. Vol. 25 S. 51.
[Übers.: »Die parasitischen Gewohnheiten von *Molothrus*.« Übers. v. E. Krause. In: *Gesammelte kleinere Schriften,* S. 82.]
»On the Dispersal of Freshwater Bivalves.« In: *Nature,* 6. April 1882, Vol. 25 S. 529.
[Übers.: »Über die Verbreitung der Süßwassermuscheln.« Übers. v. E. Krause. In: *Gesammelte kleinere Schriften,* S. 92.]
»The Action of Carbonate of Ammonia on the Roots of Certain Plants.« Gelesen am 16. März 1882. In: *Journ. Linn. Soc.* (Botany) Vol. 19 1882, S. 239–261.
[Übers.: »Die Einwirkung des Ammonium-Carbonats auf die Wurzeln gewisser Pflanzen.« Übers. v. E. Krause. In: *Gesammelte kleinere Schriften,* S. 171.]
»The Action of Carbonate of Ammonia on Chlorophyll-bodies.« Gelesen am 6. März 1882. In: *Journ. Linn. Soc.* (Botany) Vol. 19 1882, S. 262–284.
»On the Modification of a Race of Syrian Street-Dogs by Means of Sexual Selection. By W. Van Dyck. With a Preliminary Notice by Charles Darwin.« Gelesen am 18. April 1882. In: *Proc. Zool. Soc.* 1882, S. 367–370.

4. Gesammelte kleinere Schriften von Charles Darwin.
Hg. u. Übers. E. Krause. Lpzg. 1886.

The Foundations of the Origin of Species. Two Essays Written in 1842 and 1844 by Charles Darwin. Hg. F. Darwin. Cambridge 1909.

[Übers.: *Die Fundamente zur Entstehung der Arten.* Übers. v. M. Semon. Lpzg./Bln. 1911. – Durchges. Neuausg.: *Essay zur Entstehung der Arten.* Hg. H. M. Nobis. Mchn. 1971.]
The Collected Papers of Charles Darwin. Hg. P. H. Barrett. 2 Bde. Chicago/Ldn. 1977.

5. Auswahlübersetzungen

Charles Darwin: Eine Auswahl aus seinem Werk. Ausgewählt, übertragen und mit Kommentaren versehen v. W. v. Wyss. Bern/Stg. 1965. – Taschenbuchausg. u. d. T.: *Ausgewählte Schriften.* Mchn. o. J.
Die Reise von Charles Darwin. Eine Auswahl aus seinen Schriften. Hg. Ch. Ralling. Wiesbaden 1979.
Charles Darwin – Biologie in neuem Licht. Hg. L. Hauska. Gütersloh 1980.

II. Zu Darwins Leben und Werk

1. Selbstzeugnisse

The Life and Letters of Charles Darwin. Hg. Darwin. 3 Bde. Ldn. 1887.
[Übers.: *Leben und Briefe von Charles Darwin mit einem seine Autobiographie enthaltenden Capitel.* Übers. v. J. V. Carus. 3 Bde. Stg. 1887.]
More Letters of Charles Darwin. Hg. F. Darwin u. A. Ch. Seward. 2 Bde. Ldn. 1903.
Emma Darwin. A Century of Family Letters. Hg. H. Litchfield. 2 Bde. Ldn. 1915.
Charles Darwin's Diary of the Voyage of H. M. S. »Beagle«. Hg. N. Barlow. Cambridge 1933.
The Autobiography of Charles Darwin 1809–1882. Hg. N. Barlow (erste vollst. Ausg.). Ldn. 1958.
[Übers.: *Charles Darwin: Autobiographie.* Hg. S. L. Sobol. Übers. v. R. Feurich (enthält außerdem »Tagebuch des Lebens und Schaffens«). Lpzg./Jena 1959. – Veränderte Neuausg. Hg. K. Senglaub. Köln 1982.]
Darwin's Journal. Hg. G. de Beer. Ldn. 1959.
Some unpublished letters of Charles Darwin. Hg. G. de Beer. Ldn. 1959.
Darwin's Notebooks on Transmutation of Species. Parts I to IV. Hg. G. de Beer u. a. Ldn. 1960–1968.
Darwin and Henslow. The Growth of an Idea (Letters 1831–1860). Hg. N. Barlow. Ldn. 1967.
Charles Darwin – ein Leben. Autobiographie, Briefe, Dokumente. Hg. S. Schmitz. Mchn. 1982.

2. Biographische Darstellungen

Allan, M., *Darwin and his Flowers.* Ldn. 1977. (Dt.: *Darwins Leben für die Pflanzen.* Wien/Düsseldorf 1980.)
Atkins, Sir H., *Down, The Story of the Darwins.* Ldn. 1974.
Barlow, N., *Charles Darwin and the Voyage of the Beagle.* Ldn. 1945.
Beer, G. de, *Charles Darwin. Evolution by Natural Selection.* Ldn. 1963.
Brent, P., *Charles Darwin. A Man of Enlarged Curiosity.* Ldn. 1981.

Chancellor, J., *Charles Darwin.* Ldn. 1973.
Freeman, R. B., *Charles Darwin. A Companion.* Ldn. 1978.
Heberer, G., *Charles Darwin. Sein Leben und sein Werk.* Stg. 1959.
Hemleben, J., *Charles Darwin in Selbstzeugnissen und Bilddokumenten.* Reinbek 1968.
Huxley, J., / Kettlewell, H. B. D., *Charles Darwin and his World.* Ldn. 1965.
Jahn, I., *Charles Darwin.* Lpzg./Jena/Bln. 1982.
Moorehead, A., *Darwin and the Beagle.* Ldn. 1969. (Dt.: *Darwins große Reise.* Köln 1982.)
Stone, I., *The Origin. A Biographical Novel of Charles Darwin.* Ldn. 1981. (Dt.: *Der Schöpfung wunderbare Wege. Das Leben von Charles Darwin.* Mchn. 1981.)
Vorzimmer, P. J., *Charles Darwin. The Years of Controversy.* Philadelphia 1970.
West, G., *Charles Darwin. A Portrait.* New Haven 1938.
Wichler, G., *Charles Darwin. Der Forscher und der Mensch.* Mchn./Basel 1963.
Wyss, W. v., *Charles Darwin. Ein Forscherleben.* Zürich/Stg. 1958.
Zirnstein, G., *Charles Darwin.* Lpzg. 1975.

3. Zum Darwinismus

Altner, G. (Hg.), *Der Darwinismus. Die Geschichte einer Theorie.* Darmstadt 1981.
Beer, G. de, *Bildatlas der Evolution.* Mchn. 1966.
Büchner, L., *Die Darwin'sche Theorie.* Lpzg. 1868.
Conrad-Martius, H., *Utopien der Menschenzüchtung. Der Sozialdarwinismus und seine Folgen.* Mchn. 1955.
Ditfurth, H. v., (Hg.), *Evolution I/II. Ein Querschnitt durch die Forschung.* Hbg. 1979.
Eiseley, L., *Darwin's Century.* Ldn. 1959.
Erben, H. K., *Die Entwicklung der Lebewesen. Spielregeln der Evolution.* Mchn. 1976.
Freeman, R. B., *The Works of Charles Darwin. An annotated bibliographical Handlist.* Ldn. 1965.
Gould, St. J., *Ever Since Darwin.* NY 1977.
Grzimek, B. (Hg.), *Grzimeks Buch der Evolution.* Mchn. 1973.
Haeckel, E., *Über die Entwicklungslehre Darwins.* Vortrag, gehalten in Stettin 1863.
Ders., *Natürliche Schöpfungsgeschichte.* Bln. 1911.
Hartmann, E. v., *Wahrheit und Irrtum im Darwinismus.* Bln. 1875.
Heberer, G. (Hg.), *Darwin-Wallace. Dokumente zur Begründung der Abstammungslehre vor 100 Jahren.* Stg. 1959.
Heberer, G., *Was heißt heute Darwinismus?* 2. neubearb. Aufl. Göttingen 1960.
Heberer, G. / Schwanitz, F. (Hg.), *Hundert Jahre Evolutionsforschung. Das wissenschaftliche Vermächtnis Charles Darwins.* Stg. 1960.
Hölder, H. et al., *Vom Ursprung der Arten.* Reinbek b. Hbg. 1969.
Illies, J., *Schöpfung oder Evolution.* Osnabrück 1979.
Koch, H. W., *Der Sozialdarwinismus.* Mchn. 1973.
Krause, E., *Charles Darwin und sein Verhältnis zu Deutschland.* Lpzg. 1885.
Lack, D., *Darwin's Finches.* NY 1947.
Lorenz, K., *Darwin hat recht gesehen.* Pfullingen 1965.

Mayr, E., *Animal Species and Evolution*. Cambridge, Mass. 1963. (Dt.: *Artbegriff und Evolution*. Hbg. 1967.)

Moore, R., *Die Evolution*. Reinbek b. Hbg. 1976.

Müller, F., *Für Darwin*. Lpzg. 1864.

Remane, A. et al., *Evolution. Tatsachen und Probleme der Abstammungslehre*. 3. durchges. Aufl. Mchn. 1976.

Rensch, B., *Das universale Weltbild. Evolution und Naturphilosophie*. Ffm. 1977.

Riedl, R., *Die Strategie der Genesis*. Mchn. 1976.

Ruse, M., *Darwinism Defended*. Ldn. 1982.

Savage, J. M., *Evolution*. Mchn. 1963.

Schmidt, O., *Descendenzlehre und Darwinismus*. Lpzg. 1875.

Stanley, St. M., *Macroevolution*. San Francisco 1979.

Ders., *The New Evolutionary Timetable*. NY 1981.

Wahlert, G. u. H. v., *Was Darwin noch nicht wissen konnte*. Stg. 1977.

Wallace, A. R., *Darwinism*. Ldn. 1889. (Dt.: *Der Darwinismus*. Lpzg. 1891.)

Weismann, A., *Über die Berechtigung der Darwinschen Theorie*. Lpzg. 1868.

Ders., *Vorträge über Deszendenztheorie*. 3. umgearb. Aufl. Jena 1913.

Bildnachweis

Agentur Photo-Center, Braunschweig: S. 28 (Foto: Weigl), 29 unten (Foto: Kratz). Archiv für Kunst und Geschichte, Berlin: S. 8, 9 oben, 12, 18, 22/23 (auch: Schutzumschlag Rückseite rechts), 24, 26, 30, 35, 43 links (auch: Schutzumschlag Vorderseite), 45, 63, 70, 109, 110, 119, 120 links, 128, 136, 143, 149 unten, 168 oben, 182 unten, 186 oben, 187, 193, 198. Archiv des Urania-Verlages, Leipzig, Jena, Berlin: S. 72. Bildarchiv Preußischer Kulturbesitz, Berlin: S. 108, 166 (auch: Schutzumschlag Rückseite links). BBC Hulton Picture Library, London: S. 32, 74 unten, 90, 93, 116, 129, 145, 171, 203. dpa, Frankfurt/M.: S. 123, 149 oben (Foto: Roth), 186 unten, 197. Down House, Downe/Kent: S. 16, 39, 40, 42, 47 rechts, 68 oben, 69, 71, 74 oben, 81, 126, 154 rechts, 155, 213, 216, 218, oben, 222 unten, 233. Ernst-Haeckel-Haus der Friedrich-Schiller-Universität Jena: S. 99 unten, 101. Historia-Photo, Hamburg: S. 67, 97, 138 oben, 142, 199, 201. H. Kacher, Max-Plank-Institut für Verhaltensphysiologie, Seewiesen: S. 15, 146. Mansell Collection, London: S. 25, 46, 164 links, 170 links. Museum für Naturkunde der Humboldt-Universität Berlin: S. 17, 21, 57, 79, 84 unten rechts, 94, 160, 175. Museum beim Solenhofer Aktienverein: S. 163, 164 rechts, 165. National Maritime Museum, Greenwich/London: S. 190/91, 214/15, 229 unten. National Portrait Gallery, London: S. 13, 50 oben, 114. Natural History Museum, London: S. 9 unten, 122. Naturmuseum Senckenberg: S. 14. Okapia, Frankfurt/M.: S. 59 (Foto: Root), 125 (Foto: Deas), 179 (Foto: Reinhard), 180 (Foto: Neubüser), 225 oben (Foto: Root) und unten. Paläonthologisches Museum, Universität Oslo: S. 234/35. Michael Mathias Prechtl, Nürnberg: S. 6. Norbert Rauch, Max-Planck-Institut für Verhaltensphysiologie, Seewiesen: S. 227. Helmut Rohrer, München: S. 131. Royal College of Surgeons of England, London: S. 43, 47 links, 49, 50 unten, 148. SCALA, Florenz: S. 10/11. Wedgwood Museum, Barlaston: S. 55 unten.

Der Verlag möchte an dieser Stelle insbesondere Herrn Klaus Keitel-Holz, Konstanz, danken, der für die Bebilderung dieses Bandes großzügig seine Sammlung zur Verfügung stellte.

Alle nicht aufgeführten Aufnahmen stammen aus dem Verlagsarchiv. Die Graphiken auf S. 60 und 124 sowie die Karten auf S. 210/11, 219 und 224 wurden von der Firma Huber und Oberländer, München, angefertigt.